会通与建设

贺麟文化思想研究

彭华 著

上海古籍出版社

教育部人文社会科学研究规划基金项目（12YJAZH099）

成都贺麟教育基金会资助项目（2012年度）

四川大学古籍整理与经典文献研究培育项目

目　录

引　言

（一）

近代中国①，天崩地裂，风云变幻；近代中国，社会转型，文化激变。

近代中国，中华民族到了生死存亡的关头；近代中国，中华文化到了何去何从的路口。

关于近代中国的文化命运，本书的主人公贺麟（1902—1992）曾经做过一个判断，"中国近百年来的危机，根本上是一个文化的危机"②。笔者赞同此说。

（二）

1840 年，鸦片战争爆发，一向以"天朝大国"自居的清王朝，在西方列强"坚船利炮"的无情轰击、冷酷进攻之下，闭关自守、自给自足的稳固局面迅即被打破，直有一泻千里之势，以至溃不成军、

---

① 本处所说的"近代"，主要指的是晚清以来的百年史（1840—1949）。其中，知识界或谓 1919—1949 年为"现代"。所谓"近代"或"现代"，实即同一英文单词"modern"的不同翻译。因此，对于"近代"或"现代"，本书不做严格区分。

② 贺麟：《儒家思想的新开展》（1941 年），《文化与人生》，北京：商务印书馆，1988年，第 5 页。

丧权辱国；其后，兼之以起义不断、边患无时，全然可以"内忧外患"一语当之。同时，"欧风美雨"（西方的文化与学术）裹挟着"坚船利炮"（西方的商业与军事）长驱直入中国本土，西方文化的价值体系、理论框架、概念术语大批涌入华夏禹域。近代之中国，诚可谓"三千年未有之变局"（李鸿章语）、"五千年未有之创局"（曾纪泽语）、"数千年未有之巨劫奇变"（陈寅恪语）①。

晚清以来，中国文化遭遇了前所未有的"挑战"，这是中国与西方两种社会、两种文化的碰撞。直面"挑战"（challenge），如何"应战"（response），这是摆在中国文化之人面前的重大课题，也是无法回避的重大课题。于是，许多清醒的学者开始理性地反省中国传统文化，试图寻找中国传统文化的新出路。由此，中国文化进入了她的重大"转型期"。

在此文化巨变、国运危急的关头，时人对问题的思考、对出路的寻找，更多的是被动的（passive）的，抑或是应激的（responsive），因而时人所开出的"药方"多针对"中西"这一问题。

先有以魏源（1794—1857）为代表的"师夷长技以制夷"（《海国图志》②），后有"洋务运动"（19世纪60年代至90年代）的"富国强兵"，希望通过学习西方的工业技术与军事技术来达到"以夷制夷"的目的。这是学习西方的第一阶段，主要关涉到"器物层面"。之后，则由"器物层面"的学习进而至于"制度层面"的学习，这是学习西方的第二阶段。这一阶段对西方的学习，可以康有为（1858—1927）、梁启超（1873—1929）的"戊戌变法"为代表。再后来，又由"制度层面"的学习进而至"文化层面"的学习，这是学习西方的第三阶段。

在文化学习阶段，国人以为西洋文化的方方面面均优于中国

---

① 陈美延、陈流求编：《陈寅恪诗集》，北京：清华大学出版社，1993年，第11页。
② 1842年，《海国图志》五十卷本刊行；1852年，增补为百卷。

文化,由是而对中国传统文化全盘否定,对西洋文化全盘肯定。至
于"五四"前后,遂演变为"全盘西化"论,以胡适(1891—1962)、陈
序经(1903—1967)为典型代表。在"五四"新文化运动时期,有人
旗帜鲜明地提出了"打倒孔家店"口号。至此,关于"中西文化"的
论争便日益激烈,对"中国文化"的思考遂日渐深入。

（三）

　　美籍华裔学者林毓生认为,"五四"时期的中国新知识分子在
直面严峻的时代问题时,大都采取了"借思想文化以解决问题的途
径"来重振衰落的中国,谋求中国社会的现代化①。当今中国学者
认为,就现代新儒家来说,不止在"五四"时期,一直到后来,它的主
旨都是坚持通过思想文化的重建来寻求中华民族复兴的出路。而
贺麟所要承担的,也正是这样一个历史任务②。

　　其实,就中国现代哲学思潮与文化流派看来,时人在思考问
题、解决问题时,基本上都乞灵于文化、诉求于文化(中国文化或西
方文化),亦即林毓生所说"借思想文化以解决问题"。现代中国社
会变迁十分剧烈,而变迁的实质是文化转型。

　　众所周知,由于近代中国历史条件与中外关系的复杂与多变,
百年以来的哲学思潮与文化流派,其数量不可谓不多;因此,所有
的概括都不可能兼赅齐全,都难免有所遗漏;但是,从总体的、宏观
的角度看,其基本面貌还是比较清楚的。具体如下③:

---

　　① 林毓生著,穆善培译:《中国意识的危机——"五四"时期激烈的反传统主义》,
贵阳:贵州人民出版社,1986年,第43页。
　　② 王志捷:《贺麟文化理论研究》,北京:首都师范大学出版社,2007年,第250页。
　　③ 以下文字,参考了张文儒、郭建宁主编:《中国现代哲学》,北京:北京大学出版
社,2001年,"绪论",第1—26页;刘文英主编:《中国哲学史》下卷,天津:南开大学出
版社,2002年,第785—787页。

中国现代哲学思潮与文化流派，其基本线索主要有以下三个方面：（一）马克思主义哲学，（二）现代新儒家哲学，（三）国民党官方哲学。从现代中国的文化选择来看，主要有三大思潮：一是主张西化的自由主义的文化思潮，二是倡导儒学复兴的保守主义的文化思潮，三是以"批判继承，综合创新"为核心的马克思主义的文化思潮。这是鼎足而立的、互相抗衡的三个思想系统，三者的互动形成了现代中国哲学史主要的格局和发展趋势。

（一）马克思主义哲学

马克思主义哲学在中国的传播和发展，主要有以下几个阶段：一是陈独秀（1880—1942）、李大钊（1889—1927）与马克思主义哲学在中国的初步传播阶段，二是瞿秋白（1899—1935）与马克思主义哲学在中国的全面传播阶段，三是艾思奇（1910—1966）与马克思主义哲学的大众化阶段，四是李达（1890—1966）与马克思主义哲学的系统化阶段，五是毛泽东（1893—1976）与马克思主义哲学的中国化阶段。

中国的马克思主义学派是在与西化派的自由主义思想和传统派的保守主义思想的斗争中成长的，但同时也对这些派别的思想内容有所吸取和总结。中国的马克思主义者在批判全盘西化思潮的同时，采纳了其中反对封建糟粕的内容；在反对保守主义思潮认同传统的同时，又对其优秀的部分有所继承。一方面，它为中国现代哲学提供了一种新的科学的世界观和方法论，从而为中国文化的复兴带来生机。另一方面，它又自觉地吸收了包括儒学在内的传统文化的精华，丰富了马克思主义学说的内容，取得了"中国化"的形态。马克思主义哲学在中国的发展，经过陈独秀、李大钊、瞿秋白、李达和艾思奇等人的介绍与宣传，最后促成了中国化的马克思主义哲学——毛泽东思想的诞生。毛泽东思想是外来优秀文化与中国文化优良传统相结合的典范，是代表中国现代时代精神、影响最大、最为成功的理论成果。通过近一个世纪综合创新的过程，最终形成了具有中国特色的马克思主义的哲学思想体系。

（二）国民党官方哲学及自由主义思潮

国民党官方哲学，包括戴季陶的"道统哲学"[①]、陈立夫的"唯生哲学"[②]、蒋介石的"力行哲学"[③]。他们都推崇孙中山（1866—1925），推崇"三民主义"，标榜自己的正统地位、官方地位[④]。贺麟曾经对蒋介石的力行哲学做过正面的、肯定性的评价，认为"蒋先生的力行哲学实在是发挥中山先生知难行易说的伟大成果，也就是为知难行易说谋最高的出路，求最后的证明"[⑤]。

中国现代的自由主义者，基本上是一些不同程度上的西化论者。他们一般以西方实证主义哲学为理论基础，以科学与民主为旗帜来开辟自己的道路。他们从西方引入的某些科学方法和个性解放思想，对中国传统哲学中逻辑思维方法方面薄弱的缺陷有很大的补益，同时对传统文化中的专制主义产生了强烈的冲击。这一流派以胡适（1891—1962）所传播的实用主义哲学和丁文江（1887—1936）所信仰的马赫主义哲学为主要代表。

（三）现代新儒家哲学及保守主义思潮

中国现代的保守主义思潮，是一些大大小小的思想流派的总和，包括国粹派、东方文化派、现代新儒家以及国民党保守主义等。

---

① 戴季陶（1891—1949），原名传贤，学名良弼，字选堂，原籍浙江吴兴，生于四川广汉。著有《孙文主义之哲学的基础》等，提倡"道统哲学"。

② 陈立夫（1900—2001），名祖燕，字立夫，浙江吴兴人。著有《唯生论》《生之原理》等，提倡"唯生哲学"。

③ 蒋介石（1887—1975），名中正，字介石，浙江奉化人。1932 年 5 月 16 日，蒋介石在南京中央军官学校演讲（《自述研究革命哲学经过的阶段》），首次提出"力行哲学"的概念。1939 年 3 月 15 日，在演讲稿《行的道理》（又名《行的哲学》，全文约 8 000 字）中，蒋介石仍然特别强调 1932 年演说中关于"行的哲学"的重要性。

④ 冯友兰说："陈立夫是南京教育部部长，被认为是国民党官方哲学的代表。"（冯友兰：《三松堂全集》第一卷，郑州：河南人民出版社，2001 年，第 207 页）

⑤ 贺麟：《五十年来的中国哲学》，上海：上海人民出版社，2012 年，第 227 页。

其中，最具哲学建树、最具影响力的，当属现代新儒家一派。

现代新儒家一般以接续儒家"道统"、复兴儒学为己任，以服膺宋明理学为主要特征，力图以儒家学说为主体和本位，来吸纳、融合西学，以寻求中国现代化道路，并以此区别于西化派和马克思主义者所选择的道路。梁漱溟（1893—1988）、熊十力（1885—1968）、冯友兰（1895—1990）、贺麟（1902—1992）等人是这一思潮的代表人物（学界有"三代四群"之说①）。

现代新儒家具有鲜明的文化保守主义色彩，但又明显地不同于作为文化保守主义的"国粹派"。现代新儒学所以冠以"现代"，就不是仅仅回归儒学，而是要运用现代西方哲学的一些理论观点来阐释儒学，并把它和儒学融合在一起，从而创造一种中西合璧式的哲学体系，使儒家哲学现代化。

应当说，现代新儒学达到了较高的理论思维水平，不仅已经在一定程度上克服了传统儒家哲学的原始性和素朴性，把理论思维水平推进到现代阶段，而且经过几代人的努力，形成了一套自己的思想体系，从而使现代新儒学成为"五四"以来中国现代哲学史上最具影响力和生命活力的哲学流派之一。

现代新儒家具有"为往圣继绝学，为万世开太平"的强烈使命感和忧患意识，力图承接孔孟、程朱、陆王之"道统"，重建儒学的价值观，使儒学继第一期（先秦）和第二期（宋明）之后，在当代得到第三期发展。

本书所考察的对象，是现代新儒家之一的哲学家、哲学史家、翻译家贺麟；而所考察的重点，则是贺麟的文化思想。

① 关于现代新儒家的传承谱系，刘述先（1934—2016）提出了一个"三代四群"（Four Groups in Three Generations）的架构。第一代第一群：梁漱溟、熊十力、马一浮、张君劢；第二群：冯友兰、贺麟、钱穆、方东美；第二代第三群：唐君毅、牟宗三、徐复观；第三代第四群：余英时、刘述先、成中英、杜维明。详见刘述先：《现代新儒学研究之省察》，《中国文哲研究集刊》第 20 期，2002 年，第 367—382 页。该文后收入刘述先：《现代新儒学之省察论集》，台北："中央"研究院中国文哲研究所，2005 年修订版，第 127—142 页。

第一章　生平与学行：历史与启示

一、刻苦求学：国内与国外

（一）

在四川省成都市的东北部，有一个并不是特别有名、特别起眼的县分，但她有一个美丽动人的名字——金堂。金堂县位于千里沱江之首，被游人誉为"东方威尼斯"。但就是在这样一个不甚起眼、不甚有名的地方，却飞出了一只蜚声海内外的"金凤凰"——哲学巨子、文化大师贺麟。

贺氏，其先为庆氏，起源于姜姓。后因避汉安帝父刘庆之讳，遂改姓贺氏。据贺氏宗谱记载，五凤贺氏祖籍湖南省洞口县。贺氏家族第六十六代子龙公，是蜀中贺氏家族的始祖。清朝康熙、雍正年间，贺氏族人相继由湘入川，分别落籍于金堂县五凤溪梅子岭（现名红字岭）、简阳沱江边之大渡口，"后虽有移徙他处、去故里者，而星罗棋布，近沱江之流域惟多"（贺麟《重修贺氏族谱序》）。贺氏五凤一支，后遂世居于此。民国《贺氏族谱》云："二百余年，耕读传家，诗书继世，嗣裔繁衍，家声克绍。"

清光绪二十八年八月十九日（1902年9月20日），贺麟出生于四川省金堂县五凤溪（今五凤镇）杨柳沟村的一个乡绅家庭。贺麟，又名光瑞，字自昭。有兄弟五人，贺麟居长①。

祖父贺学从(1852—1915)，字克武，贺氏第七十三代，清咸丰年间监生。敏于诗书，通晓经史，晓畅人情，办事有才。后考获职官，充邑高小校长、县议会议员。对子弟要求严格，延师必择贤明。贺麟晚年回忆，"他受益于祖父甚多，祖父对他的学业十分关心"，"每日所学诗文，祖父都要背给他听"②。

父亲贺明真(1880—1937)，榜名肇勋，字松云。晚清庠生(秀才)，卒业于尊经书院、成都府师范学堂，主持过乡里和县里的财政、教育事务，参与编修《金堂县续志》(民国十年刻本)。居家期间，贺松云注意课子，尝教贺麟读《朱子语类》和《传习录》。贺麟曾经对张学智说，自己的国学功底以及后来考入清华学堂后对中国哲学产生浓厚兴趣，"都受到父亲很大影响"③。

8岁时，贺麟按规矩进入私塾读书，不久随姑太到镇上读小学。虽然所学仍不外乎《四书》《五经》，且重在记诵而轻乎理解，但幼年贺麟却凭其聪慧，亦稍能领悟儒家思想之奥义而深受其熏陶，尤其是对宋明理学，虽只是一知半解，浅知粗义，但却特别感兴趣，这为他后来研习国学打下了基础。贺麟后来回忆说，"我从小深受儒家熏陶，特别感兴趣的是宋明理学，我认为治哲学应以义理之学为本，词章经济之学为用，哲学应当与文化陶养、生活

---

① 关于贺麟的生平、著述以及相关情况，请参看：(1)彭华：《贺麟年谱新编》，《淮阴师范学院学报》，2006年第1期，第78—91页；全文收入《现当代学人年谱与著述编年》，上海：上海三联书店，2007年，第303—332页。(2)彭华：《贺麟先生学术年表》，附录于贺麟：《近代唯心论简释》，北京：商务印书馆，2011年12月；又附录于贺麟：《文化与人生》，北京：商务印书馆，2015年10月。温馨提醒：(1)(2)二文如果有与本书表述不一致者，请以本书的表述为准。

② 张学智：《回忆贺麟先生》，《贺麟先生百年诞辰纪念文集》，北京：中国社会科学出版社，2009年，第281页。

③ 张学智：《回忆贺麟先生》，《贺麟先生百年诞辰纪念文集》，北京：中国社会科学出版社，2009年，第281—282页。

体验结合"①。

　　贺麟13岁小学毕业，但因身材矮小、身体瘦弱，父母不放心他独自到外地读书，遂命贺麟仍在小学进修。书籍为贺麟打开了一扇超越时空的窗口，他暗暗立下志愿，"我要读世界上最好的书，以古人为友，领会最好的思想"②。

　　1917年，贺麟考入省立成(都)属联中——石室中学。贺麟的普通科目成绩平平，但国文课却锋芒大露。国文老师说，贺麟是"全校能把文章写通的两个人之一"③。

　　贺麟的老师鼓励他做一个有为的青年，而他则表示，自己的志趣是"平淡的生活，高尚的思想，在一架书里走遍古今中外"④，立志成为一位博古通今、勤于思考的哲人。在石室中学，"贺麟与同班学生中名列前茅的几个同学发展了友谊，大家相约要严谨处世、不虚此生。他们每日早起长跑、打球、写日记，经常游泳，以锤炼身心"⑤。

　　1919年秋，贺麟以优秀成绩考入北京清华学校(原名"清华学堂"，清华大学的前身)，属中等科二年级，开始接受长达七年(1919—1926)的正规高等教育。贺麟后来多次对人说起，"在清华

---

　　① 贺麟：《康德黑格尔哲学东渐记》，《中国哲学》第二辑，北京：生活·读书·新知三联书店，1980年，第376页。贺麟：《五十年来的中国哲学》，沈阳：辽宁教育出版社，1989年，第117页。

　　② 张祥龙：《贺麟传略》，《晋阳学刊》，1985年第6期，第52页。

　　③ 张祥龙：《贺麟传略》，《晋阳学刊》，1985年第6期，第52页。笔者按："全校能把文章写通的两个人"中的另外一个人，据说就是贺麟在石室中学的校友——郭沫若(1892—1978)。相关资料显示，"教他们国语的老师"就是向楚。向楚(1877—1961)，字仙乔、仙樵，号疯公，四川巴县人。著有《民国巴县志》等，部分著作收入《向楚集》(北京：中华书局，2015年)。

　　④ 张祥平、张祥龙：《从唯心论"大师"到信仰唯物主义的革命者》，《人物》，1987年第6期，第84页。

　　⑤ 张祥龙：《贺麟传略》，《晋阳学刊》，1985年第6期，第52页。

求学的七年是他一生中最愉快的时期"①。

在清华学校读书期间，贺麟有幸得到梁启超（1873—1929）、梁漱溟（1893—1988）、吴宓（1894—1978）等人的指导与教诲，并且与国学大师王国维（1877—1927）也有所交往。其中，吴宓对贺麟的影响最大。

1920 年春，梁启超应聘到清华讲"国学小史"。贺麟善始善终，坚持听完该课程②。后来，贺麟还听过梁启超讲授的"中国文学"。梁启超从诗词到文赋，边讲边背，琳琅挥洒，光彩照人，深深地吸引和打动了贺麟③。贺麟先后聆听了梁启超所开几门关于中国学术思想史的课程，由此对学术研究产生浓厚兴趣。

有一天，贺麟拿着一张书单冒昧造访梁启超，请他指导读书。梁启超建议贺麟读清人戴震（字东原，1723—1777）的书，并将焦循（字理堂，1763—1820）的《雕菰楼文集》借给贺麟阅读。在梁启超的指导下，贺麟写成《戴东原研究指南》一文，发表于《晨报》副刊（1923 年 12 月 8、9、10、12 日），又在《清华周刊》发表《博大精深的焦理堂》。

某年，梁漱溟应邀来清华短期讲学，贺麟抓住这一良机，拜访梁漱溟几次。梁漱溟推崇王阳明（1472—1528），他对贺麟说，"只有王阳明的《传习录》与王心斋的书可读，别的都不必念"④。梁启超和梁漱溟"对王阳明的推崇自然感染了年轻的贺麟，使他对王学产生了浓厚的兴趣"⑤。

---

①　贺美英：《纪念我的父亲贺麟教授》，《贺麟先生百年诞辰纪念文集》，北京：中国社会科学出版社，2009 年，第 161 页。

②　张祥龙：《贺麟传略》，《晋阳学刊》，1985 年第 6 期，第 52 页。

③　张祥龙：《贺麟传略》，《晋阳学刊》，1985 年第 6 期，第 52 页。

④　张祥龙：《贺麟传略》，《晋阳学刊》，1985 年第 6 期，第 52 页。张祥平、张祥龙：《从唯心论"大师"到信奉唯物主义的革命者——记翻译家、哲人贺麟》，《贺麟先生百年诞辰纪念文集》，北京：中国社会科学出版社，2009 年，第 193 页。

⑤　孙尚扬：《文化哲学与新文化的建设——访贺麟先生》，载景海峰主编：《国学集刊（第 4 辑）》，北京：商务印书馆，2018 年，第 180 页。

诚如今人所说，"如果说梁启超把贺麟领入中国学术的殿堂，那么，吴宓则为他开出西方学术的新天地"，"在清华的教授中，对贺麟影响最大的要算是吴宓了"①。

1925年2月，清华国学研究院筹备委员会成立，吴宓被任命为筹备委员会主任。9月14日，清华国学研究院正式成立。吴宓在担任清华国学研究院主任期间，没有为研究院学生开课，仅为旧制留美预备部高年级学生开设选修课"翻译术"（外文翻译），讲授翻译的原理和技巧，并辅之以翻译练习。当时仅有贺麟、张荫麟（1905—1942）、陈铨（1905—1969）、杨昌龄几个学生选修此课，而贺麟、张荫麟、陈铨最为认真，三人后被称为"吴门三杰"。

在吴宓的悉心指导下，贺麟的翻译水平迅速提高。贺麟开始翻译英文诗歌和散文，仔细阅读严复的译作。其后，贺麟撰成《严复的翻译》一文，发表于《东方杂志》第22卷第21号（1925年11月）。自从严复（1854—1921）去世后，这是第一篇系统讨论其翻译的研究论文。在吴宓的影响下，贺麟打算"步吴宓先生介绍西方古典文学的后尘，以介绍和传播西方古典哲学为自己终身的'志业'"②。

在清华求学期间，贺麟与王国维也有所交往。1925年9月，贺麟任《清华周刊》总编辑；张荫麟主持《书报介绍副刊》，陈铨主持《文艺副刊》。贺麟、张荫麟、陈铨在主持编辑《清华周刊》时，"想方设法向梁启超、王国维等人索稿，把周刊办得活泼丰富"③。除此

---

① 宋志明：《贺麟新儒学思想研究》，天津：天津人民出版社，1998年，第5页。
② 贺麟：《康德黑格尔哲学东渐记》，《中国哲学》第二辑，北京：生活·读书·新知三联书店，1980年，第376页。贺麟：《五十年来的中国哲学》，沈阳：辽宁教育出版社，1989年，第117页。
③ 张祥龙：《贺麟先生与他的清华国学院导师》，《中共中央党校学报》，2010年第4期，第90页。

之外，贺麟还聆听过王国维的讲课和讲座，并且亦曾当面请教①。对于王国维的哲学志业，贺麟是很熟悉的，并且有过专门论述。在《当代中国哲学》（1947年1月初版）一书中，贺麟多次提到王国维之名，并且有专门评论王国维的文字，而其中一节则径直以"王国维与康德哲学"为题②。

1926年夏，贺麟毕业于清华学校。多年的求学生涯使他深刻地认识到，"一个没有学问的民族，也是要被别的民族轻视的"③。为此，他决定远涉重洋，赴美求学。8月，贺麟乘一艘美国客轮离开祖国，踏上了"西天取经"之路。

（二）

1926年9月，贺麟插班进入美国中部俄亥俄州的奥柏林大学（Oberlin College）哲学系三年级学习。"奥柏林大学是美国第一所接受黑人和女学生的大学"，"这所大学当时是充满浓郁的民主气息的"④，奥柏林大学的一切都使贺麟感到振奋不已。

在奥柏林大学，贺麟学习的课程有拉丁文、心理学、哲学史、宗教哲学、伦理学以及圣经等。哲学史课程所用的教本，是新黑格尔主义者鲁一士（Josiah Royce，1855—1916）的《近代哲学的精神》（*The Spirit of Modern Philosophy*）⑤。此外，贺麟还参考了鲁一

---

① 彭华：《王国维与巴蜀学人》，《淮阴师范学院学报》，2011年第3期，第315—325页；又载《经学研究论丛》第二十辑，台北：台湾学生书局，2012年12月，第219—240页。该文后经修订，收入彭华：《印川集：蜀学散论》，北京：中国社会科学出版社，2020年。

② 贺麟：《五十年来的中国哲学》，沈阳：辽宁教育出版社，1989年，第26—27、78、90—92、95页。按：《五十年来的中国哲学》系《当代中国哲学》之再版本，不但改换了书名，而且"在不影响原书的体系及主要论点的前提下，作了适当的修改和补充"（《新版序》）。

③ 张祥龙：《贺麟传略》，《晋阳学刊》，1985年第6期，第53页。

④ 贺麟：《我学习〈精神现象学〉的经过》，《贺麟先生百年诞辰纪念文集》，北京：中国社会科学出版社，2009年，第7页。

⑤ 贺麟后来在组织西洋哲学名著编译会时，推荐樊星南翻译此书，中译本于1946年由商务印书馆出版。

士的《近代唯心主义演讲集》（*Lectures on Modern Idealism*）（1919
年版）。贺麟晚年回忆说，"正是鲁一士的书，使我内心初次萌生了
对黑格尔及其《精神现象学》的浓厚兴趣"①。

在奥柏林大学学习期间，贺麟遇到了把他引入黑格尔（Georg
Wilhelm Friedrich Hegel，1770—1831）和斯宾诺莎（Baruch de
Spinoza，1632—1677）哲学之门的耶顿夫人（Mrs. Yeaton，1884—
1941）。耶顿夫人当时在奥柏林大学教授伦理学，但在课外还给贺
麟等几位同学讲黑格尔的《精神现象学》和斯宾诺莎的哲学，"由于
她的启发，奠定了我后来研究黑格尔和斯宾诺莎哲学的方向和基
础，所以她是我永生难忘、终身受益的老师"②，"我之研究《精神现
象学》和《伦理学》，以及视黑格尔和斯宾诺莎为我治学的典范和情
感上终生崇敬的先哲，耶顿老师确实起了相当大的作用"③。

1928 年 2 月，贺麟修满学分，以优异成绩从奥柏林大学毕业
（提前半年），获文学士学位。贺麟的学士论文是《斯宾诺莎哲学的
宗教方面》，该文后收入《哲学与哲学史论文集》。3 月，贺麟转入
芝加哥大学专攻哲学。

在芝加哥大学，贺麟选习了米德（George Herbert Mead，
1863—1931）教授的"黑格尔精神现象学""柏格森生命哲学"课程，
斯密士（Thomas Vernor Smith，1890—1964）教授的"格林、布拉
德雷、西吉微克、摩尔的伦理学"课程以及塔尔兹的"政治伦理"
课程。

贺麟特别感兴趣的是英国思想家、哲学家格林（Thomas Hill
Green，1836—1882）的哲学，并开始接受新黑格尔主义思想。本年

----

① 贺麟：《我学习〈精神现象学〉的经过》，《贺麟先生百年诞辰纪念文集》，北京：中
国社会科学出版社，2009 年，第 9 页。

② 贺麟：《哲学与哲学史论文集·序言》，北京：商务印书馆，1990 年，第 2 页。

③ 贺麟：《我学习〈精神现象学〉的经过》，《贺麟先生百年诞辰纪念文集》，北京：中
国社会科学出版社，2009 年，第 9 页。

暑期，贺麟写成《托玛斯·希尔·格林》一文①。"对格林的研究和喜好标志着贺麟从经验论到理想论的转变，并对以后吸收鲁一士的思想以及到德国专攻黑格尔哲学有决定性的影响。"②

1928 年 9 月，贺麟因"不满于芝加哥大学偶尔碰见的那种在课上空谈经验的实用主义者"，故而转入哈佛大学学习，"目的在进一步学习古典哲学家的哲学"③。哈佛大学是美国名牌大学，极重西方古典哲学，这很合一向注重义理的贺麟的兴趣。

在哈佛大学，贺麟选听"康德哲学""黑格尔哲学""斯宾诺莎哲学"等课，以及哲学家怀特海的"自然哲学"课。贺麟晚年回忆说，"这里有三位教师对我的哲学研究生涯影响很大"④，一位是霍金（William Ernest Hocking, 1873—1966），一位是路易斯（Clarence Irving Lewis, 1883—1964），还有一位是怀特海（Alfred North Whitehead, 1861—1947）。怀特海教授的讲课风格给贺麟留下了深刻印象，对于其授课内容，贺麟多年来记忆犹新。

1929 年，贺麟毕业于哈佛大学，获哲学硕士学位。贺麟完成两篇论文，即《道德价值与美学价值》《论自然的目的论》⑤。贺麟的这两篇论文，都深受怀特海的影响，尤其是《论自然的目的论》。贺麟晚年自述，"我这篇关于自然的目的论的文章，意在表达我对怀特海老师教导的感激。即学术方面，要么是科学——如怀特海所写的《普遍代数学》、或与罗素合著的三大卷《数学原理》，以及《自然知识原理》《相对论原理》等书，要么是思辨哲学——如怀特

---

① 该文后收入《现代西方哲学讲演集》，是该书中最早的一篇文章。

② 张学智：《贺麟选集·前言》，长春：吉林人民出版社，2005 年，第 1—2 页。

③ 贺麟：《现代西方哲学讲演集》，上海：上海人民出版社，2012 年，第 163 页。

④ 贺麟：《我学习〈精神现象学〉的经过》，《贺麟先生百年诞辰纪念文集》，北京：中国社会科学出版社，2009 年，第 11—12 页。

⑤ 二文后收入《哲学与哲学史论文集》，北京：商务印书馆，1990 年，第 66—71、72—82 页。

海的《过程与实在》《观念的探险》等书"①。

1930 年夏,为了真正掌握黑格尔哲学的精髓,贺麟婉言谢绝了哈佛大学乌尔夫森教授(Harry Austryn Wolfson,1887—1974)要他继续攻读博士学位的挽留②,离开美国赴德国,入柏林大学专攻德国古典哲学。

在柏林大学,贺麟选修了迈尔(Heinrich Meier,1867—1933)的"哲学史"课、著名哲学家哈特曼(Nicolai Hartmann,1882—1950)的"历史哲学"课,研读了有关黑格尔生平及其学说的德文论著,如克朗纳(Richard Kroner,1884—1974)的《从康德到黑格尔》、格罗克纳(Hermann Glöckner,1896—?)的《黑格尔》、哈特曼的《德国唯心主义哲学》、狄尔泰(Wilhelm Dilthey,1833—1911)的《青年黑格尔的历史》等。

其中,哈特曼对贺麟的影响最大,他使贺麟认识到辩证法在黑格尔哲学体系中的核心作用。在《辩证法与辩证观》一文中,贺麟引用了《黑格尔》一书的观点,"辩证法的天才,完全可与艺术家的天才相比较。……辩证法决不能成为公共财产。它永远是天才者的权利。我们虽可研究它,但是不能模仿它"。贺麟认为,"盖最近的趋势皆欲纠正前此认黑格尔为纯理性主义者或泛逻辑主义者的偏误,至对于此点发挥得最透彻者,当推柏林大学哈特曼(N. Hartmann)教授"③。

在德国留学期间,贺麟有幸结识了著名的斯宾诺莎专家、《斯宾诺莎全集》的编者格希哈特(Carl Gebhardt,1881—?)。格希哈

---

① 贺麟:《哲学与哲学史论文集·序言》,北京:商务印书馆,1990 年,第 5 页。

② 乌尔夫森是哈佛大学教授,哲学史家,著有 *The Philosophy of Spinoza* (1934)、*The Philosophy of the Church Fathers* (1956、1964)、*Religious Philosophy：A Group of Essays* (1961)等。

③ 贺麟:《辩证法与辩证观》,《近代唯心论简释》,上海:上海人民出版社,2009 年,第 113、112 页。

特居住在法兰克福附近的乡间别墅"金溪村舍"，他热情邀请贺麟到金溪村舍做客四天。格希哈特时任斯宾诺莎学会的秘书长，后即由格希哈特介绍，贺麟加入国际斯宾诺莎学会（Societas Spinozana）。格希哈特是犹太人，"很可惜，在希特勒上台后，他被纳粹迫害致死了"①。

1931 年 8 月，贺麟结束了 5 年的欧美求学生涯，自柏林出发经欧亚铁路回到祖国。8 月 28 日，抵达北京。

二、勤奋治学：研究与建构

（一）

1931 年 9 月，经北京大学数学系主任杨武之（1896—1973）教授推荐②，贺麟受聘为北京大学哲学系讲师，主讲"哲学问题""西方现代哲学""伦理学"等课程。贺麟坦言，"当时我以能在具有'五四'运动传统，蔡元培先生担任过校长的北京大学任教感到高兴"③。除在北京大学授课外，贺麟又接受清华大学文学院院长兼哲学系主任冯友兰（1895—1990）教授的邀请，在清华大学讲授"西洋哲学史""斯宾诺莎哲学"两门课程，每周四小时。

贺麟讲课的最大特点是"情理交融"。他时常铭记当年怀特海对他的教诲——"我们不要以学习的态度去研究哲学史，要如同研究现在的实实在在的事情一样去研究"，而把哲学史看成一种有生命的哲学，既注重实在知识的讲授，又加入自身的感受与体验。因

---

① 贺麟：《我学习〈精神现象学〉的经过》，《贺麟先生百年诞辰纪念文集》，北京：中国社会科学出版社，2009 年，第 13 页。

② 杨武之（1896—1973），原名杨克纯，号武之，祖籍安徽凤阳，生于安徽合肥。数学家、数学教育家。杨振宁之父。

③ 贺麟：《新版序》（1986 年），《德国三大哲人歌德、黑格尔、费希特的爱国主义》，北京：商务印书馆，1989 年。

此他的讲课深入浅出，语言生动，如行云流水，引人入胜，深受学生的欢迎。

"九·一八"事变后，贺麟接受天津《大公报·文学副刊》编辑吴宓的邀请，作长篇论文《德国三大伟人处国难时之态度》，分7期连载于《大公报》。该文以拿破仑（Napoléon Bonaparte，1769—1821）入侵德国时，德国三大哲人何以自处的事迹警策国人，借此宣传爱国主义，鼓舞抗战士气。贺麟在文中介绍了德国三大哲人歌德（Johann Wolfgang von Goethe，1749—1832）、黑格尔（Georg Wilhelm Friedrich Hegel，1770—1831）、费希特（Johann Gottlieb Fichte，1762—1814）的生平和思想，特别就他们的爱国主义思想和言论作了详细的叙述。

《德国三大伟人处国难时之态度》资料丰富，文笔生动，情文并茂，收到了很好的宣传效果。张岱年（1909—2004）回忆自己当时读贺麟《德国三大伟人处国难时之态度》的感受，"此作情文并茂，表达了贺先生自己热爱祖国、热爱民族的诚挚感情，令人感动。我读后，非常钦佩"[①]。

1934年3月，贺麟在《大公报·现代思潮》周刊发表《近代唯心论简释》。该文后收入《近代唯心论简释》（1942年），又收入《哲学与哲学史论文集》（1990年）。

在《近代唯心论简释》一文中，贺麟将"心"区分为"心理意义的心"与"逻辑意义的心"，认为前者是"物"，后者即"理"。"逻辑意义的心，乃一理想的超经验的精神原则，但为经验知识以及评价之主体。此心乃经验的统摄者，行为的主宰者，知识的组织者，价值的批判者。"该文"综合了贺麟的黑格尔学、斯宾诺莎学、康德学及对宋明理学的理解，明白宣示出他的哲学主张，可以视为他的哲学宣

---

① 宋祖良、范进编：《会通集：贺麟生平与学术》，北京：生活·读书·新知三联书店，1993年，第39页。

言"，"此后的许多文章，都是此文所阐述的基本思想的扩充与引申"①。学术界普遍认为，《近代唯心论简释》是贺麟"哲学思想的宣言"。《近代唯心论简释》的发表，标志着贺麟草创"新心学"的开端。

1936年1月，贺麟在《东方杂志》第33卷第2期发表《宋儒的思想方法》②。文章指出，程朱的格物穷理、陆王的反求本心和致良知，其思想方法都是直觉法，"直觉是一种经验，复是一种方法。所谓直觉是一种经验，广义言之，生活的态度，精神的境界，神契的经验，灵感的启示，知识方面突然的当下的顿悟或触机，均包括在内。所谓直觉是一种方法，意思是谓直觉是一种帮助我们认识真理、把握实在的功能或技术"③。评论说，"《宋儒的思想方法》是贺麟讨论哲学方法最深入的一篇文章"，"其调和理智主义与直觉主义，调和程朱陆王两派，给中国哲学之偏于直觉注入西方哲学的理智因素的用意是显而易见的"④。

1936年9月，贺麟在《东方杂志》第33卷第17号发表《康德译名商榷》。该文后收入《哲学与哲学史论文集》，改名为《康德名词的解释和学说的概要》；又收入《近代唯心论简释》，改名为《康德名词的解释和学说的大旨》。这是作为翻译家的贺麟的一篇重要论文，至今依然有其光辉价值。贺麟晚年自述，"《康德名词的解释和学说的概要》一文，是谈对康德重要名词，应用自己新造的名词去解释。我感到哲学名词的翻译不宜过多地采用日本译名。对于康德的学说，我亦用自己的语言去解释。这是我在四十年代所作的

① 张学智：《贺麟选集·前言》，长春：吉林人民出版社，2005年，第4页。
② 此文摘要又载《哲学评论》第7卷第1期，1936年9月。
③ 贺麟：《宋儒的思想方法》(1936年)，《哲学与哲学史论文集》，北京：商务印书馆，1990年，第179页。《近代唯心论简释》，上海：上海人民出版社，2009年，第73页。
④ 张学智：《贺麟选集·前言》，长春：吉林人民出版社，2005年，第5页。

一种尝试"①。

1936 年 3 月，英国新黑格尔主义者开尔德（Edward Caird，1835—1908）所著《黑格尔》一书，由贺麟翻译为中文，在（上海）商务印书馆出版。该书介绍了黑格尔的生平事迹和学说，书前有贺麟所译序及作者小引。

1936 年 9 月，美国新黑格尔主义者鲁一士（Josiah Royce，1855—1916）所著《黑格尔学述》，由贺麟翻译为中文，在（上海）商务印书馆出版。书前有译序，书后有后序及附录一《朱熹与黑格尔太极说之比较观》（贺麟），附录二《关于朱熹太极说之讨论》（张荫麟），附录三《重要译名对照表》。

贺麟之翻译《黑格尔》与《黑格尔学述》，一如其写作《德国三大伟人处国难时之态度》，实则更多地是出于时代关怀、现实关怀、民族情怀。诚如贺麟在《黑格尔学述》的《后序》中所说："我之所以译述黑格尔，其实，时代的兴趣居多。我们所处的时代与黑格尔的时代——都是政治方面，正当强邻压境，国内四分五裂，人心涣散颓丧的时候；学术方面，正当开明运动之后；文艺方面，正当浪漫文艺运动之后——因此很有些相同，黑格尔的学说，于解答时代问题，实有足资我们借鉴的地方。而黑格尔之有内容、有生命的动的时间的逻辑——分析矛盾，调节矛盾，征服冲突的逻辑，及其重民族历史文化、重自求超越有限的精神生活的思想，实足振聋起顽，唤醒对于民族精神的自觉，与鼓舞对于民族性与民族文化的发展，使吾人既不舍己骛外，亦不故步自封，但知依一定之理则，以自求超拔，自求发展，而臻于理想之域。至于我个人纯学术的兴趣，仍偏重于斯宾诺莎的研究。"②

---

① 贺麟：《序言》，《哲学与哲学史论文集》，北京：商务印书馆，1990 年，第 7 页。

② ［英］开尔德、［美］鲁一士著，贺麟编译：《黑格尔　黑格尔学述》，上海：上海人民出版社，2012 年，第 304 页。

除上述论著外，贺麟这一时期的学术成果还有《斯宾诺莎的生平及其学说概要》(1933 年)、《黑格尔之为人及其学说概要》(1933年)、《从叔本华到尼采——评赵懋华著〈叔本华学派的伦理学〉》(1934 年)、《经济与道德》(1935 年)、《文化的类型》(1936 年)以及译作《五十年来的德国哲学》(1935 年)等。可以说，"从 1931 年回国后到 1937 年抗日战争爆发前，是贺麟学术思想的勃发期"①，"这几年是贺麟继续研究黑格尔并逐渐确立了自己的心学的时期"②。

（二）

1932 年，贺麟被北京大学聘为副教授，兼任清华大学讲师。1936 年，贺麟升任北京大学教授。1937 年 7 月 7 日，"卢沟桥事变"发生，抗日战争全面爆发。北京大学、清华大学、南开大学相继迁往长沙、昆明，组成"国立西南联合大学"。1946 年，西南联合大学战时的使命完成，北大、清华、南开三校决定迁回原址。10 月，贺麟随北大返回北平，依然回归北京大学的校园。

1947 年 9 月，贺麟代理北京大学训导长职务。在代理北京大学训导长期间，贺麟还多次出面保释被捕的进步学生，并暗中保护进步教师。1948 年 12 月 25 日，北京大学举行 50 周年校庆。学生特送一面锦旗给贺麟，上绣"我们的保姆"字样，以表示对他的感谢与爱戴。1949 年北平解放前夕，南京方面三次派飞机至北平接请贺麟，但都被贺麟拒绝，贺麟"决心留在北平迎接新中国的诞生"③。

就学术生命和思想历程而言，"八年抗战，是贺麟生命最为昂扬，思想最为活跃，因而也收获最为丰厚的时期"④，"此时的贺麟，

---

① 张学智：《贺麟选集·前言》，长春：吉林人民出版社，2005 年，第 4 页。

② 张学智：《贺麟思想研究》，北京：人民出版社，2016 年，第 21 页。

③ 中国社会科学院哲学研究所：《沉痛悼念贺麟同志》，《哲学研究》，1992 年第 11期，第 80 页。

④ 张学智：《贺麟选集·前言》，长春：吉林人民出版社，2005 年，第 4 页。

正值英年,意气风发,思想创颖活泼,是他一生中最富于创造性的阶段"①。也就是说,"30年代初至40年代中期,是贺先生思想最活跃,收获最丰富的时期"②。总而言之,整个三四十年代,是贺麟学术大丰收、思想大创获的辉煌时期。

这一阶段的贺麟,继续教书育人,继续著书立说。

这一阶段的贺麟,翻译与创作并举,研究与建构齐美。

这一阶段的贺麟,不但学术成果最为丰硕,而且思想体系已趋成型。

1938年12月,代表贺麟知行观的重要文章《知行合一新论》,完稿于昆明。该文后作为"国立北京大学四十周年纪念文集"之一,于1940年1月在昆明出版单行本(抽印本)。后来,该文又相继收入《近代唯心论简释》和《当代中国哲学》。《知行合一新论》论述了知与行的关系,重新讨论王阳明的知行合一说,并提出了一些新的看法。贺麟晚年自陈,"此文似有不少新意思,对于讨论程朱陆王以及孙中山的知难行易和知行合一都有帮助"③。

1940年5月,贺麟发表《五伦观念的新检讨》(《战国策》第3期),开始提出"新心学"的基本思想。贺麟在《五伦观念的新检讨》中指出,"五伦的观念是几千年来支配了我们中国人的道德生活的最有力量的传统观念之一。它是我们礼教的核心,它是维系中华民族的群体的纲纪。我们要从检讨这旧的传统观念里,去发现最新的近代精神","现在的问题是如何从旧礼教的破瓦颓垣里,去寻找出不可毁灭的永恒的基石。在这基石上,重新建立起新人生、新

---

① 张学智:《贺麟思想研究》,北京:人民出版社,2016年,第23页。

② 张学智:《回忆贺麟先生》,《贺麟先生百年诞辰纪念文集》,北京:中国社会科学出版社,2009年,第284页。

③ 贺麟:《新版序》(1986年),《五十年来的中国哲学》,上海:上海人民出版社,2012年,第4页。

社会的行为的规范和准则"①。

1941 年 8 月，代表贺麟"新儒学"思想的重要文章《儒家思想的新开展》，发表于《思想与时代》第 1 期(1941 年 8 月 1 日)。在《儒家思想的新开展》一文中，贺麟提出了"新儒家"一词，为以后"现代新儒家""当代新儒家"等提法奠定了基础。

对于现代新儒学来说，《儒家思想的新开展》是一部"具有定位意义的著述"②，一直被人誉为"现代新儒家的宣言书"。"贺氏在此文中所提出的观点，揭示出了当代新儒家的精神方向，是当代新儒家发展史上的一篇重要文章"③，"他所提出的儒家思想的新开展所应遵循的途径，是他被划入现代新儒家的最主要的依据。他提出的这些主张，代表了他那个时代自己担荷民族复兴大业，真正融合了中西文化的学者对未来时代的擘画，是一个以继承和发扬儒家文化为己任的知识分子对时代做出的贡献"④。

1942 年 6 月，《近代唯心论简释》由(重庆)独立出版社出版。这是贺麟的第一本论文集，也是反映他"新心学"思想的代表作之一。《近代唯心论简释》一书出版后，迅即引起强烈反响，胡绳(1918—2000)、徐梵澄(1909—2000)、谢幼伟(1905—1976)等都发表了评论文章⑤。应该说，这是三篇对贺麟的"新心学"研究较早、较有价值的文章。

胡绳认为，贺麟的《近代唯心论简释》一书有两大特点：一是

----

① 贺麟：《五伦观念的新检讨》(1940 年)，《文化与人生》，北京：商务印书馆，1988 年，第 51、62 页。

② 张文儒、郭建宁主编：《中国现代哲学》，北京：北京大学出版社，2001 年，"绪论"，第 7 页。

③ 赵宗正主编：《儒学大辞典》，济南：山东友谊出版社，1995 年，第 517 页。

④ 张学智：《贺麟选集·前言》，长春：吉林人民出版社，2005 年，第 9—10 页。

⑤ 三篇评论文章如下：胡绳(署名"沈友谷")《一个唯心论者的文化观——评贺麟先生著〈近代唯心论简释〉》、徐梵澄《〈近代唯心论简释〉述评》、谢幼伟《何谓唯心论——兼评贺麟著〈近代唯心论简释〉》。

鲜明的唯心论特色，二是在同时代的同类著作中比较有见解而又自成系统。同时，胡绳批评贺麟坚持直觉方法而走入神秘主义（"直觉论的神秘主义"），批评贺麟用"超历史的范畴"来研究文化，等等①。

徐梵澄说，"整个地看，著者实是深研费希特、黑格尔、康德、斯宾诺莎诸人的哲学，又研究宋明理学。其努力求融会贯通中西哲学，显而易见。无论有没有偏颇的地方，却处处能见其大，得到平正通达的理解"②。

谢幼伟非常深入、非常恰当地指出，"《近代唯心论简释》一书，虽仅为一部哲学论文集，而非系统的著述，然亦自有其一贯之主张。此一贯之主张，即贺君唯心论之主张是"；文末，谢幼伟对《近代唯心论简释》进行客观的、全面的评论，"以全书内容论，贺君是书已为今日中国哲学上不可多得之著作。于唯心论之说，固有发明，即于中国哲学，亦极多精审之解释，而足帮助吾人之理解也"③。

1945年，贺麟在《五十年来的中国哲学》一文的基础上，写成《当代中国哲学》一书，将《五十年来的中国哲学》作为第一章，题目改为《中国哲学的调整与发扬》。11月初，《当代中国哲学》由（重庆）胜利出版社出版。《当代中国哲学》是贺麟"新心学"思想体系的三大代表作之一。

《五十年来的中国哲学》分为上篇和下篇。上篇包括"中国哲学的调整与发扬""西方哲学的绍述与融会""时代思潮的演变与剖析"三章，附录"康德、黑格尔哲学在中国的传播——兼论我对介绍

---

① 胡绳：《一个唯心论者的文化观——评贺麟先生著〈近代唯心论简释〉》，上海：上海人民出版社，2009年，第271—278页。

② 徐梵澄：《〈近代唯心论简释〉述评》，《近代唯心论简释》，上海：上海人民出版社，2009年，第281—282页。

③ 谢幼伟：《何谓唯心论——兼评贺麟著〈近代唯心论简释〉》，《近代唯心论简释》，上海：上海人民出版社，2009年，第289、294页。

康德、黑格尔哲学的回顾"。上篇从"新心学"的角度出发，总结了中华人民共和国成立之前约五十年时间中国接受西方哲学影响，以及西方哲学在中国的传播等内容。下篇论述了 1894 年至 1945 年五十年间中国传统哲学思想的发展，对西洋哲学的介绍与研究，以及知行问题的探讨。下篇包括"知行合一新论""《孙文学说》的哲学意义——引言""知行合一问题——由朱熹、王阳明、王船山、孙中山到《实践论》"，深入探讨了"知行"学说问题。孙霄舫认为，"这本书应与黄宗羲的《宋元学案》与《明儒学案》并立，是黄宗羲以后第一部历史上不朽的作品"①。

1947 年 11 月，《文化与人生》由商务印书馆出版。《文化与人生》是贺麟"新心学"思想体系的代表作之一。

《文化与人生》的内容涉及人生观和对文化问题的见解，在同情、理解、发挥中国固有文化的优点的同时也介绍西洋文化的意义、西洋人的近代精神和新人生观。贺麟在《序言》中自陈，"这书似乎多少可以表现出三个特点"："一、有我。书中绝少人云亦云地抄袭现成公式口号的地方。每一篇都是自己的思想见解和体验的自述，或自己读书有得有感的报告"，"二、有渊源。虽说有我，但并非狂妄自大，前无古人。我的思想都有其深远的来源，这就是中国传统的文化和儒家思想"，"三、吸收西洋思想。有渊源，发扬传统文化，却并不顽固守旧"。

《近代唯心论简释》《文化与人生》《当代中国哲学》的相继出版，标志着贺麟"新心学"思想体系已经进入了理论成熟期。在中国社会科学院哲学研究所所作悼辞中，有一节专论贺麟"新心学"三大代表作，"在抗日战争时期，贺麟撰写《近代唯心论简释》《文化与人生》《当代中国哲学》，站在积极推进中西文化交往的高度，深

---

① 孙霄舫：《我所认识的贺麟教授及其思想》，《贺麟先生百年诞辰纪念文集》，北京：中国社会科学出版社，2009 年，第 220 页。

入研究中国传统哲学，同时主张有分析地吸取西方哲学中的优秀思想成果"①。

除作为"新心学"思想体系的三大代表作外，西南联大时期的贺麟还有一项重要成果，这就是《黑格尔理则学简述》的完成。

1943 年，贺麟为学生讲授"黑格尔理则学"课程。1948 年，贺麟根据樊星南所做记录整理成单行本，书名定为《黑格尔理则学简述》，作为"国立北京大学五十周年纪念论文集"之一，由北京大学出版部出版。

贺麟自陈，这是"关于黑格尔的第一篇较系统的著作"②。今人张学智指出，"贺麟一生对黑格尔有翻译、有研究、有讲授，基本思想以《理则学简述》为主"，"《理则学简述》的贡献在于，贺麟对黑格尔全系统的理解，不仅不同于当时国内的黑格尔研究者，也不同于国外的黑格尔专家"③；《黑格尔理则学简述》的"许多精义发前人所未发"，它是贺麟"一生研究黑格尔最有力的著作"，"也是当时研究黑格尔的逻辑学最完整、最深刻的著作"④。

如人所云，"在前期的哲学研究活动中，他（按：即贺麟）善于抓住程朱和陆王两派矛盾斗争的这一重要环节，上溯先秦，下达明清，探索我国哲学发展的脉络，从而在贯通古今的伟大历史工程中，进行了可贵的重点开挖工作"⑤。1949 年以后，由于众所周知的原因，贺麟（以及梁漱溟、熊十力、冯友兰等）已经不可能继续沿着原先的学术道路往前走了。

---

① 中国社会科学院哲学研究所：《沉痛悼念贺麟同志》，《哲学研究》，1992 年第 11 期，第 80 页。

② 贺麟：《五十年来的中国哲学》，上海：上海人民出版社，2012 年，第 131 页。

③ 张学智：《贺麟选集·前言》，长春：吉林人民出版社，2005 年，第 11、10 页。

④ 张学智：《贺麟思想研究》，北京：人民出版社，2016 年，第 49、30 页。

⑤ 宋祖良、范进编：《会通集：贺麟生平与学术》，北京：生活·读书·新知三联书店，1993 年，第 32—33 页。

三、艰难抉择：唯心与唯物

(一)

1949 年以后，贺麟经历了知识分子思想改造运动、对非马克思主义的批判、用新观点研究黑格尔等几个阶段。信仰层面：这一时期的贺麟，已经从信奉唯心论的大师转变为唯物主义的革命者①；学术层面：这一时期的贺麟，已然从"翻译与创作并举，研究与建构齐美"转移到翻译和介绍，"个人著述则基本趋于沉寂"②，"学术锋芒逐渐消磨"③。

1950—1952 年，贺麟到陕西、江西参加土改，思想上触动很大。1951 年 4 月 2 日，贺麟在《光明日报》发表《参加土改改变了我的思想——启发了我对辩证唯物论的新理解和对唯心论的批判》一文，公开表示赞同唯物论，并批判了唯心论的错误观点，其哲学信仰开始转变。他在文章中谈到，只有通过社会实践的锤炼，思想才会有力量；从概念到概念的思想是贫乏无力的。中国社会科学院哲学研究所所作悼辞说，"经过学习马克思主义，参加土改等运动，贺麟的思想发生了根本转变，郑重宣布赞成唯物论，反对唯心论"④。

1952 年，全国高等学校进行大规模的院系调整，大规模的知识分子学习马列著作、学习苏联专家的运动开始。1952 年院系调整后两年来，北大哲学系曾举行过三次比较大规模的批判资产阶

---

① 张祥平、张祥龙：《从唯心论"大师"到信奉唯物主义的革命者——记翻译家、哲人贺麟》，《贺麟先生百年诞辰纪念文集》，北京：中国社会科学出版社，2009 年。
② 张慎：《贺麟传略》，《清华西方哲学研究》，2015 年第 2 期，第 80 页。
③ 张学智：《贺麟选集·前言》，长春：吉林人民出版社，2005 年，第 13 页。
④ 中国社会科学院哲学研究所：《沉痛悼念贺麟同志》，《哲学研究》，1992 年第 11 期，第 80—81 页。

级哲学的讨论会，第一次是 1953 年上半年举行的冯友兰的"对过去学术工作的检讨"，第二次是 1954 年 5 月展开的郑昕的"康德哲学批判"，第三次是 1954 年 6、7 月间举行的贺麟的"黑格尔哲学批判"。在针对贺麟的第三次批判会上，"他的所谓历史污点问题时常在学术会上被年轻党团员拿来问责，这往往使入迷哲学世界的贺麟被打了一闷棍，措手不及之时显得无力和卑微"①。

1954 年起，全国展开了大规模的批判胡适、批判梁漱溟的思想运动，贺麟先后写出《两点批判，一点反省》《批判胡适的思想方法》《批判梁漱溟的直觉主义》等文章，在社会上引起强烈反响。在《两点批判，一点反省》一文中，贺麟不但批判了胡适和梁漱溟的唯心主义思想，还对自己的思想进行了无情的揭露和批判。贺麟诚恳地说，"批判从前曾经从不同方面，在不同方式下影响过我的思想的胡适和梁漱溟先生"，"也就是自己要和自己过去的反动唯心论思想划清界限"，亦即敢于"正视自己在解放以前的反动思想，照一照自己那时丑恶面目的原形"②。贺麟在"唯心论"前冠以"反动"二字，足见其同唯心论一刀两断的决心。"现在看来，这些文章都是过火的，都免不了简单粗暴、深文周纳之病"③，"但他的态度是真诚的，'洗个干净澡'以丢掉包袱轻装前进的动机也是显然可见的"④。贺麟晚年的自述，已然心平气和，"《批判胡适的思想方法》《两点批判，一点反省》这两篇文章，是五十年代我参加批判胡适思想的运动时写的。在《两点批判，一点反省》这篇文章里，我除

---

① 陈徒手：《贺麟：转型时代的落魄和幸运》，《故国人民有所思：1949 年后知识分子思想改造侧影》，北京：生活·读书·新知三联书店，2013 年，第 133—135 页。

② 贺麟：《两点批判，一点反省》，《哲学与哲学史论文集》，北京：商务印书馆，1990 年，第 464 页。

③ 张学智：《贺麟选集·前言》，长春：吉林人民出版社，2005 年，第 13 页。

④ 张学智：《贺麟思想研究》，北京：人民出版社，2016 年，第 37 页。

对胡适的思想进行批判外，还对自己的思想作了自我批判"①。

　　1955 年、1956 年，贺麟在北京大学、中国人民大学、中共中央编译局讲授黑格尔哲学。从收入《黑格尔哲学讲演集》的几篇讲稿看，多为客观介绍，自己的评论很少。

　　1956 年，"百家争鸣"方针提出，贺麟发表了《为什么要有宣传唯心主义的自由？——对"百家争鸣"政策的一些体会》（与陈修斋合作）、《必须集中反对教条主义》《关于对哲学史上唯心主义的评价问题》等文章，提出"唯心主义有好东西""对唯心主义否定过多不恰当"等观点。

　　1957 年，"反右"开始，许多敢于"鸣放"的人被打成右派，贺麟也开始发表文章对自己"唯心主义和唯物主义有同一性"的观点进行批判。评论说，"1957 年反右之后，他把工作重点逐步转向翻译和批判性介绍方面，个人著述则基本趋于沉寂"②。

　　在此期间（1950—1966），贺麟翻译和出版的著作有：黑格尔的《小逻辑》（有 1950 年、1954 年、1959 年三个版本）、马克思的《黑格尔辩证法和哲学一般的批判》（1955 年出版）、斯宾诺莎的《伦理学》（1958 年出版）、黑格尔的《哲学史讲演录》（第一、二、三卷，1959—1960 年出版）、马克思的《博士论文（德谟克里特的自然哲学与伊壁鸠鲁的自然哲学的差别）》（1961 年出版）、黑格尔的《精神现象学》（1962 年出版）。

　　1966 年，"文化大革命"（1966—1976）开始。由于贺麟的特殊经历与特殊地位，他被戴上"反动学术权威""反共老手"帽子，批斗多次，抄家数次，游街数次，房屋被占，财产丢失，被关进"牛棚"一年多，甚至被诬为"特务"而惨遭毒打。后来，还以"劳动锻炼"的名义，被遣送到河南农村干校改造两年。原先所从事的研究工作，也

---

① 贺麟：《序言》，《哲学与哲学史论文集》，北京：商务印书馆，1990 年，第 9 页。
② 张慎：《贺麟传略》，《清华西方哲学研究》，2015 年第 2 期，第 80 页。

全部中断。对于这一切，贺麟以一个哲人独具的冷静与超然的态度默默地忍受着，"相信目前这种遭遇一定不会长久"①。

回首那一段岁月，可谓"风雨如晦，鸡鸣不已"（《诗经·郑风·风雨》）。回顾贺麟诸人在那一段岁月的精神生命，令人百感交集，但也无可奈何，只好"同情理解"了。作为过来人的张岱年（1909—2004），有过如此评论："五十年代，中国的一些哲学家，如金岳霖先生、冯友兰先生、汤用彤先生和贺麟先生，都站到唯物主义一边，运用辩证唯物论与历史唯物论的观点方法重新考虑学术上的种种问题，这是中国哲学发展史上的一件大事，也是世界哲学发展史上的一件大事。"②

（二）

1978年以后，中国迎来了"科学的春天"，万象更新，欣欣向荣！我们的主人公贺麟先生，已然垂垂老矣！老先生的生命历程，已然走向了暮年岁月。

关于1978年以后的贺麟，中国社会科学院哲学研究所所作悼辞有一段简练、准确的概括与叙述，"十年动乱结束后，贺麟坚决拥护党的十一届三中全会的路线和政策，积极投身于建设有中国特色的社会主义事业。他老当益壮，撰写论文，汇编文稿，外出讲学，带研究生，体现了一个爱国知识分子对祖国学术事业的无比忠诚。这一时期，他翻译和出版了《精神现象学》下卷、《现代西方哲学讲演集》、《黑格尔哲学讲演集》、《黑格尔早期神学著作》、《哲学和哲学史论文集》等著作。他与人合译的《精神现象学》获哲学所科研成果一等奖。他的著作《五十年来的中国哲学》获光明杯优秀哲学社会科学著作荣誉奖。贺麟的学术成就在国际学术界也有相当影

---

① 宋祖良：《在探索真理的道路上——记哲学家贺麟教授》，《贺麟先生百年诞辰纪念文集》，北京：中国社会科学出版社，2009年，第208页。

② 张岱年：《我所认识的贺麟先生》，《会通集：贺麟生平与学术》，北京：生活·读书·新知三联书店，1993年，第41页。

响。他积极参加对外学术交流，曾出访苏联(1957)、日本(1979)、南斯拉夫(1979)、香港(1983)"①。

这一阶段的贺麟，对唯物主义、对马克思主义的信奉，可谓越来越自觉、越来越坚定。也就是说，对于唯心主义和唯物主义、对于黑格尔主义和马克思主义，贺麟在经过起初的艰难抉择之后，业已安然接受唯物主义、真心信奉马克思主义②。在此，略举数例：

1978年11月下旬，"文化大革命"后贺麟第一次指导的三名研究生，首次登门拜访贺麟。学生们刚刚到来，贺麟就从书架上取下他事先已经准备好的马克思的《博士论文》，一一送到学生手中，并且语重心长地说："这是我自己翻译的书，送给你们作纪念。搞学问，当然要读各种各样的书，但是，马克思的著作却是搞一切研究必须首先学好的，这是最基本的学问，你们一定要学好。"③

1981年6月1日至4日，中华全国外国哲学史学会第一届第一次理事会议在北京召开，正式成立外国哲学史学会。会议一致推选贺麟为学会名誉会长。在会议结束前，贺麟出席大会，与全体理事见面，并发表了以"我对哲学的态度"为题的讲话，"向在座各位研究外国哲学史的同志恳谈自己对哲学的态度"。

贺麟在讲话中谈到，"我发现有的唯心主义没有理想，有的唯物主义而有理想。理想而不唯心，唯物而有理想，这就是马克思主义哲学，主张实事求是的哲学"，这是贺麟对马克思主义哲学的认识与看法。在讲话的最后，贺麟说道，"马克思主义的唯物论，以内

---

① 中国社会科学院哲学研究所：《沉痛悼念贺麟同志》，《哲学研究》，1992年第11期，第81页。

② 后来的弟子洪汉鼎在谈及冯友兰、贺麟等人时说，"很多老先生到了晚年，的确是马克思主义化了，他们绝不是虚伪地接受马列"（洪汉鼎：《客居忆往：哲学人生问答录》，北京：中国人民大学出版社，2016年，第223页）。

③ 宋祖良：《在探索真理的道路上——记哲学家贺麟教授》，《贺麟先生百年诞辰纪念文集》，北京：中国社会科学出版社，2009年，第209页。

容无限丰富生动的大自然或物质的辩证发展为钻研的对象，扬弃了理性的辩证发展。我是在马克思列宁主义的感召和熏陶下，经历过多年学习哲学史，批判了黑格尔唯心的理性辩证体系后，才逐渐转变为信服和赞成这样一种承先启后、精深博大、有实践基础、有高尚理想、有强大力量的辩证唯物论的"；并且特别强调，"这不是个人独特的态度，大凡经历教养同、服务对象同、远景向往同的人，也会思想感情同"①。在张学智看来，贺麟的这两段讲话，可以说是他的"晚年定论"②。

1982 年 11 月 3 日，已届耄耋之年的贺麟，被批准加入中国共产党。"这位历尽坎坷的哲学家终于找到了光明的归宿"③，"他以实际行动表达了自己对马列主义的忠诚和对党的坚信，他一生的理想和追求有了一个光明的归宿"④。11 月 4 日，《人民日报》专门报道此事⑤。

1983 年，贺麟为马克思（Karl Marx，1818—1883）逝世一百周年纪念而写《马克思的早期哲学思想》，这是民盟中央机关报《中央盟讯》的约稿。

贺麟在文章的开头部分写道，"马克思主义自从创立以来就是伟大的世界力量"，"1917 年俄国十月革命一声炮响给中国送来马克思列宁主义，开创了中国共产党和毛泽东同志领导的新民主主义革命"，"新民主主义革命在中国的成功，首先是由于放之四海而

① 贺麟：《我对哲学的态度》，《哲学与哲学史论文集》，北京：商务印书馆，1990 年，第 586、588 页。

② 张学智：《贺麟的"新心学"》，《中国社会科学》，1992 年第 5 期，第 178 页。

③ 方克立、李锦全主编：《现代新儒家学案》（中册），北京：中国社会科学出版社，1995 年，第 225 页。

④ 张祥平、张祥龙：《从唯心论"大师"到信奉唯物主义的革命者——记翻译家、哲人贺麟》，《贺麟先生百年诞辰纪念文集》，北京：中国社会科学出版社，2009 年，第 203 页。

⑤ 李洪启：《著名哲学家贺麟入党》，《人民日报》，1982 年 11 月 4 日第四版。

皆准的马克思列宁主义的普遍真理与中国革命实践相结合的胜利"。贺麟在文章的结尾部分写道，"足见马克思早期著作有广阔的天地，可供我们学习和研究。我不同意有些人认为马克思早期著作不够成熟，不列入阅读参考之列"①。

1986 年 4 月，贺麟写作《〈马克思恩格斯论哲学史〉序言》。9 月，该序言刊于《人文杂志》第 4 期。贺麟在序言的结尾部分写道，"我们的国家将来不仅要成为有高度物质文明的国家，也要成为有高度精神文明的国家，都需要有很高的马克思主义理论水平"②。贺麟晚年自述，"陕西省社科院陈世夫同志于 1984 年访问了联邦德国，回国后，他开始翻译民主德国哲学家格·伊尔尼茨和狄·吕布克主编的《马克思恩格斯论哲学史》。该书《前言》说到'凡是研究伟大的马克思的人，对他的早期著作决不能持轻视态度'，我也有同感，因此，我欣然接受了陈世夫同志的要求，为该书中译本写了序"③。

1988 年 8 月，贺麟等人合著《马克思人类学笔记研究论文集》，由（北京）商务印书馆出版。

1988 年 3 月，贺麟的论文《辩证法和哲学的理想性》在《社会科学战线》1988 年第 1 期发表。随后，《新华文摘》1988 年第 4 期转载此文。

贺麟在文章的开首写道，"本文由我在一个学术会议上的讲稿整理而成，主要内容是讲辩证法和哲学的理想性问题。由于是讲稿，许多问题只能提纲挈领，也难免挂一漏万，现在写出来，供大家参考"。贺麟在文章的末尾部分写道，"哲学的理想性是人类精神世界的伟大灵魂，天人合一，人我合一，情理合一，无论东方和西

① 贺麟：《马克思的早期哲学思想》，《哲学与哲学史论文集》，北京：商务印书馆，1990 年，第 686、692 页。

② 贺麟：《〈马克思恩格斯论哲学史〉序言》，《人文杂志》，1986 年第 4 期，第 39 页。

③ 贺麟：《序言》，《哲学与哲学史论文集》，北京：商务印书馆，1990 年，第 11 页。

方，尽管形式各异，但本质上是一致的，它们都是人类的最高理想。没有理想的哲学是无生命的。马克思主义哲学是哲学史上的最高成果，是德国古典哲学的积极的扬弃，精深博大的辩证精神和光明灿烂的理想主义在它那里应该发扬光大。我理解的马克思主义是唯物的、辩证的，而又理想的，共产主义不仅是经济学意义上的理想，也是哲学的理想，而且按照辩证法，它更是一个实现其理想的伟大的历程"。相比于 1981 年所作《我对哲学的态度》而言，《辩证法和哲学的理想性》更可以说是他的"晚年定论"。

　　1992 年 9 月 23 日上午 8 时半，一代宗师贺麟溘然逝世于北京医院，享年 90 岁。10 月 6 日，贺麟遗体告别仪式在八宝山革命公墓举行。10 月 10 日，《人民日报》报道此讯①。

　　接下来，我将引述贺麟的私淑弟子张学智的一席话语，作为本章本节的结束语。在贺麟逝世的当年，张学智在《中国社会科学》发表《贺麟的"新心学"》。他在论文的最后一段写道②：

　　　　最后要说的是，1949 年全国解放以后，贺麟与大多数从旧大学里过来的知识分子一样，放弃了自己过去持守的学说，并且作了深刻的自我批判。这些批判有深文周纳的地方，这是时代有以使然，对此我们不能苛求。但我们相信，贺麟及同时代的绝大多数知识分子的转变是真诚的，他们是出于对新中国的挚爱和对真理的追求而信仰马克思主义的。贺麟的思想转变是痛苦的，也是彻底的。他曾说："我是在马克思列宁主义的感召和熏陶下，经历过多年学习哲学史，批判了黑格尔唯心的理性辩证体系后，才逐渐转变为信服和赞成这样一种承先启后、精深博大、有实践基础、有高尚理想、有强大力量的

---

① 《贺麟同志逝世》，《人民日报》，1992 年 10 月 10 日第四版。
② 张学智：《贺麟的"新心学"》，《中国社会科学》，1992 年第 5 期，第 178 页。

辩证唯物论的。""什么是真理，真理本身就是能动的、感动人的，真理可以从各方面加以说明。可以从方法论——经验的或体验的、分析的、数学的、辩证的方法予以说明。真理也反映在各个方面，有普遍性、客观性、主观性。真理不能与心理分开。……真理是一个过程。……理想而不唯心，唯物而有理想，这就是马克思主义哲学，主张实事求是的哲学。"这是贺麟在1981年《我对哲学的态度》中讲的两段话，这可以说是他的"晚年定论"。

第二章 贺麟论文化：层面与关系

英国思想家、批评家、小说家柴斯特顿(Gilbert Keith Chesterton，1874—1936)①，曾经说过这样两句话："一个房客不仅须知道房租的多少，最要紧的他须知道他的房东的哲学。一个作战的统帅不仅须知道敌军的众寡和敌人的虚实，最要紧的他须知道敌军将领的哲学。"②

贺麟在引用这两句话后，又"接着说"："他这里所谓哲学，当然是指广义的哲学而言，包括人生观、生活方式、思想意见、性情性格、为人处世的态度等在内。这话看似迂阔，但的确是阅历有得之言。"③后来，贺麟又再次引用了这两句话，并且认为"这话实有至理"④。

如果要升堂入室进入贺麟的思想殿堂、心灵庙宇，我们首先就得知道我们的主人公贺麟、这位"房东的哲学"。因此，本章将从

---

① 柴斯特顿，又译哲斯脱敦、切斯特顿，著有《迭更斯论》《勃劳宁论》《十二型》《维多利亚朝文学》及小说、传记等。

② 转引自贺麟：《五十年来的中国哲学》，上海：上海人民出版社，2012 年，第 215 页。说明：贺麟后来也引用过这两句话，引文作"我们打仗固然要了解对方统帅的战略，尤其要了解对方统帅的人生观。我们租房子固然要注意房租的多少，但尤其要明白房东的哲学"。详见贺麟：《西洋近代人生哲学的趋势》(1947 年)，《文化与人生》，北京：商务印书馆，1988 年，第 312 页。

③ 贺麟：《五十年来的中国哲学》，上海：上海人民出版社，2012 年，第 215 页。

④ 贺麟：《西洋近代人生哲学的趋势》(1947 年)，《文化与人生》，北京：商务印书馆，1988 年，第 312 页。

"人与文化（心物）""历史与文化（古今）""中国文化与西方文化（中西）""文化的体与用（体用）"四个角度，揭示贺麟的文化哲学。

一、人与文化（心物）

人类学认为，文化是人类有别于动物的标志；因此，所谓"文化"，实即"人的文化"（贺麟称之为"人文化"①）。

1871 年，英国人类学家泰勒（Edward Burnett Tylor，1832—1917）推出了《原始文化》（*Primitive Culture*）一书，他在书中给"文化"和"文明"下了一个非常"经典"的定义："文化，或文明，就其广泛的民族学意义来说，是包括全部的知识、信仰、艺术、道德、法律、习俗以及作为社会成员的人所掌握和接受的任何其他的能力和习惯的复合体。"②

审视泰勒的定义，可以看出，他实际上是将"文化"一分为二：一部分是人类业已取得的成就（如知识、艺术等），一部分是人类赖以生存的价值观念、社会准则（如法律、习俗等）。换言之，文化是指人类在社会上所学得的一切事物与观念。

美国人类学家哈维兰（William A. Haviland）认为可以接受的"文化"定义，恰好就着眼于泰勒所言第二层面，"文化是一系列规范或准则，当社会成员按照它们行动时，所产生的行为应限于社会成员认为合适和可接受的变动范围之内"③。

---

① 贺麟：《文化、武化与工商化》（1946 年），《文化与人生》，北京：商务印书馆，1988 年，第 280 页。

② ［英］爱德华·泰勒著，连树声译，谢继胜等校：《原始文化：神话、哲学、宗教、语言、艺术和习俗发展之研究》（重译本），桂林：广西师范大学出版社，2005 年，第 1 页。

③ ［美］哈维兰著，王铭铭等译：《当代人类学》，上海：上海人民出版社，1987 年，第 242 页。William A. Haviland，*Anthropology*，7ᵗʰ ed，New York，Holt，Rinehart and Winston，1994，p.304.

其实，中国古人所持看法早已如此。《礼记·曲礼上》："鹦鹉能言，不离飞鸟。猩猩能言，不离禽兽。今人而无礼，虽能言，不亦禽兽之心乎？夫唯禽兽无礼，故父子聚麀。是故圣人作为礼以教人，使人以有礼，知自别于禽兽。"也就是说，是作为文化之一的社会准则的"礼"，使"人"有别于"禽兽"。换句话说，动物虽然也会模仿（如"鹦鹉学舌"），也可驯化（如"狗钻火圈"），但其模仿和驯化不是"文化"①。

人，只有人，才是文化的创造者和承受者。就此而言，文化和文明都是人类"进化"的结果②；在这种意义上，我们完全可以说，文化是人类区别于动物的标志③。因此，中国古人往往把作为文化之一的某一类视为人与动物相区别的根本标志。《礼记·冠义》："凡人之所以为人者，礼义也。"《晏子春秋·谏上二》："凡人之所以贵于禽兽者，以有礼也。故《诗》曰：'人而无礼，胡不遄死。'礼，不可无也。"《荀子·非相》："人之所以为人者，何已也？曰：以其有辨也。……故人之所以为人者，非特以其二足而无毛也，以其有辨也。夫禽兽有父子而无父子之亲，有牝牡而无男女之别，故人道莫不有辨。辨莫大于分，分莫大于礼，礼莫大于圣王。"王符（约79—约166）《潜夫论·卜列》："夫人之所以为人者，非以此八尺之身也，乃以其有精神也。"所谓"礼"、所谓"礼义"、所谓"辨"、所谓"精神"，实际上均属于"文化"之列。

---

① 美国人类学者恩伯夫妇认为，"所有的动物都在某种程度上表现出习得的行为。这种行为可能被一群动物中的大多数所共同享有，所以可以认为是文化行为"（〔美〕C.恩伯、M.恩伯著，杜杉杉译：《文化的变异——现代文化人类学通论》，沈阳：辽宁人民出版社，1988年，第31页）。对此，笔者实不敢苟同其说。

② 注意：此处所用的"进化"一词，与达尔文（Charles Robert Darwin，1809—1882）所用的"进化"（evolution，即生物进化）有别，特指"文化的进化"。相关论述，可参看〔美〕塞维斯著，黄宝玮等译：《文化进化论》，北京：华夏出版社，1991年。

③ 彭华：《陈寅恪的文化史观》，《史学理论研究》，1999年第4期，第40—49页；彭华：《陈寅恪"种族与文化"观辨微》，《历史研究》，2000年第1期，第186—188页。

　　因此，英国人类学家马林诺夫斯基(Bronislaw Kaspar Malinowski,1884—1942)认为，"文化的出现，将动物的人变为创造的人、组织的人、思想的人、说话的人以及计划的人"①。作为马林诺夫斯基的弟子，费孝通(1910—2005)又指出，"文化是人创造的，人不是简单的生物体，因为没有人创造的文化，也就没有人自己"②。李安宅(1900—1985)亦云："文化现象为人类社会所独有，故文化是人类所以异于天然状态之动物的惟一区分。"③贺麟说，"人之所以异于禽兽者，不在道德而在知识"，"人之道德所以高于禽兽者，实由于知识高于禽兽"④。

　　贺麟所理解的"文化"(以及"文明")，亦着眼于"人"(宽泛的人类而非狭隘的国家)这一视角。贺麟认为，"文化乃人类的公产，为人人所取之不尽用之不竭的宝藏，不能以狭义的国家作本位"⑤。也就是说，在贺麟看来，文化是"共享的"(shared)、"共有的"(common)人类财产、世界财富("人类的公产")，而文化之一的哲学是"人类的公共精神产业"⑥。

　　贺麟所理解的"文化"，尤其侧重于"人类精神"之一端，特别是作为精神层面的"理性"。贺麟认为，文化"应该以道，以精神，或理

---

　　① ［英］马林诺夫斯基：《在文化诞生和成长中的自由》，《多维视野中的文化理论》，庄锡昌等编，杭州：浙江人民出版社，1987年，第107页。

　　② 费孝通：《对文化的历史性和社会性的思考》，《读书》"文化自觉"特辑，北京：生活・读书・新知三联书店，2011年，第2页。

　　③ 李安宅：《〈仪礼〉与〈礼记〉之社会学的研究》，上海：上海人民出版社，2005年，第4页。

　　④ 贺麟：《杂文三则・论人禽异同》(1933年)，《哲学与哲学史论文集》，北京：商务印书馆，1990年，第121页。

　　⑤ 贺麟：《文化的体与用》(1940年)，《哲学与哲学史论文集》，北京：商务印书馆，1990年，第354页。

　　⑥ 贺麟：《中国哲学与西洋哲学》，《哲学与哲学史论文集》，北京：商务印书馆，1990年，第127页。

性作本位"①，而"所谓文化，乃是人文化，即是人类精神的活动所
影响、所支配、所产生的"②，这是贺麟对"文化"下定义性质的论
述。对于人类和文化而言，"理性"是非常重要的，"理性是人之价
值所自出，是人之所以为人的本则。凡人之一举一动无往而非理
性的活动。人而无理性即失其所以为人"③，"又可说文化即是理
性化，就是以理性来处理任何事，从理性中产生的，即谓文化"④。
贺麟后来苦心孤诣、致力于建构"新心学"体系，与其文化观之注重
"人类精神""人类理性"有密不可分的关系。

　　在贺麟看来，作为"人类精神"的"文化"，实则可以一分为
三——真、善、美，"文化包括三大概念：第一是'真'，第二是'美'，
第三是'善'"⑤。所谓"美"，就是"真理化"（或"学术化"），"真理是
从学术上研究而得的"；所谓"美"，就是"艺术化"，"使欣赏的人有
美感，受陶冶"；所谓"善"，就是"道德化"。"总起来说，真美善即是
真理化、艺术化、道德化，而由于系高尚的情感、坚强的意志和正确
的理智所产生，可以说即是精神化——精神文明。而文化的特征
乃是征服人类的精神，使人精神心悦诚服"⑥，而"所谓文化人即受

---

① 贺麟：《文化的体与用》(1940 年)，《哲学与哲学史论文集》，北京：商务印书馆，
1990 年，第 354 页。
② 贺麟：《文化、武化与工商化》(1946 年)，《文化与人生》，北京：商务印书馆，
1988 年，第 280 页。
③ 贺麟：《近代唯心论简释》(1934 年)，《近代唯心论简释》，上海：上海人民出版
社，2009 年，第 5 页。
④ 贺麟：《文化、武化与工商化》(1946 年)，《文化与人生》，北京：商务印书馆，
1988 年，第 280 页。
⑤ 贺麟：《文化、武化与工商化》(1946 年)，《文化与人生》，北京：商务印书馆，
1988 年，第 280 页。
⑥ 贺麟：《文化、武化与工商化》(1946 年)，《文化与人生》，北京：商务印书馆，
1988 年，第 280 页。

过学术、文艺、宗教的薰陶濡染而有真、善、美的学养的人"①。后来，贺麟大力倡言"儒家思想的新开展"，认为"新儒家思想的开展，大约将循艺术化、宗教化、哲学化的途径迈进"，"第一，必须以西洋的哲学发挥儒家的理学"，"第二，须吸收基督教的精华以充实儒家的礼教"，"第三，须领略西洋的艺术以发扬儒家的诗教"②。追根溯源，此亦与其在文化观上的"真善美"直接相关③。

在贺麟看来，"文化"和"民族"是息息相关的。贺麟认为，"一个民族的精神产物而能给精神自身以满足的，就是文化（Culture）。一个民族的精神产物而能供人生实际生活以便利或享乐的，就是文明（Civilization）。文明是一个民族本其精神力量以征服自然世界的成绩；文化是一个民族的精神力量自求开拓发展的成绩"④。后来，贺麟提倡"抗战建国与学术建国"双管齐下，并且认为"学术建国"尤其重要⑤。其思想源头，实可追溯于其文化观之强调"文化"与"民族"息息相关。

总之，"文化为精神之用，精神为文化之体"⑥。换句话说，贺麟所持的文化观是以"精神"为本位的"唯心论"文化观⑦，是建立

---

① 贺麟：《杂文三则·文化与文明》(1933 年)，《哲学与哲学史论文集》，北京：商务印书馆，1990 年，第 122 页。

② 贺麟：《儒家思想的新开展》(1941 年)，《文化与人生》，北京：商务印书馆，1988年，第 8—9 页。

③ 具体论述，请参看本书第五章第四节。

④ 贺麟：《杂文三则·文化与文明》(1933 年)，《哲学与哲学史论文集》，北京：商务印书馆，1990 年，第 121 页。

⑤ 贺麟：《抗战建国与学术建国》(1938 年)，《文化与人生》，北京：商务印书馆，1988 年，第 18—23 页。

⑥ 贺麟：《文化的体与用》(1940 年)，《哲学与哲学史论文集》，北京：商务印书馆，1990 年，第 347 页。

⑦ 本处所说"唯心论"，取贺麟本人的理解和定义。在《近代唯心论简释》一书中（重庆：独立出版社，1942 年 6 月初版），贺麟详细阐述了自己的"唯心论"。

在"精神科学"基础之上的"唯心论"文化观①。具体点说，贺麟在四个层面上对"文化"进行了划分，"就个人言，个人一切的言行和学术文化的创造，就是个人精神的显现"，"就时代言，一个时代的文化就是那个时代的时代精神的显现"，"就民族言，一个民族的文化就是那个民族的民族精神的显现"，"整个世界的文化就是绝对精神逐渐实现或显现其自身的历程"②。贺麟的这一番区分与论述，使人不得不佩服其全面性与深刻性。

贺麟此论，使我联想到《孔丛子》上的一句话，"心之精神是谓圣"（《记问》）。章太炎（1869—1936）说，此语"微特于儒言为超迈"③。后来，贺麟情有独钟地皈依中国与西方的唯心论（黑格尔哲学、陆王心学），绝非空穴来风，此于其文化哲学已显露端倪。

二、历史与文化（古今）

"古今"问题，一如"天人""心物"，曾经是中国哲学探讨的一个重要问题，也是哲人们无法回避的一个大问题。众所周知，今人思想体系的建立与阐发，离不开对古人思想的继承与弘扬；而研究古人及其思想，无疑就是一条重要的渠道，并且行之有效。

对此，贺麟有着高度自觉的认识。他曾经这样说："在思想和文化的范围里，现代决不可与古代脱节。任何一个现代的新思想如果与过去的文化完全没有关系，便有如无源之水，无本之木，绝

① 贺麟说："所谓精神科学，是指道德史、宗教史、艺术史而言，以研究人类精神历史为主。"（贺麟：《五十年来的中国哲学》，沈阳：辽宁教育出版社，1989年，第74页）

② 贺麟：《文化的体与用》（1940年），《哲学与哲学史论文集》，北京：商务印书馆，1990年，第348页。

③ 章太炎：《康成子雍为宋明心学导师说》，《章太炎学术史论集》，北京：中国社会科学出版社，1997年，第277页。

不能源远流长，根深蒂固。"①他后来又再次申述此旨，"谈学应打破中西新旧的界限，而以真理所在实事求是为归"，对各种学说要以"求真、求是的眼光去批判"②。这既是贺麟对学界同仁的殷切期望，也是他辛勤治学的一贯宗旨，更是他数十年追求真理的最真实的、最良好的体现。

贺麟所说的"过去的文化"，既包括过去的西方文化（如斯宾诺莎、康德、黑格尔等），也包括过去的中国文化（如儒家文化、诸子文化等）。在"古今"一端，贺麟的视野是宏大的，心扉是开放的，心态是健康的，追求是高远的。

贺麟既反对奴颜婢膝的民族文化上的虚无主义（如"全盘西化"论）③，又反对因循守旧的民族文化上的复古主义（如"中学为体，西学为用"观）④，也反对夜郎自大式的民族主义（如"中国本位文化"论）⑤。贺麟主张在彻底把握中西文化之精华与糟粕、长处与短处的基础上，贯通古今文化、融会中西文化，继承和发扬人类一切优秀的文化遗产和思想成果，从而改造中国传统文化，以争取中国文化的独立自主，以满足时代的需要，以迎接未来的挑战。

贺麟假其精通西学之长，进而研治国学，不但取得了骄人的成绩，而且成为卓尔不群的名家、独树一帜的大家，"在前期的哲学研究活动中，他善于抓住程朱和陆王两派矛盾斗争的这一重要环节，上溯先秦，下达明清，探索我国哲学发展的脉络，从而在贯通古今

---

① 贺麟：《儒家思想的新开展》（1941 年），《文化与人生》，北京：商务印书馆，1988年，第 1 页。

② 贺麟：《黑格尔哲学讲演集》，上海：上海人民出版社，1986 年，第 642 页。

③ "全盘西化"论，以胡适、陈序经等人为代表。

④ "中学为体，西学为用"论，即"中体西用"论，以曾国藩、张之洞等人为代表。

⑤ "中国本位文化"论，以陶希圣、何炳松等人为代表。

的伟大历史工程中，进行了可贵的重点开挖工作"①。国学不仅是贺麟研究的重点之一，也是其"新心学"的一大思想来源。贺麟自述，"我的思想都有其深远的来源，这就是中国传统的文化和儒家思想"，但他"发扬传统文化，却并不顽固守旧"②。

在贺麟的理论视野里，儒家思想是中华民族的中流砥柱，是中国文化的主流、主体、主干，虽然说"宋以后的中国文化有些病态，宋儒思想中有不健康的成分"，但切不可因此妄自菲薄，而只能说"须校正宋儒的偏弊"，进而"发扬先秦汉唐的精神"，此"尤为我们所应努力"③。降而及于近代，它虽然受到冲击、面临挑战，但我们不能因此而否认儒家思想的中流地位，也无须悲观至极而取虚无态度；相反，我们要有充分的信心和决心以复苏儒家思想。贺麟说："民族复兴本质上应该是民族文化的复兴。民族文化的复兴，其主要的潮流、根本的成份就是儒家思想的复兴，儒家文化的复兴。假如儒家思想没有新的前途、新的开展，则中华民族以及民族文化也就不会有新的前途、新的开展。换言之，儒家思想的命运，是与民族的前途命运、盛衰消长同一而不可分的。"④而吸收、融会西洋哲学文化以复兴中国文化、发扬中国哲学，可谓任重而道远，此举目在"从旧礼教的破瓦颓垣里，去寻找出不可毁坏的永恒的基石"，"重新建立起新人生、新社会的行为规范和准则"⑤。

贺麟所建构的"新心学"体系，便是合理借鉴、吸收、融会中外、

① 宋祖良、范进编：《会通集：贺麟生平与学术》，北京：生活·读书·新知三联书店，1993年，第32—33页。

② 贺麟：《序言》(1946年)，《文化与人生》，北京：商务印书馆，1988年，第2页。

③ 贺麟：《宋儒的新评价》(1944年)，《文化与人生》，北京：商务印书馆，1988年，第197页。

④ 贺麟：《儒家思想的新开展》(1941年)，《文化与人生》，北京：商务印书馆，1988年，第4—5页。

⑤ 贺麟：《五伦观念的新检讨》(1940年)，《文化与人生》，北京：商务印书馆，1988年，第62页。

古今的思想文化而建构的新的学说。套用贺麟的话说，这是"从旧的里面去发现新的"，而这就是"推陈出新"，因为"必定要旧中之新，有历史有渊源的新，才是真正的新"①。

三、中国文化与西方文化(中西)

中国文化接受外来文化的影响，其荦荦大者有二：第一次以佛教为代表(后人所谓"泰西之学"，初始即指印度佛教之学)，历千余载而完成，终融入中华文化；第二次以明季来华之传教士为代表(后人所谓"西学"，主要即指此)，至今尚处于融合之中。而影响之大、挑战之巨，则以第二次为甚。

和"古今"之争一样，"中西"(文化)之争可以说是近现代学者无法回避的一个大话题，并且是一个具有关键性质的中心问题，贺麟亦然。套用贺麟的话说，"中国近百年的危机，根本上是一个文化的危机"；而中国文化之危机，其直接原因是西方文化的输入，即"文化上有失调整"而"不能应付新的文化局势"，使得"儒家思想在中国文化生活上失掉了自主权，丧失了新生命"，这是"中华民族的最大危机"；西方文化的输入，表面上看似乎是坏事，但实质上并非如此，"西洋文化学术上大规模的无选择的输入，又是使儒家思想得到新发展的一大动力"，它"给了儒家思想一个考验，一个生死存亡的大考验、大关头"②。危机与发展同在，挑战与机遇并存，关键之点便在于能否把握机遇，亦即把握、吸收、融合、华化(sinicize)西方文化，以充实自身、发展自身，从而转危为安，求取生存，获得发展。

---

① 贺麟：《五伦观念的新检讨》(1940 年)，《文化与人生》，北京：商务印书馆，1988年，第 51 页。
② 贺麟：《儒家思想的新开展》(1941 年)，《文化与人生》，北京：商务印书馆，1988年，第 5—6 页。

　　贺麟极力主张融合中西哲学文化，即其所自谓"沟通中西文化，融会中西哲学"而"提示一个大概的路径"①。确立了这一态度和立场，接下来便是如何将其付诸实施了。至此，问题的关键遂转而为"中国人是否能够真正彻底、原原本本地了解并把握西洋文化"。为什么这么说呢？因为"认识就是超越，理解就是征服"，而"真正认识了西洋文化便能超越西洋文化"；换言之，"能够理解西洋文化，自能吸收、转化、利用、陶熔西洋文化以形成新的儒家思想、新的民族文化"②。深为遗憾的是，"西洋文化的传入，少则数十年，多则可推至明末西洋教士利玛窦等之来华，已有几百年的历史。但我们对于西洋文化却始终没有真正清楚的认识，没有以正确的态度加以接受"，因为"我们认识西洋文化，一向只看其外表，从外去了解，而没有把握住西洋文化的核心"③，"缺乏直捣黄龙的气魄"④。有鉴于此，我们在认识和吸收西方文化时一定要径直"进入西洋文化的堂奥"，既了解西方文化之"体"，又了解西方文化之"用"⑤。

　　在清华求学时，贺麟就打算"步吴宓先生介绍西方古典文学的后尘，以介绍和传播西方古典哲学为自己终身的'志业'"⑥。在美国和德国留学的六年中（1926—1931），贺麟博览西方文化和哲学

---

　　① 贺麟：《中国哲学与西洋哲学》，《哲学与哲学史论文集》，北京：商务印书馆，1990 年，第 130 页。

　　② 贺麟：《儒家思想的新开展》(1941 年)，《文化与人生》，北京：商务印书馆，1988 年，第 7 页。

　　③ 贺麟：《认识西洋文化的新努力》(1947 年)，《文化与人生》，北京：商务印书馆，1988 年，第 304 页。

　　④ 贺麟：《五十年来的中国哲学》，沈阳：辽宁教育出版社，1989 年，第 24 页。

　　⑤ 贺麟：《认识西洋文化的新努力》(1947 年)，《文化与人生》，北京：商务印书馆，1988 年，第 305 页。

　　⑥ 贺麟：《康德黑格尔哲学东渐记》，《中国哲学》第二辑，北京：生活·读书·新知三联书店，1980 年，第 376 页。

书籍，浸润于西方哲人的思想海洋，这使他真切地了解了西方的学术精髓，精当地把握了西方文化的基本精神。回国之后，贺麟依然孜孜不倦于西方哲学，大量翻译、介绍西方哲学，尤其是黑格尔哲学。贺麟是中国现当代思想史上第一位系统地、全面地介绍、研究黑格尔哲学的中国哲学家，是国内外久负盛名的黑格尔哲学专家，这是人所共知的事实，并且是交口称赞的美誉。但贺麟清楚地认识到，研究西方哲学本身并不足以成为终极目的；他研究西学的目的在于以西学为鉴，找到一条弘扬民族文化、发展中国哲学的道路，从而更好地建构中国文化、弘扬中国文化。

贺麟说，"谈学应打破中西新旧的界限，而以真理所在实事求是为归"，对各种学说要以"求真、求是的眼光去评判"①。在中西文化问题上，贺麟既反对"中学为体，西学为用"的复古主义，也反对"全盘西化"的民族虚无主义，主张东西文化辩证补充、交融会合。他尊重中国传统文化，但绝非泥古不化；他虚心学习西洋文化，但从不崇洋媚外。贺麟认为，从根本上说，作为人类高层文化之一的哲学，是"人性的最高表现"，是"人类理性发挥其光辉以理解宇宙人生，提高人类精神生活的努力"；无论是中国哲学、还是西方哲学抑或印度哲学，都是整个哲学的一个分支而已，仅"代表整个哲学的一方面"，它们同为哲学大树上的枝桠，同为"人类的公共精神产业"②。也就是说，中西文化应该理所当然地融合起来。

在文化方针上，贺麟主张"以体充实体，以用补助用"。比如说，对于作为中华民族精神中流砥柱而时下又处于激变潮流之中的儒学，究竟该如何促进"儒家思想的新开展"呢？其不二法门，无疑就是"华化"或"儒化"西洋哲学。贺麟斩钉截铁地指出，"今后中

---

① 贺麟：《黑格尔哲学讲演集》，上海：上海人民出版社，1986年，第642页。
② 贺麟：《中国哲学与西洋哲学》，《哲学与哲学史论文集》，北京：商务印书馆，1990年，第127页。

国哲学的新发展,有赖于对于西洋哲学的吸收与融会"①,"不能接受西洋的古典哲学,也就不能发挥中国的古典哲学"②;"儒家思想的新开展,不是建立在排斥西洋文化上面,而是建立在彻底把握西洋文化上面","欲求儒家思想的新发展,在于融会吸收西洋文化的精华与长处"③。

贺麟在中西文化问题上的"新开展"是,先求透彻理解西方文化,再回头创建中国新哲学;用他自己的话说,就是"西洋哲学中国化与中国新哲学之建立"④。在文化研究和文化建设上,贺麟始终坚持要以中国文化(或民族精神)为主体,主动地"华化"或"儒化"西洋文化,反对被动地受西洋"西化"影响;否则,"中国将失掉文化上的自主权,而陷于文化上的殖民地"。因此,儒家思想的新开展就是"要求收复文化上的失地,争取文化上的独立与自主"⑤。贺麟试图把儒家传统哲学同西方哲学融合起来,以推进儒家哲学的现代化,这是他开始从事中西哲学比较的标志。

贺麟主要采取两种方式融合中西哲学。第一种形式是给儒家思想注入西方唯心主义哲学的内容。譬如,"仁"是儒家思想的核心,贺麟给"仁"注入"理念"或"绝对观念"之类的属性,使"仁"具有了近代资产阶级的哲学、政治属性的内容。第二种形式是使西方唯心主义哲学披上儒家思想的外衣。这主要是使宋明理学和康德、黑格尔哲学在概念、范畴上互相沟通,取得一致。为此,贺麟曾

① 贺麟:《中国哲学与西洋哲学》,《哲学与哲学史论文集》,北京:商务印书馆,1990 年,第 127 页。

② 贺麟:《五十年来的中国哲学》,沈阳:辽宁教育出版社,1989 年,第 75 页。

③ 贺麟:《儒家思想的新发展》(1941 年),《文化与人生》,北京:商务印书馆,1988 年,第 7 页。

④ 贺麟:《黑格尔哲学讲演集》,上海:上海人民出版社,1986 年,第 662 页。

⑤ 贺麟:《儒家思想的新开展》(1941 年),《文化与人生》,北京:商务印书馆,1988 年,第 6、7 页。

经发表长篇论文《康德译名商榷》，专门探讨康德、黑格尔的哲学范畴译成程朱、陆王哲学范畴的问题。诚如当今学人所说，"使中西两大唯心主义哲学在概念范畴上互相沟通，取得一致，使西方近代唯心主义哲学具有中国的民族形式，是贺麟建立'新儒家思想'的哲学所采取的另一个重要手段"①。

四、文化的体与用（体用）

在《文化的体与用》一文中②，贺麟在一般意义上全面地、深入地、广泛地探讨了文化的体用关系。诚如贺麟本人所说，"本文的主旨就在提供一些批评文化的概括原则"。

贺麟认为，哲学意义上的体用观可以分为两层："一为绝对的体用观"，"一为相对性或等级性的体用观"。

在"绝对的体用观"中，"体"指形而上的本体或本质（essence），"用"指形而下的现象（appearance）。"体"为形而上之理则，"用"为形而下之事物。"体"一，"用"多。"用"有动静变化，"体"则超动静变化。这一意义的体用，大体相当于柏拉图的"范型世界"与"现象世界"的分别，亦可称为"柏拉图式的体用观"。

在"相对性或等级性的体用观"中，许多不同等级的事物，以价值为准，依逻辑次序排列成宝塔式的层次（hierarchy）。其最上层为真实无妄的纯体或纯范型，其最下层为具可能性、可塑性的纯用或纯物质。而中间各层则较上层以较下层为用，较下层以较上层为体。譬如，就大理石与塑像言，则塑像为大理石之"体"，大理石

---

① 冯契主编：《中国近代哲学史》（下册），北京：生活·读书·新知三联书店，2014年，第933页。

② 贺麟：《文化的体与用》（1940年），《近代唯心论简释》，上海：上海人民出版社，2009年，第191—202页；《哲学与哲学史论文集》，北京：商务印书馆，1990年，第343—354页。本节以下文字，凡引自此文者，不再单独出注。

为塑像之"用"，但就塑像与美的型式言，则具体的塑像为形而下之"用"，美的纯型式为形而上之"体"。再如，就身与心的关系言，则身为心之"用"，心为身之"体"。又如，就心与理的关系言，则心为理之"用"，理为心之"体"。按照这种看法，则"体"与"用"的关系为"范型"（form）与"材料"（matter）的关系。由最低级的"用"——材料，到最高级的"体"——本体或纯范型，中间有一依序发展的层级的过程。这种看法，可称为"亚里士多德式的体用观"。

贺麟进一步指出，"亚里士多德式的体用观"一方面包括"柏拉图式的体用说"，"认纯理念或纯范型为体，认现象界的个体事物为用"；另一方面"又要以纯范型作为判别现象界个体事物价值的标准，而将现象界事物排列成层级而指出其体用关系"。譬如，在中国哲学史上，朱熹持"理气合一"说，主张理为体、气为用，近于此处所谓"绝对的体用观"。而周敦颐则无极而太极，太极而阴阳，阴阳而五行，五行而万物，似认为：无极为太极之体，太极为无极之用；太极为阴阳之体，阴阳为太极之用；阴阳为五行之体，五行为阴阳之用；五行为万物之体，万物为五行之用。周子此论，似分为五个层次的"相对的体用观"。但是，如果从绝对的体用观来看，则无极、太极都是指形而上之"理"，是为"体"；而阴阳、五行、万物则皆系指形而下之"气"，故为"用"。

这就是哲学上两种体用观的异同所在。贺麟概括说，"简言之，绝对的柏拉图式的体用观以本体与现象言体用。而相对的，亚里士多德的体用观，除以本体、现象言体用外，又以本体界的纯范型作标准，去分别现象界个体事物间之体用关系。以事物表现纯范型之多或寡，距离纯范型之近或远，而辨别其为体或用"。

贺麟提醒，"哲学上所谓体用关系，与科学上所谓因果关系根本不同，绝不可混为一谈"。具体而言，"科学上的因果，都同是形而下的事物，无价值的等级或层次之别，而哲学上的体属形而上，用属形而下，体在价值上高于用"。譬如，"就心为身之体，身为心之用而言，我们不能说在科学上心为身的原因，身是心灵活动的结果。因为身体运动的原因，须于物理学、生理学求之"。因此，"我们只能说，心是身之所以为身之理。身体的活动所代表的意义、价值、目的等，均须从心灵的内容去求解释"。

再进一步，贺麟又根据柏拉图式的绝对体用观和亚里士多德式的相对体用观建构起文化体用的层级结构，并把"精神"确定为文化的本体和主体。

贺麟指出，文化的体用分四个概念、四个层次。四个概念分别是"道""精神""文化""自然"。如果用现代价值哲学的名词加以解释，"道"相当于价值观念，"精神"约相当于价值体验或精神生活，"文化"即相当于价值物，"自然"则是与价值对立的一个观念。就体用而言，"道"是纯体，"自然"是纯用，而"精神"和"文化"兼有体、用。

贺麟借用朱熹"道之显者谓之文"的命题，把它补充、修正、解释为"文化是道之自觉的显现"。贺麟这样解释道："道之凭借人类的精神活动而显现者谓之文化"，反之，"道之未透过人类精神的活动，而自然地、隐晦地（implicitly）、昧觉地（unconsciously）显现者谓之自然"。也就是说，"道是文化之体，文化是道之用"。所谓"道"，就是宇宙人生的真理，万事万物的准则，也就是真善美的永恒价值。换言之，"文化乃道之自觉的显现，自然乃道之昧觉的显现"，"同是一个道，其表现于万物有深浅高下多少自觉与否之不同，因而发生文化与自然的区别"。

贺麟认为，虽然从绝对体用观的角度看，"道"是文化之体，"文化"是"道"之用、"道的显现"，但严格说来，"文化"只能说是"精神的显现""精神的产物"，"精神"才是文化"真正的体"，"精神才是真正的神明之舍，精神才是具众理而应万物的主体"。"精神"在文化哲学中居于"主要、主动、主宰"的地位，"文化是道凭借人类活动而显现出来的价值物"。"精神"具有主客观统一、体用合一、兼为主体和文化本体的特殊性质，同时又包含了丰富的内容，所以它对于文化来讲具有特殊的意义。于此，贺麟有过断言和预言，"新的中国哲学，主张一切建筑在理性的基础上、精神的基础上。没有精神，什么都没有。也只有精神的基础才有最巩固的基础"①。

随后，贺麟根据上面的一些理论和原则，讨论了对于西洋文化应该采取什么态度的问题，得到下列三个指针。

第一，研究、介绍、采取任何部门的西洋文化，须得其体用之全，须见其集大成之处。

也就是说，"必定对于一部门文化能见其全体，能得其整套，才算得对那种文化有深刻彻底的了解"。这一条意见，实际上是针对中国人研究西洋学问的根本缺点而发，"因为过去国人之研究西洋学术，总是偏于求用而不求体，注重表面，忽视本质，只知留情形下事物，而不知寄意于形上的理则。……老是狭隘自封，而不能体用兼赅，使各部门的文化皆各得其所，并进发展"。贺麟特别强调，"我所谓治西学须得其体用之全，须得其整套，但这并不是主张全盘西化"，"而且假如全盘西化后，中国民族失掉其民族精神，文化上中国沦为异族文化的奴隶"。

贺麟的这一主张，所针对的是胡适（1891—1962）、陈序经（1903—1967）等人的"全盘西化"论②。

第二，是"儒化西学""华化西学"而不是"化于西学""为西所化"，是"体用合一"而不是"中西体用"的倒置。

根据文化上"体用合一"的原则，便显见得"中学为体，西学为用"的说法不可通。贺麟说，"因中学西学各自成一整套，各自有其

① 贺麟：《五十年来的中国哲学》，沈阳：辽宁教育出版社，1989年，第75页。

② 具体论述，请参看王志捷：《贺麟文化理论研究》，北京：首都师范大学出版社，2007年，第70—74页。

体用，不可生吞活剥，割裂零售。且因体用不可倒置，西学之体搬到中国来决不会变成用，中学之用，亦决不能作西学之体"。我们应该"以体充实体，以用补助用。使体用合一发展，使体用平行并进"，"除此以外，似没有别的捷路可走"。

贺麟的这一主张，所针对的是沈寿康（1807—1907）、张之洞（1837—1909）、郑观应（1842—1922）等人的"中体西用"论①。

第三，提倡精神（聚众理而应万事的自主的心）为文化之体的原则，"我愿意提出以精神或理性为体，而以古今中外的文化为用的说法"。贺麟的这一主张，直接针对的就是王新命、陶希圣（1899—1988）、何炳松（1890—1946）等人的"中国本位文化"论②。

于此，贺麟详细地陈述了原因③：

> 因此我们无法赞成"中国本位文化"的说法。因为文化乃人类的公产，为人人所取之不尽用之不竭的宝藏，不能以狭义的国家作本位，应该以道，以精神，或理性作本位。换言之，应该以文化之体作为文化的本位。不管时间之或古或今，不管地域之中或西，只要一种文化能够启发我们的性灵，扩充我们的人格，发扬民族精神，就是我们所需要的文化。我们不需狭义的西洋文化，亦不要狭义的中国文化。我们需要文化的自身。我们需要真实无妄有体有用的活文化真文化。譬如，你写一篇科学论文，我不理会你这是中国科学抑是西洋科学，我

---

① 具体论述，请参看王志捷：《贺麟文化理论研究》，北京：首都师范大学出版社，2007 年，第 74—78 页。

② 1935 年 3 月 15 日，王新命、陶希圣、何炳松、萨孟武、樊仲云、武堉干、孙寒冰、黄文山、章益、陈高傭十位教授签署《中国本位的文化建设宣言》。该宣言在《文化建设》月刊第 1 卷第 4 期发表。

③ 贺麟：《文化的体与用》（1940 年），《哲学与哲学史论文集》，北京：商务印书馆，1990 年，第 354 页。

只去考察你这篇论文是否满足任何真实的典型的科学所应具备的条件。所以我们真正需要的乃是有体有用的典型文化，能够载道显真，能够明心见性，使我们与永恒的精神价值愈益接近的文化。凡在文化领域里努力的人，他的工作和使命，应不是全盘接受西化，亦不在残缺地保守固有文化，应该力求直接贡献于人类文化，也就是直接贡献于文化本身。

不得不指出的是，贺麟对"中国本位文化"论的批判，实际上存在着误解；而他由此提出的"我们需要文化的自身"的主张，也与他本人基本的文化立场存在矛盾。如果仔细解读十位教授的《中国本位的文化建设宣言》，可以发现：其核心观点与贺麟关于"以儒家思想为体、以西洋文化为用"的主张①，并无本质的不同，而与"中体西用"论迥然有别。但贺麟却把十位教授的"本位"理解成了他自己的文化哲学中所说的"体"，因而认为其把狭义的国家作为文化之体是一种错误。对此，我们无须苛责，而是需要运用逻辑批评的方法加以解读，克服其矛盾并寻出其本质所在②。

---

① 贺麟：《儒家思想的新开展》(1941 年)，《文化与人生》，北京：商务印书馆，1988年，第 6 页。

② 具体论述，请参看王志捷：《贺麟文化理论研究》，北京：首都师范大学出版社，2007 年，第 81—82 页。

第三章　同情的理解：以陈寅恪、贺麟为中心

　　近代中国社会风云激荡、翻天覆地，由传统逐渐走向现代，由封闭逐渐走向开放；与此相应，近代中国学术亦复如是，并且视野由局限于中国逐渐走向放眼全世界，而"科学研究"的提倡又堪称时代的最强音，亦为近代学术转型最引人注目的一道风景线。按照一般的、常规的理解，近代中国学术由蒙昧草创到日趋成熟，是与"范式"的建立、"方法"的昌明密不可分的。约略而言，要以王国维首倡和践履的"二重证据法"最为光辉、最为典范；而胡适极力宣扬的"实证研究"、陈寅恪躬亲实践的"诗史互证"，以及陈寅恪、贺麟等人标示和追求的"同情的理解"，亦颇受时人和后人注意；除此之外，古史辨派的"默证"法虽然多为人所诟病，但亦不失为影响深远的方法之一。至于其他人士的其他方法，在此不遑枚举。近代中国学术的这一现象，在很大程度上印证了徐复观的一个判断，"'五四'运动以来，时贤特强调治学的方法，即所谓科学方法，这是一个好现象。历史上，凡是文化的开山人物，总多少在方法上有所贡献"①。

　　本章将以"同情的理解"为例，以陈寅恪、贺麟为考察中心，对近代中国的学术转型在点和面上进行叙述与分析。

---

　　① 徐复观：《研究中国思想史的方法与态度问题（代序）》，《中国思想史论集》，上海：上海书店出版社，2004年，第1页。

本书之所以安排这一章，意在提醒世人注意："同情的理解"是一则带有一般意义、普遍意义的方法论。

一、现象扫描

史学家陈寅恪（1890—1969）的"同情之了解"一说，在中国学界早已耳熟能详；其受关注程度之广，引用率之高，直让人有"惊叹不已"之感！ 其实，倡导此说、阐述此说的，还有一位重要的人物——哲学家、哲学史家贺麟（1902—1992），而大致同时代的其他学者亦有类似的说法；但略显遗憾的是，贺麟和其他学者之说似乎并未引起世人的多少重视。

"同情之了解"，陈寅恪自己称之为"了解之同情"，认为这是"真了解"古人学说的不二法门。陈寅恪正式申论此说的时间，是1930年。这一年，陈寅恪承命审查冯友兰（1895—1990）的《中国哲学史》上册，他在审查报告中写道[①]：

> 凡著中国古代哲学史者，其对于古人之学说，应具了解之同情，方可下笔。盖古人著书立说，皆有所为而发。故其所处之环境，所受之背景，非完全明了，则其学说不易评论。而古代哲学家去今数千年，其时代之真相，极难推知。吾人今日可依据之材料，仅为当时所遗存最小之一部，欲借此残余断片，以窥测其全部结构，必须备艺术家欣赏古代绘画雕刻之眼光及精神，然后古人立说之用意与对象，始可以真了解。所谓真了解者，必神游冥想，与立说之古人，处于同一境界，而对于其

---

① 陈寅恪：《冯友兰中国哲学史上册审查报告》（1930年），《金明馆丛稿二编》，上海：上海古籍出版社，1980年，第247—248页；北京：生活·读书·新知三联书店，2001年，第279—280页。

持论所以不得不如是之苦心孤诣，表一种之同情，始能批评其学说之是非得失，而无隔阂肤廓之论。否则数千年前之陈言旧说，与今日之情势迥殊，何一不可以可笑可怪目之乎？但此种同情之态度，最易流于穿凿附会之恶习。因今日所得见之古代材料，或散佚而仅存，或晦涩而难解，非经过解释及排比之程序，绝无哲学史之可言。然若加以联贯综合之搜集及统系条理之整理，则著者有意无意之间，往往依其自身所遭际之时代，所居处之环境，所薰染之学说，以推测解释古人之意志。由此之故，今日之谈中国古代哲学者，大抵即谈其今日自身之哲学者也；所著之中国哲学史者，即其今日自身之哲学史者也。其言论愈有条理统系，则去古人学说之真相愈远。此弊至今日之谈墨学而极矣。今日之墨学者，任何古书古字，绝无依据，亦可随其一时偶然兴会，而为之改移，几若善博者能呼卢成卢，喝雉成雉之比。此近日中国号称整理国故之普通状况，诚可为长叹息者也。今欲求一中国古代哲学史，能矫傅会之恶习，而具了解之同情者，则冯君此作庶几近之。

有的研究者指出，观陈寅恪之意，所谓"同情"者，乃在提倡研究者以历史主义的立场，透过直观的材料层面，对古人的思想和行为作一种设身处地的"移情"式理解，如此，既得避免"仅凭陈迹之搜讨，而无同情之默应"的"科学主义"倾向，又不致脱离基本事实的框架去作"穿凿附会"的发挥和无依据的玄说，裨研究之结果更接近于历史的真相。显然，新人文主义提供的这一学术方法论境界，目的是希望通过史料考证与人文阐释、史实表层考察与深层涵义体悟的结合，在本已裂痕重重的科学与人文之间架设起沟通的桥梁①。

---

① 胡逢祥：《科学与人文之间——关于现代史学建设路向的一点思索》，《史学理论研究》，2003 年第 3 期。

化繁为简，陈寅恪所说"真了解""了解之同情"，可以"设身处地""感同身受"二语出之。

　　毋庸置疑，在近代中国的学者群中，陈寅恪是第一个将"同情"与"了解"结合在一起并且正式行诸文字的学者，也是将其作为理解古人或古代思想的态度或方法的第一人。嗣后，又有多位学者不约而同地提出了基本相同的说法，并且使用了大致相近的字眼。

　　与陈寅恪同在哈佛大学留学、同受白璧德（Irving Babbitt，1865—1933）影响、且与陈寅恪和吴宓（1894—1978）并称为"哈佛三杰"的汤用彤（1893—1964），在熟练运用考证法治史的同时，也十分强调对古人或古代思想应具一种"同情"式的理解。在研究佛教史的过程中，汤用彤就指出：

　　　　中国佛教史未易言也。佛法，亦宗教亦哲学。宗教情绪深存人心，往往以莫须有之史实为象征，发挥神妙之作用。故如仅凭陈迹之搜讨，而无同情之默应，必不能得其真。哲学精微，悟入实相。古哲慧发天真，慎思明辨，往往言约旨远，取譬虽近，而见道深弘。故如徒于文字考证上寻求，而乏心性之体会，则所获者其糟粕而已。[①]

　　《汉魏两晋南北朝佛教史·跋》作于中华民国二十七年（1938年）元旦，较陈寅恪《冯友兰中国哲学史上册审查报告》晚了将近八年。

　　在贺麟看来，汤用彤《汉魏两晋南北朝佛教史》之成功得力于两点，"第一为以分见全，以全释分的方法"，"第二，他似乎多少采取了一些钱穆先生所谓治史学者须'附随一种对其本国已往历史

————————

① 汤用彤：《跋》，《汉魏两晋南北朝佛教史》，北京：北京大学出版社，1997年，第635页；《汤用彤全集》第一卷，石家庄：河北人民出版社，2000年，第655页。

之温情与敬意'的态度。他只是着眼于虚心客观地发'潜德之幽光'，设身处地，同情了解了古哲，决不枉屈古人。既不抨击异己之古人，亦不曲解古人以伸己说，试看他提到辅嗣、子玄、子期、远公、道公、生公等人之亲切熟稔，就可见得他尚友千古之同情态度，已溢于言表了"①。贺麟的这一分析，有两点颇可注意：第一，贺麟压根没有提及陈寅恪之名，反而提到的是钱穆（1895—1990），并且推测汤用彤所谓"同情之默应"似乎来源于钱穆的"对其本国已往历史之温情与敬意"的态度②；第二，贺麟所云"尚友千古之同情态度"，结合他自己的相关阐述（详见下文），似乎暗示"同情了解"一说还有更为久远的渊源。

作为中国现代著名哲学家、哲学史家、黑格尔研究专家的贺麟，也具体、详细、严明地论说过"同情的理解"，但贺麟从未道及陈寅恪的"同情之了解"，甚至在行文中也绝少提及"陈寅恪"——就笔者陋闻所及③。经过严格学术训练的贺麟如此而为，绝非率性任意之举，更非"故意隐匿"，而是"大有深意存焉"。换句话说，贺麟的"同情的理解"说并非来自陈寅恪，而是有其独立的来源。

1941年，贺麟在名篇《儒家思想的新开展》中说，"在我们看来，只要能对儒家思想加以善意同情的理解，得其真精神与真意义

---

① 贺麟：《五十年来的中国哲学》，沈阳：辽宁教育出版社，1989年，第22—23页。以下关于贺麟著述写作或出版时间的叙述，主要取材于拙文《贺麟年谱新编》。《贺麟年谱新编》，原载《淮阴师范学院学报》（2006年第1期，第78—91页），后全文收入《现当代学人年谱与著述编年》（上海：上海三联书店，2007年，第303—332页）。

② 按："对其本国已往历史之温情与敬意"，出自钱穆《凡读本书请先具下列诸信念》，《国史大纲》（修订本），北京：商务印书馆，1994年，第1页。

③ 翻阅贺麟在民国时期所出版的三本论文集《近代唯心论简释》（1942年出版）、《当代中国哲学》（1947年出版。1989年重版时易名为《五十年来的中国哲学》）、《文化与人生》（1947年出版），仅在叙述"王国维与康德哲学"时，因为涉及王国维之死因，才附带提及陈寅恪之名，"我们同意陈寅恪的观点，即根本的原因是为了忠于他所托命的祖国学术文化"《五十年来的中国哲学》，沈阳：辽宁教育出版社，1989年，第91页）。

所在，许多现代生活上、政治上、文化上的重要问题，均不难得到合理、合情、合时的解答"①。贺麟此语中的"我们"二字，颇可注意；即倡言我之所说，并非由我首倡，且并非仅我一人持有此论。直至暮年的 1990 年，贺麟仍然坚持此说，"这是我在 40 多年前于《儒家思想的新开展》中反复说明的，今天我仍持同样的看法"②。

1943 年秋，贺麟在重庆小温泉给"中央"政治学校全体新生讲课，讲稿为《读书方法与思想方法》。他谈及思想的三种方法，一是"逻辑的方法"，二是"体验的方法"，三是"玄思的方法"；而所谓"体验的方法"，即是"用理智的同情去体察外物，去反省自己"，"要了解一物，须设身处地，用同情的态度去了解之"③。

1945 年 8 月 30 日，贺麟在昆明为《当代中国哲学》作序。"本册里所提到几十位在中国哲学上有贡献的人……篇中对于他们的哲学思想的叙述，固然表示我对于他们的著作之客观地同情地了解……虽然篇中有几处，我曾对于有几位先生的思想，约略加了几句极简短的批评，这并不表示我对他们缺乏同情的理解和重视，这些批评，只表示我对他们的思想有了批评的兴趣和批评的反应"④。

1946 年 9 月 2 日，贺麟在昆明作《文化与人生·序言》，序言说《文化与人生》有三个特点，一是"有我"，二是"有渊源"，"我的思想都有其深远的来源，这就是中国传统的文化和儒家思想。篇中不惟对孔孟程朱陆王有同情的解释，即对老庄杨墨亦有同情的新

---

① 贺麟：《儒家思想的新开展》(1941 年)，《文化与人生》，北京：商务印书馆，1988 年，第 17 页。

② 贺麟：《谈儒家精神——致朱熹诞辰 860 周年学术讨论会》，《哲学动态》，1990 年第 12 期，第 20 页。

③ 贺麟：《读书方法与思想方法》(1943 年)，《文化与人生》，北京：商务印书馆，1988 年，第 178 页。

④ 贺麟：《当代中国哲学原序》(1945 年)，《五十年来的中国哲学》，沈阳：辽宁教育出版社，1989 年，第 1—2 页。

评价，以期发展其特点，吸取其教训"①。

　　1983 年 6 月 15 日，贺麟作《现代西方哲学讲演集·作者后记》。其文云，"关于写序问题，由于我感到这个讲演集上篇中的内容是我还'没有马克思主义的觉醒'时期讲的，因此其中难免站在资产阶级立场说话，不仅偏于同情了解，而且有颂扬过当，甚或用黑格尔哲学去比拟和评价的地方；下篇对实用主义的批判及新黑格尔主义的批判似乎有些深文周纳的缺点"②。而该书在评述美国哲学家桑提耶纳（George Santayana，1863—1952）"诗化了的时空观和文艺心理学"时，又特意彰显作为文艺心理学方法论之一的"同情了解"说。"文艺心理学代表桑提耶纳的方法论，注重直觉体验，也即是设身处地去想象别人如何思索如何感觉的艺术，如演员对角色性格的揣摩，如欣赏者在想象中重现作者的灵感"，"因此文艺心理学在道德领域中也自有它的地位，道德生活必须以同情了解来作为前提"，"历史方面，有科学的历史，都是客观事实的报导，有当作戏剧式艺术的历史，这就须有文艺心理学才能够设身处地，才可以在千载以上尚友古人"，"心理学中当然更不能缺少这种设身处地的同情了解"③。

　　1950 年 12 月，杨树达（1885—1956）在致陈寅恪的信中谈到，"古来大诗人，其学博，其识卓，彼以其丰富卓绝之学识发为文章，为其注者亦必有与彼同等之学识，而后其注始可读，始可信。否则

---

　　① 贺麟：《序言》（1946 年），《文化与人生》，北京：商务印书馆，1988 年，第 1—2 页。

　　② 贺麟：《作者后记》（1983 年），《现代西方哲学讲演集》，上海：上海人民出版社，2012 年，第 413—414 页。

　　③ 贺麟：《乔治·桑提耶纳》，《现代西方哲学讲演集》，上海：上海人民出版社，2012 年，第 145 页。按：《乔治·桑提耶纳》属于《现代西方哲学讲演集》的上篇，上篇是作者 1947 年下半年到 1948 年上半年在北京大学开设的现代西方哲学课程的讲课记录。

郢书燕说，以白为黑，其唐突大家已甚矣"①。在此，杨树达业已道出了研究大家在知识结构与学术素养层面的要求，但与陈寅恪、贺麟诸人所说"真了解"或"同情的理解"尚有很大距离②。

　　1958年元旦，唐君毅(1909—1978)与张君劢(1886—1969)、牟宗三(1909—1995)、徐复观(1903—1982)联名发表一篇文化宣言，题为《中国文化与世界》，副标题为《我们对中国学术研究及中国文化与世界文化前途之共同认识》。宣言说，"吾人真欲了解历史上之大哲学家或圣哲，必待于吾人自身对哲学本身之造诣，又必赖吾人先对彼大哲圣哲之哲学，有一崇敬之心；乃能自提升其精神，使自己之思想向上一著，以与所欲客观了解之哲学思想相契接"，"(西方人)仍不能对亚洲民族文化之特殊性，加以尊重与同情的了解"③。唐君毅、牟宗三等新儒家的用语、立意与主旨，均与陈寅恪、杨树达、贺麟等几乎完全一致，糅合了陈寅恪、杨树达、贺麟诸人的论点及主张。

　　由以上引文可知，持有"同情的理解"一说的学者，不仅有史学家陈寅恪、钱穆，而且有哲学家、哲学史家贺麟，还有哲学史家汤用彤以及哲学家、哲学史家唐君毅等人，"同情的理解"堪称"共同语言"。从时间上看，最早行诸文字的是陈寅恪，但很难因此而判断其余诸人之此说即来源于陈寅恪；易言之，与其说是"前后沿袭"，还不如说是"英雄所见略同"。通过下文之"渊源探索"，可知"同情的理解"一说既有中国古学之渊源，亦有西方哲学之渊源，此足为力证。

---

　　① 杨树达：《与陈寅恪书》(1950年12月30日)，《积微居小学述林》卷七，北京：中华书局，1983年新1版，第308页。

　　② 彭华：《陈寅恪"种族与文化"观辨微》，《历史研究》，2000年第1期，第186—188页；彭华：《陈寅恪的文化史观》，《史学理论研究》，1999年第4期，第40—49页。

　　③ 唐君毅等：《中国文化与世界》，《文化意识宇宙的探索——唐君毅新儒学论著辑要》，北京：中国广播电视出版社，1992年，第366页。

二、渊源探索

研究近代学术大家，绝不可忽略其独特的时代背景——国门洞开而西学涌入，国学素养深厚而又会通融摄西学。换言之，在穷源溯流、探赜索隐而做"比较研究"时，既要注意"中西（外）"，亦要留意"古今"①。结合古今中外的文献加以考察，"同情的理解"一说既有中国古学之渊源，亦有西方哲学之渊源。

（一）从"古今"角度考察

以前，学界多以为陈寅恪"了解之同情"说乃其"师心独见"；最近，有学者敏锐地指出，陈说"也不完全是新见"②。不仅陈寅恪"了解之同情"说如此，贺麟"同情的理解"说亦然。

陈寅恪未曾自述其"了解之同情"说的来源，故钩沉其渊源要费些心思；而贺麟则多自陈其"同情的理解"说的来源，故本处先叙述贺麟"同情的理解"一说来源于中国古学之处。

贺麟所云作为思想方法之一的"体验的方法"，即是"用理智的同情去体察外物，去反省自己"，"要了解一物，须设身处地，用同情的态度去了解之"，"体验法最忌有主观的成见，贵忘怀自我，投入认识的对象之中，而加以深切沉潜的体察。体验本身即是一种生活，一种精神的生活，因为所谓体验即是在生活中去体验，离开生活更无所谓体验。体验法即是教人从生活中去用思想。体验法是要人虚心忘我，深入事物的内在本质或命脉，以领会欣赏其意义与价值，而不从外表去加以粗疏的描写或概观。体验是一种细密的、

---

① 在《〈华佗传〉、〈曹冲传〉疏证——关于陈寅恪运用比较方法的一项检讨》一文中（《史学月刊》，2006 年第 6 期，第 79—86 页），笔者尝申论此旨，并做个案分析。

② 罗志田：《陈寅恪史料解读与学术表述臆解》，《近代中国史学十论》，上海：复旦大学出版社，2003 年，第 178 页。本部分所举吕祖谦、鲁迅、柯林武德三证，取材于罗志田此文，但出处则不尽相同。特此说明。

深刻的、亲切的求知方法。体验即是'理会'之意。所谓理会即是用理智去心领神会。此种方法，用来体察人生、欣赏艺术，研究精神生活或文化创造，特别适用。宋儒最喜欢用体验。宋儒的思想可以说是皆出于体验。而朱子尤其善于应用体验方法以读书。他所谓'虚心涵泳''切己体察''深沉潜思''优游玩索'皆我此处所谓体验方法"①。

按：贺麟所引朱熹之语，出自《晦庵别集》卷三；而朱熹的体验读书法，也就是贺麟"同情的理解"说的来源之一。朱熹（1130—1200）主张读书须与体察相结合，"学者当以圣贤之言反求诸身，一一体察。须是晓然无疑，积日既久，当自有见"；不能光读书，而要反求诸身，"读书须要切己体验，不可只作文字看"（《朱子语类》卷十一《读书法下》）。与其贪多求全，不如少读，"书宜少看，要极熟"，"读书不可贪多，且要精熟"，"大凡读书，须是熟读"；并且极力主张反复体验，"少看熟读，反复体验，不必想像计获。只此三事，守之有常"，"大凡看文字：少看熟读，一也；不要钻研立说，但要反复体验，二也；埋头理会，不要求效，三也。三者，学者当守此"（《朱子语类》卷十《读书法上》）。

贺麟的"同情的理解"说，也可寻踪于明末清初的思想家王夫之（1619—1692）。1946年10月，贺麟在《王船山的历史哲学》一文中写道，"王船山是王阳明以后第一人"，王船山研究历史哲学的方法可分作三点来讲，第三点即"体验方法"，"王船山复用设身处地、同情了解的体验方法去得到他的历史理论。在《读通鉴论·叙论四》里，他说：'设身于古之时势，为己之所躬逢。研虑于古之谋为，为己之所身任。取古人宗社之安危，代为之忧患，而己之去危以即安者在矣。取古昔民情之利病，代为之斟

---

① 贺麟：《读书方法与思想方法》（1943年），《文化与人生》，北京：商务印书馆，1988年，第178页。

酌,而今之兴利以除害者在矣。得可资,失亦可资也。同可资,异亦可资也。故治之所资,惟在一心,而史特其鉴也。'他这段话,知的方面教人虚心,设身处地,以体察古人的事迹;行的方面,求得其教训,以资自己立身处世的鉴戒。这正好表示了体验方法的两个方面。因为体验方法不是单纯的求抽象知识之法,而是知行合一之法"①。

由此可以看出,作为哲学家和哲学史家的贺麟,所注重的是对古人和古代思想的理解。与此相对,作为史学家的陈寅恪,所注重的是对古人和古代历史的理解。比如说,与宗教家和思想家之研究佛教迥然不同的是,陈寅恪的研究重点落脚在佛教的历史而非教义②。由此,可从古代史学家之著述中搜寻陈寅恪"了解之同情"说的来源。

例如,南宋史学家吕祖谦(1137—1181)早就提出:"观史当如身在其中,见事之利害、时之祸患,必掩卷自思:使我遇此等事,当作如何处之?"(《东莱先生遗集》卷十九《杂说》)吕祖谦此说,当为陈寅恪"了解之同情"说的来源之一。众所周知,陈寅恪喜欢诗词、戏曲,撰有《秦妇吟校笺》《元白诗笺证稿》《论再生缘》《柳如是别传》(原名《钱柳因缘诗释证稿》);而在清代文学家李渔(1611—1680)的《闲情偶寄·词曲下·宾白》中,赫然就有以下数语:"言者,心之声也,欲代此一人立言,先宜代此一人立心。若非梦往神游,何谓设身处地?"李渔所说"若非梦往神游,何谓设身处地",与陈寅恪所说"所谓真了解者,必神游冥想,与立说之古人处于同一境界"云云,何其相似也!另外,鲁迅(1881—1936)在20世纪初也提出,欲以今知古,必须"自设为古之一人,返其旧心,不思近世,平

---

① 贺麟:《王船山的历史哲学》(1946年),《文化与人生》,北京:商务印书馆,1988年,第260页。

② 彭华:《陈寅恪与佛教研究》,《宗教学研究》,2006年第4期,第117—122页。

意求索，与之批评，则所论始云不妥"①。

（二）从"中西"角度考察

研究者们业已注意到，陈寅恪"了解之同情"说有来源于西学者。比如说，英国现代历史学家柯林武德（Robin George Collingwood，1889—1943）就曾经指出，史学家观物应深入其内在的思想，要在自己的心里以当时人的规范习俗和道德观念将此事批判地再思一遍②。又有人指出，陈寅恪著作中使用的"了解之同情"一语，来源于德国启蒙时代的主要思想家赫尔德（Johann Gottfried von Herder，1744—1803），此语特指对古代历史、思想、艺术进行一种身入其境的理解和思考并寄予一种同情。"了解之同情"一语，德文作Einfühlung，即英文 feeling into 或者 feeling one's way in。这一德文术语在中文学界常常以"移情"或"神入"的翻译形式出现在心理学和艺术批评理论作品中，有时有关历史主义的论著也会使用"移情"翻译。陈寅恪使用此词来自其游学欧美的学术阅历，或是翻看西方哲学书籍、史籍，或是借助吴宓的帮助，或是间接来自师友白璧德③。

至于贺麟的"同情的理解"说，则可从德国哲学家黑格尔（Georg Wilhelm Friedrich Hegel，1770—1831）的辩证法和法国哲学家亨利·柏格森（Henri Bergson，1859—1941）的直觉说中寻觅渊源。按照贺麟自己的理解与论述，柏格森的"哲学理论是最适宜于艺术家式生活的理论"，"他认为哲学与科学的方法绝对不同。科学方法是机械的，纯粹理智的；哲学方法是直觉的，带有艺术意

---

① 鲁迅：《科学史教篇》，《鲁迅全集》第一卷，北京：人民文学出版社，1981 年，第 26 页。

② ［英］柯林武德著，何兆武、张文杰译：《历史的观念》，北京：中国社会科学出版社，1986 年，第 242—250 页。在《陈寅恪史料解读与学术表述臆解》一文中（出处见前），罗志田即举此为证。

③ 陈怀宇：《陈寅恪与赫尔德——以了解之同情为中心》，《清华大学学报》，2004年第 4 期，第 23—31 页。

味的"。柏格森说，"认识真理必须放弃自我，沉溺在对象之中"，"方法和经验是一回事"。贺麟说，"这些话都是黑格尔的话，也都是柏格森的直觉方法的意思"。"至于直观，或者理智的同情，就是没有座标系(Standpoint)，求知不用固定的观点"；"这种直观的方法当然与科学方法大相径庭，但却是了解人格、了解历史、了解生命、了解艺术的最好甚至最重要的方法"，"柏格森主张用直觉来求取未经范畴化的知识正好象是这种从后门而入的求知方法"。"柏格森的学说里带有颇重的黑格尔辩证法的意味，但更重要的，我们得指出他们两人间根本的不同。黑格尔的辩证法里有矛盾的统一，有设身处地、体物入微式的体验，但是他主要的还是在求出有机全体的节奏，所以他是入乎其中，超乎其外，终于还是加以扬弃，以求取宇宙间的大经大法。柏格森则不然，他诟病科学的站在外面，站在同一立脚点的观察方法，他要投身事物之中，和事物一同经历变化的途程。他得到了丰富的精神生活，他进入了神秘的精神境界。到此为止，他不想再跳出来了。这就构成了他和黑格尔之间极大的差异"，"我们读柏格森的书，常会感到一些中国哲学的意味，譬如他的重哲学而轻科学，他的推崇直觉，讲求神秘，他的祛除符号，不要言诠，都会令我们想起先秦魏晋的老庄和宋明陆王之学"①。比如说，陆象山(1139—1193)的直觉方法在积极方面可用"回复本心"四字来概括，所谓"格物穷理"即是"回复本心"；而"回复本心"在陆九渊(1139—1193)、王阳明(1472—1528)的方法中有两方面，"一是教人反省他自己的本心……一是自己反省自己的本心，自己体认自己的真我，自己把握自己的真生命，有似柏格森所谓自己与自己表同情"②。

---

① 贺麟：《亨利·柏格森》，《现代西方哲学讲演集》，上海：上海人民出版社，1984年，第10—21页。

② 贺麟：《宋儒的思想方法》(1936年)，《哲学与哲学史论文集》，北京：商务印书馆，1990年，第186页。

　　贺麟是翻译和研究黑格尔的著名专家,这是世人皆知的事实;其"同情的理解"说可溯源于黑格尔辩证法,此实属情理中事。但需略做区别的是,贺麟对柏格森的直觉说是有所"扬弃"的——贺麟虽然也重视直觉,但他并不贬斥理性。相反,柏格森贬低理性,是为了抬高直觉;在他那里,科学属于理智的领域,哲学则属于直觉的领域。哲学和科学可以而且应当统一,但这只能是在直觉的基础上统一,也就是使科学超出理智的界限,或者说使理智超出其本身的界限,达到与直觉融合在一起,"科学和形而上学在直觉中结合起来了。一种真正直觉的哲学必能实现科学和哲学的这种渴望已久的统一"①。柏格森给直觉下的定义是:"所谓直觉,就是一种理智的交融,这种交融使人们自己置身于对象之内,以便与其中独特的、从而是无法表达的东西相符合。"②

　　除此之外,陈寅恪的"了解之同情"说、贺麟的"同情的理解"说,其实在更大程度上共受德国古典诠释学（Hermeneutik/Hermeneutics,一译"解释学"或"阐释学"）的影响③,其中又以陈寅恪最为典型。

　　施莱尔马赫（Friedrich Ernst Daniel Schleiermacher,1768—1834）将诠释学由特殊诠释学转变为普遍诠释学,将诠释学发展成为一门关于理解和解释的普通科学或艺术（"避免误解的艺术"）。文本被认为是作者的思想、生活的表现和历史时期的表现,因而理解等同于重新体验和再次认识文本所自产生的意识、生活和历史

---

　　①［法］柏格森著,刘放桐译:《形而上学导言》,北京:商务印书馆,1963 年,第33 页。

　　②［法］柏格森著,刘放桐译:《形而上学导言》,北京:商务印书馆,1963 年,第3—4 页。

　　③ 以下关于诠释学的叙述,除有特别注明者外,主要参考了以下两种文献:(1) 洪汉鼎:《诠释学——它的历史和当代发展》,北京:人民出版社,2001 年,第16—29 页;(2)洪汉鼎:《编者引言:何谓诠释学?》,《理解与解释:诠释学经典文选》(修订本),洪汉鼎主编,北京:东方出版社,2006 年第二版,第14—27 页。

时期。在施莱尔马赫看来，解释者的目的就是"首先要像作者一样好地理解文本，然后甚至要比作者更好地理解文本"。加达默尔（Hans-Georg Gadamer，1900—2002）说这是浪漫主义诠释学的理论，"理解被看成为对一原始产品的复制（Reproduktion）"①。为了达到这一目的，我们必须创造性地重新认识或重新构造作者的思想，"解释的首要任务不是要按照现代思想去理解古代文本，而是要重新认识作者和他的听众之间的原始关系"②。这种重认或重构，施莱尔马赫是用"设身处地"（Einleben）的理论来解释的，"解释的重要前提是，我们必须自觉地脱离自己的意识（Gesinnung）而进入作者的意识"③。

狄尔泰（Wilhelm Dilthey，1833—1911）的毕生任务就是要为人文科学奠定认识论基础，最终把施莱尔马赫的普遍诠释学发展成为人文科学的普遍诠释学。按照狄尔泰的看法，自然科学与人文科学同样都是真正的科学，只不过自然科学是从外说明（Erklären）世界的可实证的和可认识的性质，而人文科学则是从内理解（Verstehen）世界的精神生命。因而，"说明"与"理解"分别构成了自然科学与人文科学各自独特的方法，即"我们说明自然，我们理解心灵"。这样，关于理解和解释的诠释学就被规定为人文科学的普遍方法论。人文科学的对象是过去精神或生命的客观化物，而理解就是通过精神的客观化物去理解过去生命的表现。为此，狄尔泰提出了"体验"（Erleben）、"再体验"（Nacherleben）以及"同情"（Sympathie）、"移情"（Einfühlung）等概念。如果说对于施

---

① ［德］汉斯-格奥尔格·加达默尔著，洪汉鼎译：《真理与方法》（上卷），上海：上海译文出版社，2004年，第382页。

② ［德］施莱尔马赫著，洪汉鼎译：《诠释学讲演》，《理解与解释：诠释学经典文选》（修订本），洪汉鼎主编，北京：东方出版社，2006年第二版，第56页。

③ ［德］施莱尔马赫著，洪汉鼎译：《诠释学箴言》，《理解与解释：诠释学经典文选》（修订本），洪汉鼎主编，北京：东方出版社，2006年第二版，第23页。

莱尔马赫来说，理解就是重新构造作者的思想和生活，那么对于狄尔泰来说，理解就是重新体验过去的精神和生命。狄尔泰曾经说过这样的话，"对陌生的生命表现和他人的理解建立在对自己的体验和理解之上，建立在此二者的相互作用之中"①。

按照当代诠释学研究者的划分，施莱尔马赫、狄尔泰的诠释学理论可归类为"独断型诠释学"（die dogmatische Hermeneutik）。独断型诠释学认为，文献或作品中的意义是早已固定不变的和清楚明了的，其意义也是惟一的，他们所持的是一种所谓客观主义的诠释学态度。按照这种态度，作品的意义只是作者的意图，我们解释作品的意义，只是发现作者的意图。作品的意义是一义性，因为作者的意图是固定不变的和惟一的，我们不断对作品进行解释，就是不断趋近作者的惟一意图，并把这种意义内容应用于我们当前的现实问题。与作为方法论和认识论的独断型诠释学相对，"探究型诠释学"（die zetetische Hermeneutik）以研究或探究文本的真正意义为根本任务，其重点在于：我们为了获得真正的意义而必须要有哪些方法论准备。探究型诠释学就是重构作品的意义和作者原初所想的意义，这种重构可能正确或不正确，因此相对于独断型诠释学，任何探究型诠释学有真和假。这种诠释学不是实践性的，而是理论性的。探究型诠释学认为，作品的真正意义并不存在于作品本身之中，而是存在于它的不断再现和解释中。我们要理解作品的意义，光发现作品的意义是不够的，还需要发明。对作品意义的理解，或者说，作品的意义构成物，永远具有一种不断向未来开放的结构，理解的本质不是"更好理解"，而是"不同理解"（Andersverstehen）。在我看来，创立了"新心学"体系、并以此赫

---

　　①［德］狄尔泰著，李超杰译：《对他人及其生命表现的理解》，《理解与解释：诠释学经典文选》（修订本），洪汉鼎主编，北京：东方出版社，2006年第二版，第93页。

然名家的哲学家贺麟①，实又超越了"独断型诠释学"层次而入于"探究型诠释学"之域。套用冯友兰的话说，贺麟对古代思想（尤其是陆王心学）不仅要"照着讲"，而且要"接着讲"，故而又由哲学史家跃升为哲学家。

三、理解如何可能

（一）理解的前提：人同此心，心同此理

不管是陈寅恪也好，还是贺麟也好，其"同情的理解"均预设（presuppose）了一个共同的理论前提："人同此心，心同此理"，即人类均具有共同的人性或本心。换句话说，只有承认"人同此心，心同此理"，理解才能在根本上成为可能。进而言之，人类只有凭借本心，并从本心出发去理解他人，并且在感情上发生共鸣，才能使人与人之间互相理解。所谓"同情的理解"，在理论上实即奠基于此。今试从以下三方面条分而缕析之：

从语源学上考察，西语中的"同情"（Sympathy/Sympathie）一词，来源于希腊文 sym（共同）和 pathos（感情）②，意即"人之共同的感情"。在西方解释学史上，施莱尔马赫、狄尔泰等人都曾经主张，理解的根据应建立在人类共同的人性之上。狄尔泰认为，作者与读者乃是同一种精神的表现，并将其称为"同质性"。加达默尔分析说，"狄尔泰在这里追随一种古老的学说，这种学说认为理解的可能性在于人类本性的同质性（Gleichartigkeit）。……所以他声称，只有同情（Sympathie）才使真正的理解成为可能。……狄尔

---

① 彭华：《贺麟的文化史观》，《湖南科技学院学报》，2006 年第 3 期，第 96—99 页。该文后经修订，收入彭华：《印川集·蜀学散论》，北京：中国社会科学出版社，2020 年。

② ［英］布宁、余纪元编著：《西方哲学英汉对照辞典》，北京：人民出版社，2001年，第 977 页。

泰在这里追随兰克，因为兰克认为历史学家的职责在于对一切事物的同情（Mitleidenschaft des Alls）"①。（自 20 世纪以来，这一观点被批评为一种心理学观点而被抛弃，在此姑且存而不论。）就中国话语而言，亦复如是。《诗·小雅·巧言》云："他人有心，予忖度之。"熊十力（1885—1968）引《诗经》此语后接着说，"不独并时人之心可以忖度而知，古人往矣，其行事在传记者，亦可忖度而知"②。《孟子·告子上》亦云："口之于味也，有同耆焉；耳之于声也，有同听焉；目之于色也，有同美焉。至于心，独无所同然乎？心之所同然者何也？谓理也，义也。圣人先得我心之所同然耳。"作为"心学"创始人的陆九渊，其话语最为经典，"四方上下曰宇，往古来今曰宙，宇宙便是吾心，吾心即是宇宙。千万世之前有圣人出焉，同此心同此理也；千万世之后有圣人出焉，同此心同此理也；东南西北海有圣人出焉，同此心同此理也"③。

　　个中奥义，贺麟是"于我心有戚戚焉"（《孟子·梁惠王上》）。早在 1934 年发表的《近代唯心论简释》一文中，贺麟就明确指出，"一物之色相、意义、价值之所以有其客观性，即由于此认识的或评价的主体有其客观的必然的普遍的认识范畴或评价准则。若用中国旧话来说，即由于'人同此心，心同此理'"④。1941 年，他又在

　　① ［德］汉斯-格奥尔格·加达默尔著，洪汉鼎译：《真理与方法》（上卷），上海：上海译文出版社，2004 年，第 301—302 页。

　　② 熊十力：《明心篇》（1959 年），《熊十力全集》第七卷，武汉：湖北教育出版社，2001 年，第 217 页。

　　③ ［宋］陆九渊：《杂说》，《象山集》卷二十二《杂著》，文渊阁《四库全书》本。另可对照《宋史》卷四三四《陆九渊传》："他日读古书至'宇宙'二字，解者曰'四方上下曰宇，往古来今曰宙'，忽大省曰：'宇宙内事乃己分内事，己分内事乃宇宙内事。'又尝曰：'东海有圣人出焉，此心同也，此理同也。至西海、南海、北海有圣人出，亦莫不然。千百世之上有圣人出焉，此心同也，此理同也。至于千百世之下有圣人出，此心此理亦无不同也。'"

　　④ 贺麟：《近代唯心论简释》（1934 年），《哲学与哲学史论文集》，北京：商务印书馆，1990 年，第 131 页。

《儒家思想的新开展》中说，"故求儒家思想的新开展，第一，必须以西洋的哲学发挥儒家的理学。儒家的理学为中国的正宗哲学，亦应以西洋的正宗哲学发挥中国的正宗哲学。因东圣西圣，心同理同"①。在《当代中国哲学》(后易名为《五十年来的中国哲学》)一书中，贺麟又多次论及此旨。贺麟评说欧阳渐(1871—1943)的贡献在于融会儒、佛，特意引欧阳渐《论语读》叙之语②，"东海有圣人焉，此心同此理同也。西海有圣人焉，此心同此理同也。……般若直下明心，孔亦直下明心"；贺麟分析，"心同理同之心，亦即是性"。对于梁漱溟(1893—1988)于 1921 年发表的《东西文化及其哲学》一书，贺麟说既有长处也有短处，长处是"以事实作根据而推测"，短处是"缺乏文化哲学的坚实基础"；尤其是"他只是摭拾许多零碎的事例，说西洋有宗教，中国无宗教，说中国人富于理性，西洋人只有理智，缺乏理性等，不惟对文化的本质，宗教的本质，宗教在文化中地位等问题，缺乏哲学的说明，且亦有违陆象山'人同此心，心同此理'的根本原则了"③。至于陈寅恪，在学理上亦当不出此藩篱。

(二) 理解的中介：史料扩充，诗史互证

毫无疑问，文献资料(传世的/出土的④)是我们进入古人精神世界的桥梁和通道；诚如老子对孔子所云，"子所言者，其人与骨皆已朽矣，独其言在耳"(《史记·老子韩非列传》)。比如说，后人之于孔子，其情形亦如此⑤。西汉大史学家司马迁所云"余读孔氏书，

---

① 贺麟：《儒家思想的新开展》(1941 年)，《文化与人生》，北京：商务印书馆，1988年，第 8 页。

② 按：贺麟所引《论语读》叙之语，出自欧阳渐《论语十一篇读叙》，系欧阳渐 1931年 10 月为其所编《论语》读本所作序言，后收入《孔学杂著》一书。

③ 贺麟：《五十年来的中国哲学》，沈阳：辽宁教育出版社，1989 年，第 8、11 页。

④ 此指传世文献与出土文献，即王国维所说的"二重证据"。参看王国维：《古史新证——王国维最后的讲义》，北京：清华大学出版社，1994 年，第 2—3 页。

⑤ 彭华：《孔子的人格魅力——以〈论语〉为考察中心》，《西南民族大学学报》，2005 年第 11 期，第 217—221 页。

想见其为人"(《史记·孔子世家》)，南朝梁文学理论家刘勰所云"开辟草昧，岁纪绵邈。居今识古，其载籍乎"(《文心雕龙·史传》)、"知音其难哉！音实难知，知实难逢；逢其知音，千载其一乎！……夫缀文者情动而辞发，观文者披文以入情；沿波讨源，虽幽必显。世远莫见其面，觇文辄见其心"(《文心雕龙·知音》)，犹斯旨也。在此层面上，作为史学家的陈寅恪深有体悟。诚如研究者所言，陈寅恪对于"探索史学逻辑"，对于研讨"历史中的因果与偶然"，"似乎全无理论兴趣"，其贡献"只能限于史料扩充和方法改进"，"其最大突破在诗文与史志互证之法"，"他的史学兴趣主要在原料的发掘和考释"，"他对新史学的贡献，首推史料扩充"[①]。

　　客观而言，这不失为进入古人精神(心灵)世界的有效途径。但是，我们同时不可忽视的是(诚如陈寅恪所言)，"吾人今日可依据之材料，仅为当时所遗存最小之一部"。对于古人、古代历史、古代思想的理解，后人和今人确实只能感叹"无可奈何花落去"。为什么呢？因为后人和今人已经不可能起古人于地下而与之共语，即使是通过考古发掘而起孔子、朱熹或秦始皇、汉武帝于地下，但他们早已是一堆朽骨("其人与骨皆已朽矣")。差可慰勉的是，确如李学勤(1933—2019)所述，"考古学发现的东西，当然是物质的，但很多都是反映精神的"[②]。

(三) 理解的实现：设身处地，论世知人

　　由"论世"而"知人"，在古代中国有着颇为久远的传统。孟子说："颂其诗，读其书，不知其人可乎？是以论其世也。是尚友也。"(《孟子·万章下》)由此可知，孟子已经注意到了作品、作者和时代之间有着必然的联系。诚如焦循(1763—1820)《孟子正义》引顾镇《虞东学诗》之言："夫不论其世，欲知其人，不得也。不知其人，欲

---

① 许冠三：《新史学九十年》，长沙：岳麓书社，2003年，第229—230、261页。
② 李学勤：《走出疑古时代》，沈阳：辽宁大学出版社，1994年，第2页。

逆其志，亦不得也。"①朱熹《孟子集注》卷十解释说："论其世，论其当世行事之迹也。言既观其言，则不可以不知其为人之实，是以又考其行也。"②意谓为了便于了解历史人物，当先论述其所处之时代背景。刘向、刘歆父子亦取此路数，"校书诸叙论，既审定其篇次，又推论其生平"。班固《汉书·艺文志》之《诸子略》《诗赋略》《兵书略》，"凡遇史有列传者，必注'有列传'三字于其下，所以使人参互而观也"③。《四库全书总目提要》高度重视这一方法，屡屡提到"俾读者论世知人"（卷五八），"寓论世知人之义"（卷一九〇），"于论世知人之学，亦不为无补"（卷一五三），"每书先列作者之爵里，以论世知人"（卷首《凡例》）。在王国维（1877—1927）看来，由"论世"而"知人"具有更为宽泛的方法论意义，"欲知古人，必先论其世；欲知后代，必先求诸古；欲知一国之文学，非知其国古今之情状、学术不可也"④。

　　诚能"论世"而"知人"，方可合理、合情解读古人之言行，即如孟子所云，"故说诗者，不以文害辞，不以辞害志。以意逆志，是为得之"（《孟子·万章上》）。按照朱熹的理解，孟子此语已有设身处地、同情理解的意蕴，"言说诗之法，不可以一字而害一句之义，不可以一句而害设辞之志，当以己意迎取作者之志，乃可得之"⑤。章学诚（1738—1801）说，"不知古人之世，不可妄论古人文辞也；知其世矣，不知古人之身处，亦不可遽论其文也"（《文史通义·文

　　①［清］焦循撰，沈文倬点校：《孟子正义》，北京：中华书局，1987 年，第 639—640 页。
　　②［宋］朱熹：《四书章句集注》，北京：中华书局，1983 年，第 324 页。
　　③ 章学诚：《校雠通义》卷三，《汉书·六艺篇》。
　　④ 王国维：《译本〈琵琶记〉序》（1913 年），《静庵文集续编》，《王国维遗书》第五册，上海：上海古籍书店，1983 年（据商务印书馆 1940 年版《海宁王静安先生遗书》影印），第 35 页。
　　⑤［宋］朱熹：《四书章句集注》，北京：中华书局，1983 年，第 306 页。

德》),意思更为鲜明。王国维糅合上述二说,认同这一理解方法,"是故由其世以知其人,由其人以逆其志,则古诗虽有不能解者寡矣"①。

试举例而言。比如说,今人有从白居易言及歌伎的诗中读出他是个"老流氓"的形象②。何以如此,症结即在于不明了唐世之社会风气,由不能"论世"而不能"知人"。其实,陈寅恪早就指出,"夫唐世士大夫之不可一日无妾媵之侍,乃关于时代之习俗,自不可以今日之标准为苛刻之评论"③。若以唐言唐,此正极寻常之事也④。正面而言,陈寅恪对元稹的评价(《元白诗笺证稿》)、对钱谦益的评价(《柳如是别传》)、对梁启超的评价(《读吴其昌撰梁启超传书后》),均堪称显例⑤。

于此,贺麟亦有清醒的认识,且多有佳例。贺麟尝就评价的一般层面而言:"批判绝非简单的赞成这个,反对那个,拥护这个,推翻那个之谓,真正的批判建基于研究和了解上面,与有作用的主观的党同伐异不同。只要本于客观的研究,同情的了解,对于一思潮自能作公正的批评。这好像学生之对于老师,先是虚心受教,终可青出于蓝。外在的批判,最不足重视,因为这种批判的态度是主观

---

① 王国维:《玉溪生诗年谱会笺序》(1917年),《观堂集林》卷二十三,《王国维遗书》第四册,上海:上海古籍书店,1983年(据商务印书馆1940年版《海宁王静安先生遗书》影印),第23页。

② 舒芜:《伟大诗人的不伟大一面》,《读书》,1997年3期。

③ 陈寅恪:《元白诗笺证稿》,北京:生活·读书·新知三联书店,2001年,第92页。

④ 参见罗志田"'诗史'倾向及怎样解读历史上的诗与诗人",收入其《二十世纪的中国思想与学术掠影》,广州:广东教育出版社,2001年,第285—297页。

⑤ 在《"了解之同情"——陈寅恪先生的阐释学》(载《国学今论》,沈阳:辽宁教育出版社,1991年,第149—168页)一文中,刘梦溪对此有很好的论述。另外,可同时参看刘梦溪:《"了解之同情"——陈寅恪〈冯友兰中国哲学史上册审查报告〉简释》,《江西社会科学》,2004年第4期,第205—208页。

的,内容是肤浅的,结论是偏狭的。"①贺麟对杨墨、诸葛亮、王安石的评价②,亦均堪称显例。这一评价准则与宗旨,贯穿于《当代中国哲学》全书,"本册里所提到几十位在中国哲学上有贡献的人……篇中对于他们的哲学思想的叙述,固然表示我对于他们的著作之客观地同情地了解"。与此相对,他对钱穆的《中国近三百年学术史》不无微词;因为该书原先对于章太炎(1869—1936)一字不提,直至章太炎逝世后"方特别著一篇长文,讲述章氏在中国学术上的贡献","这种态度我认为是不妥的,不健全的。第一,这种态度假定著述家评述时人只有标榜与诋毁两途,没有其他合理的持中平正的路途,如同情的了解,客观的欣赏,善意的批评等等,这未免自贬著述家的品格"③。对于冯友兰的《中国哲学史》,贺麟也从是否具有"同情的理解"的角度做了批评,"惟下卷中,于中国佛学部分,或有须得更求改进的地方。且对陆、王学说太乏同情,斥之为形而下学,恐亦不甚平允"④。

　　如何由"论世"而"知人",如何设身处地、同情理解古人及其思想,先贤和时彦都不约而同地注目于编年体著作,尤其是年谱一类著作。宋人吕大防(1027—1097)为杜甫(712—770)、韩愈(768—824)作年谱,特别强调"论世知人"的意旨,"予苦韩文、杜诗之多误,既雠正之,又各为年谱,以次第其出处之岁月,而略见其为文之时,则其歌时伤世、幽忧窃叹之意,粲然可观"(《分门集注杜工部诗·杜工部年谱后记》)。在《中国近三百年学术史》一书中,梁启

---

　　① 贺麟:《五十年来的中国哲学》,沈阳:辽宁教育出版社,1989 年,第 62 页。

　　② 贺麟:《杨墨的新评价》《诸葛亮与道家》《陆象山与王安石》《王安石的哲学思想》,《文化与人生》,北京:商务印书馆,1988 年,第 192—198、167—172、229—233、285—303 页。

　　③ 贺麟:《当代中国哲学原序》(1945 年),《五十年来的中国哲学》,沈阳:辽宁教育出版社,1989 年,第 2 页。

　　④ 贺麟:《五十年来的中国哲学》,沈阳:辽宁教育出版社,1989 年,第 21 页。

超（1873—1929）专门列有《谱牒学》，"加以知人论世，非灼有见其时代背景，则不能察其人在历史上所占地位为何等"①。鲁迅《〈且介亭杂文〉序言》云："分类有益于揣摩文章，编年有利于明白时势，倘要知人论世，是非看编年的文集不可的。现在新作的古人年谱的流行，即证明着已经有许多人省悟了此中的消息。"②陈寅恪推崇"司马君实李仁甫长编考异之法"③，即本斯旨。贺麟作《现代西方哲学讲演集》往往先述哲学家所处之时代及其生平，亦本斯旨。贺麟在抗战军兴时所作《德国三大哲人处国难时之态度》，尤为光辉而典范④。

除此之外，陈寅恪非常注重对作品中古典、今典的辨认和疏证，研究者认为这是陈寅恪"学术上的重大创获"，在其"独创的阐释学中实占有核心位置"⑤。但无论如何，陈寅恪辨认和疏证古典、今典，其目的仍在"同情地理解"古人。附带叙述一点，学界津津乐道的"以诗证史"，其实并非陈寅恪所首创。比如，清人姜炳璋（1736—1813）即明言："以诗证史，其谬立见。"⑥而且同出一辙的是，前人"以诗证史"的目的亦在"知人论世"。如清人王昶（1725—1806）《〈湖海诗传〉序》云："以诗证史，有裨于知人论世。"

"设身处地""感同身受""同情地理解"历史人物，在西方亦有

① 梁启超：《中国近三百年学术史》九《谱牒学》，《梁启超全集》第十五卷，北京：北京出版社，1999 年，第 4594—4599 页。

② 鲁迅：《鲁迅全集》第六卷，北京：人民文学出版社，1981 年，第 3 页。

③ 陈寅恪：《杨树达论语疏证序》（1948 年），《金明馆丛稿二编》，上海：上海古籍出版社，1980 年，第 232 页；北京：生活·读书·新知三联书店，2001 年，第 262 页。

④ 贺麟：《德国三大哲人处国难时之态度》，重庆：独立出版社，1934 年。书中介绍了歌德、黑格尔、费希特三大哲人的生平和思想，对他们的爱国主义思想和言论做了详细的叙述。

⑤ 刘梦溪：《"了解之同情"——陈寅恪先生的阐释学》，《国学今论》，沈阳：辽宁教育出版社，1991 年，第 168 页。

⑥ ［清］姜炳璋：《诗序补义》卷二十二，文渊阁《四库全书》本。

持此论者,堪称"人同此心,心同此理"。比如说,英国当代历史学家赫伯特·巴特菲尔德(Herbert Butterfield,1900—1979)就曾经说过这样的话语:"无论如何,历史学家必须把自己置于历史人物的位置上,必须感受其处境,必须像那个人一样思想。如果没有这种艺术,不仅不可能正确地讲述故事,而且也不可能解读那些重构历史所依靠的文件。传统的历史写作强调富于同情的想像(sympathetic imagination)的重要性,目的是要进入人类的内心。"[1]

结语

毋庸置疑,后人在理解古人或前人及其历史与思想时,都不可避免地具有自己的"先入之见"("先行具有""先行视见"和"先行掌握"等),"解释从来就不是对先行给定的东西所作的无前提的把握"[2];所谓恰如其分地"感同身受",实际上只能是无限地"逼近"而已。换句话说,后人对古人、前人的理解,确实有程度的高下、量度的大小之区别,甚至有大方向的、本质性的差异;但我们仍然坚信,只要大方向是合理的、正确的,我们就有信心通过不断的探索、体验、理解("善意同情的理解"),直接"升堂入室"而进入古人、前人的"心灵世界",并无限制地逼近古人、前人的"心灵深处",直至恰如其分、一如其人地"感同身受"。

---

① William Dray, *Laws and Explanation in History*, Oxford: Oxford University Press, 1957, pp.119-120.转引自李剑鸣:《历史解释建构中的理解问题》,《史学集刊》,2005年第3期,第20页。

② [德]海德格尔著,陈嘉映、王庆节译:《存在与时间》,北京:生活·读书·新知三联书店,1999年第二版,第176页。

第四章　贺麟与西学：译介与研究

作为杰出哲学家、哲学史家、翻译家的贺麟，其翻译思想与翻译实践和严复、梁启超、王国维、陈康颇有共通之处，而在继承之中又有所发扬。通过比较与参照，可以勾稽、归纳贺麟译学之大义。

在贺麟等人看来，通过翻译而引入外来的"新知"，这仅仅是手段而非目的；翻译的意义与价值在于"华化西学""使西洋学问中国化"，从而谋求"西洋哲学中国化"与"中国新哲学之建立"。

出于这一目的，故在翻译对象上，既要精审选择原书，又要注重翻译与研究并行。在译文标准上，贺麟一方面继承了严复的"信达雅"说，另一方面又创造性地提出"艺术工力"说；在术语译名上，贺麟既充分重视"因袭"，而又审慎选择"自创"。

引子

在中国近现代翻译史上，尤其是在哲学社会科学翻译史上，严复(1854—1921)、王国维(1877—1927)、陈康(1902—1992)、贺麟(1902—1992)都是杰出的翻译家。如人所云，近代中国之译介西洋哲学者，"要推侯官严复为第一"①，而王国维则堪称"继严氏以

---

① 蔡元培：《五十年来中国之哲学》(1923年)，《蔡元培全集》第四卷，北京：中华书局，1984年，第351页。

后之第一人"①。作为翻译家的贺麟，对严复一直怀有一种特殊的情感，知情人谓贺麟"最仰慕严复"②；而且，贺麟曾经于1925年发表过《严复的翻译》一文③，这是自严复去世后第一篇系统讨论其翻译理论与实践的研究论文。而作为维新派领袖人物之一的梁启超，虽然不是翻译家，但他"对翻译问题论述最多、最有影响"④。贺麟在清华学校读书期间（1919—1926），曾经聆听过梁启超（1873—1929）所开设的几门课程，并且在梁启超的指导下写作关于焦循（1763—1820）的专题论文⑤，梁启超和吴宓（1894—1978）都是"当时对他影响较大的老师"⑥。在清华读书期间，贺麟应当与王国维有直接的交往（比如听课或请教）⑦。陈康与贺麟同样精研西洋哲学、翻译西洋哲学名著，而且还是朋友兼同事。

因此，本章将此五人予以比较，并不是简单的比附，更不是穿凿附会，而是具有莫大的可比性。陈寅恪（1890—1969）当年曾经系统论述过"比较研究之真谛"，"盖此种比较研究方法，必须具有

①　郭湛波：《近五十年中国思想史》（1936年），上海：上海古籍出版社，2005年，第50页。

②　贺麟的学生孙霄舫说，"贺先生在翻译上的成就，许多人都知道，他最仰慕严复，常常提到严的三个标准：信、达、雅。有一次他买到一张严复当年译书的写字台，如获至宝"（孙霄舫：《我所认识的贺麟教授及其思想》，《贺麟先生百年诞辰纪念文集》，北京：中国社会科学出版社，2009年，第218页）。

③　贺麟：《严复的翻译》，原载《东方杂志》第22卷第21号，1925年11月；后收入以下二书：（1）商务印书馆编辑部编：《论严复与严译名著》，北京：商务印书馆，1982年；（2）罗新璋、陈应年编：《翻译论集》（修订本），北京：商务印书馆，2009年第2版，第213—227页。

④　陈福康：《中国译学理论史稿》（修订本），上海：上海教育出版社，2000年，第97页。

⑤　彭华：《贺麟年谱新编》，《淮阴师范学院学报》，2006年第1期。

⑥　贺美英：《纪念我的父亲贺麟教授》，《贺麟先生百年诞辰纪念文集》，北京：中国社会科学出版社，2009年，第161页。

⑦　彭华：《王国维与巴蜀学人》，《淮阴师范学院学报》，2011年第3期。该文后经修订，收入彭华：《印川集：蜀学散论》，北京：中国社会科学出版社，2020年。

历史演变及系统异同之观念。否则古今中外，人天龙鬼，无一不可取以相与比较。荷马可比屈原，孔子可比歌德，穿凿附会，怪诞百出，莫可追诘，更无所谓研究之可言矣"①。

一、翻译是否可能

"翻译是否可能"，这是翻译在理论上的首要问题与重大问题。有的人认为，翻译是不可能的。比如说，特别重视"直觉"的法国哲学家柏格森（Henri Bergson，1859—1941），在其《形而上学导言》中便提到翻译之不可能。"他的意思是说，自己尚无法用语言文字以表达自己自得的直觉的意思，他人更无法用他们的语言文字以表达或翻译我自己的意思。换言之，'言不尽意'。意，神秘不可道，自己之言尚不能尽自己之意，他人之言，更无法尽自己之意。故翻译不可能。"②再比如，德国著名哲学家、现代哲学诠释学的代表人物加达默尔（Hans-Georg Gadamer，1900—2002），对于他人对其代表作《真理与方法》的翻译，便不感兴趣，反而提出了一条"不可翻译性"（Unübersetzbarkeit）的诠释学原理③。（根据洪汉鼎，加达默尔后来有所改变，对于《真理与方法》的翻译还是比较感兴趣的④。）

如果承认翻译是不可能、不可行的，则从古至今的翻译活动便形同虚设，终归于徒劳无益。对于从古至今的翻译家及其实践而

① 陈寅恪：《与刘叔雅论国文试题书》（1932 年），《金明馆丛稿二编》，上海：上海古籍出版社，1980 年，第 223—224 页。

② 贺麟：《论翻译》，《今日评论》第 4 卷第 9 期，1940 年。转引自罗新璋、陈应年编：《翻译论集》（修订本），北京：商务印书馆，2009 年第 2 版，第 517 页。

③ 参看洪汉鼎：《译者序言》，载［德］加达默尔著，洪汉鼎译：《真理与方法》（上卷），上海：上海译文出版社，2004 年，第 13 页。

④ 洪汉鼎：《客居忆往：哲学人生问答录》，北京：中国人民大学出版社，2016 年。

言，这是不可接受的。而从哲学原理上来说，"翻译的哲学基础，即在于'人同此心，心同此理'。心同理同之处，才是人类的真实本性和文化创造之真正源泉；而同心同理之处亦为人类可以相通、翻译之处，即可用无限多的语言去发挥、表达之处"①；"翻译之职务，即在于由明道知意而用相应之语言文字以传达此意、表示此道，故翻译是可能的。因道是可传，意是可宣的"，"翻译的本质，即是用不同的语言文字，以表达同一的真理，故翻译是可能的"②。因此，翻译不但是可能的，而且是可行的，只是在翻译过程中有其高下之别、优劣之分。黑格尔（Georg Wilhelm Friedrich Hegel，1770—1831）曾经指出，"凡是合乎理性的东西都是现实的，凡是现实的东西都是合乎理性的"③。套用此语，翻译活动既是"现实的东西"，也是"合乎理性的东西"，故翻译是可行的活动。

二、何以需要翻译

就文化人类学之共识与通识而言，举凡民族文化之构成，除本土"独立自创"者外，可谓概皆"外来"；何以能由外而来，除"翻译借鉴"外，似乎尚无他途。相对于本民族文化之原有成分而言，这些"外来"者属于"新知"。之所以要经由翻译而引进"新知"，是因为这些"新知"实属"我之所需"；而且，翻译本身不是目的，最终是要"为我所用"，并且是要"为我大用"。换句话说，翻译仅仅是手段，是"会通中西"或"会通中外"的手段，最终是要谋求民族文化的"建

---

① 贺麟：《谈谈翻译》，《中国社会科学院研究生院学报》，1990 年第 3 期。
② 贺麟：《论翻译》，《翻译论集》（修订本），北京：商务印书馆，2009 年第 2 版，第 518—519 页。
③ ［德］黑格尔著，范扬、张企泰译：《法哲学原理》，北京：商务印书馆，1961 年（1982 年印刷），第 11 页。在后来出版的《小逻辑》的"导言"中，黑格尔重申了这一观点。（［德］黑格尔著，贺麟译：《小逻辑》，上海：上海人民出版社，2009 年，第 60 页）

设"与"发展"。诚如王国维所言,"欲通中国哲学,又非通西洋之哲学不易明也。……苟通西洋之哲学,以治我国之哲学者,必在深通西洋哲学之人,无疑也"①,"异日发明光大我国之学术者,必在兼通世界学术之人,而不在一孔之陋儒,固可决也"②。

历史学家雷海宗(1902—1962)断言,"由全部人类历史上看,较大规模有计划的翻译,只有一个目的,就是介绍新的思想"③。朱自清(1898—1948)亦云,"翻译是介绍外国的文化到本国里来的第一利器"④。作为哲学史家,陈康虽然仅就其专业范围而言,但依然不出此藩篱,"翻译哲学著作的目的是传达一个本土所未有的思想"⑤。国学大师王国维的看法,则至为高迈,"夫言语者,代表国民之思想者也。思想之精粗广狭,视言语之精粗广狭以为准。观其言语,而其国民之思想可知矣","故新思想之输入,即新言语输入之意味也"⑥。王国维、朱自清、雷海宗、陈康四人之所言,从一般层面揭示了翻译的根本特征,即引入本民族所没有的"新知"。

就中华民族而言,通过翻译而引入的外来"新知",主要有两大宗:一是汉魏以降的佛教,二是明清以降的西学。前一项业已告一段落,而后一项则仍在进行之中。晚清以来,中国之引入西学,

---

① 王国维:《哲学辨惑》(1903年),谢维扬、房鑫亮主编:《王国维全集》第十四卷,杭州·广州:浙江教育出版社·广东教育出版社,2009年,第9页。

② 王国维:《奏定经学科大学文学科大学章程书后》(1906年),谢维扬、房鑫亮主编:《王国维全集》第十四卷,杭州·广州:浙江教育出版社·广东教育出版社,2009年,第36页。

③ 雷海宗:《由翻译史看翻译理论与翻译方法》,《翻译论集》(修订本),北京:商务印书馆,2009年第2版,第637页。

④ 朱自清(1898—1948):《译名》,《新中国》第1卷第7期,1919年。

⑤ 陈康:《序》,见[古希腊]柏拉图著,陈康译注:《巴曼尼得斯篇》,北京:商务印书馆,1982年,第10—11页。

⑥ 王国维:《论新学语之输入》(1905年),谢维扬、房鑫亮主编:《王国维全集》第一卷,杭州·广州:浙江教育出版社·广东教育出版社,2009年,第126、127页(标点有所改动)。

具有强烈的时代性与局限性、功利性与实用性。梁启超（1873—1929）曾经亲身参与清末的政治运动、耳闻目睹清末的时局变动，于此深有感触。在梁启超看来，"国家欲自强，以多译西书为本；学者欲自立，以多读西书为功"①，"处今日之天下，则必当以译书为强国第一义，昭昭然也"②。但不容乐观的是，身处"学问饥荒"时代的清末人士，在输入与吸收西学之时，难免饥不择食、良莠不分，"新思想之输入，如火如荼矣。然皆所谓'梁启超式'的输入，无组织，无选择，本末不具，派别不明，惟以多为贵，而社会亦欢迎之"，"坐此为能力所限，而稗贩、破碎、笼统、肤浅、错误诸弊，皆不能免"③。

晚清以来，中国人之学习西方，大致经历了"三部曲"，即由物质文化而制度文化而精神文化。其时之翻译活动，也与此"三部曲"极其吻合。贺麟于此有过简明的论述与分析，"我们最初只注意到西人的船坚炮利，打了几次败仗之后，才觉悟到他们还有高度有组织的政治法律。最后在新文化运动的大潮中，才彻悟到别人还有高深的学术思想。我们才真正明了思想改革和研究西方哲学思想的必要"；贺麟同时又一针见血地指出，"我们在文化方面，缺乏直捣黄龙的气魄，我们只知道从外表、边缘、实用方面去接近西洋文化"④。当时之所以"只知道从外表、边缘、实用方面去接近西洋文化"而未能具备"直捣黄龙的气魄"，这既有时代的客观限制（或可谓"救亡压倒启蒙"⑤），也有主观的认识偏差。"往者不可

① 梁启超：《西学书目表序例》（1896 年），《饮冰室合集》文集之一，北京：中华书局，1989 年，第 123 页。

② 梁启超著，何光宇评注：《论译书》（1897 年），《变法通议》，北京：华夏出版社，2002 年，第 141 页。

③ 梁启超：《清代学术概论》，上海：上海古籍出版社，1998 年，第 97—98 页。

④ 贺麟：《五十年来的中国哲学》，沈阳：辽宁教育出版社，1989 年，第 24 页。

⑤ 李泽厚：《启蒙与救亡的双重变奏》，《中国现代思想史论》，北京：人民出版社，1987 年。

谏，来者犹可追。"(《论语·微子》)前车之鉴，发人深思！

在贺麟眼里，翻译工作是崇高而神圣的，而其追求则是高远而宏大的。贺麟指出，"就学术文化上之贡献言，翻译的意义与价值，在于华化西学，使西洋学问中国化，灌输文化上的新血液，使西学成为国家之一部分。吸收外来学术思想，移译并融化外来学术思想，使外来学术思想成为自己的一部分，这乃是扩充自我，发展个性的努力，而决不是埋没个性的奴役"，"翻译为创造之始，创造为翻译之成。翻译中有创造，创造中有翻译。一如注释中有创造，创造中有注释。片面地提倡独自创造，而蔑弃古典思想之注释发挥，外来思想之介绍译述，恐难免走入浅薄空疏扩大之途"①。由此可以看出，翻译确实是出于"我之所需"，但切不可"为翻译而翻译"，而应当谋求"为我所用""为我大用"，意即通过翻译而"会通中西"或"会通中外"，最终谋求民族文化的"建设"与"发展"。用他自己的话说，就是谋求"西洋哲学中国化"与"中国新哲学之建立"②。一言以蔽之，"研西学以致中用，这是贺麟先生的根本态度"③。

三、如何进行翻译

在1925年发表的《严复的翻译》一文中④，贺麟一方面纲举目张、条理清晰地总结、归纳了严复的翻译理论与方法，另一方面又

---

① 贺麟：《论翻译》，《翻译论集》(修订本)，北京：商务印书馆，2009年第2版，第522—523页。

② 贺麟：《黑格尔哲学讲演集》，上海：上海人民出版社，2011年，第626页。

③ 李鹏程：《简论贺麟师新心学中的中西文化融通》，载岑庆祺主编：《濠江哲学文集》，保定：河北大学出版社，2002年，第334页。

④ 贺麟：《严复的翻译》，《东方杂志》第22卷第21号，1925年11月；后收入：(1)《论严复与严译名著》，北京：商务印书馆，1982年；(2)罗新璋、陈应年编：《翻译论集》(修订本)，北京：商务印书馆，2009年第2版，第213—227页。本部分以下引文，除有特别说明者外，均出自《翻译论集》(修订本)。

高屋建瓴、高瞻远瞩地揭示、陈述了译学的奥义与指归；同时，该文又是理解、认识贺麟自身翻译实践与译学大义的锁钥与司南。因此，本部分将以贺麟此文为本，通过对严复、王国维、贺麟、陈康诸人翻译实践以及梁启超翻译主张的考察，简要论述"如何进行翻译"。

（一）翻译对象：精审选择原书，翻译与研究并重

在《严复的翻译》一文中，贺麟开宗明义地写道，"讲严复的翻译，最重要的就是他选择原书的精审"；"通观翻译史上，关于选择原书一层，处处顾到，如像严复的，实未之见"。接下来，贺麟从四个方面阐述严复是如何精审选择原书的：

一、严复选择原书之卓识。他处在中学为体，西学为用的空气中，人人只知道西洋的声光化电、船坚炮利；且他自己又是海军人才，他不介绍造船制炮的技艺，和其他格致的书，乃能根本认定西洋各国之强盛，在于学术思想，认定中国当时之需要，也在学术思想……这是他对于西洋文化的观察，也是他所以要介绍西洋学术思想的卓识。

二、严氏选择原书，是认定先后缓急和时势之需要而翻译，故每译一书都含有极深远的用意。

三、严氏所选择的书都是他精心研究过的。

四、严氏所选择的书，他均能了悉该书与中国固有文化的关系，和与中国古代学者思想的异同。

在翻译对象的选择上，严复有其深思熟虑，并非"为翻译而翻译"，而是精审"择当译之本"[①]。以逻辑学的译介为例。严复是近

[①] "择当译之本"，是梁启超所说"译书三义"的第一义，"今日而言译书，当首立三义：一曰择当译之本，二曰定公译之例，三曰养能译之才"（梁启超：《变法通议》，北京：华夏出版社，2002年，第144页）。

代中国最早讲逻辑学的人，相继翻译了穆勒（John Stuart Mill，1806—1873）的《名学》（*System of Logic*，1905 年出版）、耶方斯（William Stanley Jevons，1835—1882）的《名学浅说》（*Elementary Lessons in Logic*，1909 年出版），从而使逻辑学在晚清风行一时。自严复开其端后，王国维、章士钊（1881—1973）均有译著①。"严复这样高度重视认识论和逻辑学，自觉介绍经验论和归纳法，就眼光和水平说，在七八十年前确是凤毛麟角，极为难得。"②

不仅如此，严复在"翻译"之余还注重"研究"，在"译述"之余还注重"申论"。严复一生所翻译的西方著作有 170 余万字之巨，其中约有 1/10 的文字是他自己所撰写的按语。以中译本《天演论》为例。中译本《天演论》共计 35 篇，而严复以"复按"字样写了 28 篇按语；其中，有 4 篇的按语与原文相当，有 5 篇的按语超过原文。严复的这些按语，往往脱离原文，多为借题发挥，"由论述自然界生物进化论引申到对人类社会历史的思考与认识"，"充分体现了严复纵论中西，横贯古今，广泛联系社会思想发展进程，来解释进化论的鲜明特点"③。依照梁启超所云"译书"之要求与标准，严复如此"翻译"与"研究"并重，实已入"上才"之列④。

回头看贺麟所翻译的著作。贺麟所译著作，均为欧美"有高深的学术思想"的哲学著作，并且均为经典著作或重要著作。显然，

---

① 王国维所译耶方斯《辨学》一书，于 1908 年由学部图书编译局出版，1931 年和 1932 年又由文化书社出版和再版。后又由路新生点校，收入谢维扬、房鑫亮主编《王国维全集》第十九卷。1917 年，章士钊应邀至北京大学讲授逻辑学；1943 年，章士钊所著《逻辑指要》由重庆的时代精神社出版（后收入"民国丛书"第三编）。

② 李泽厚：《论严复》，《中国近代思想史论》，北京：生活・读书・新知三联书店，2008 年，第 279 页。

③ 李珍：《〈天演论〉评介》，《天演论》，北京：华夏出版社，2002 年，第 4—5 页。

④ 梁启超说，"凡译书者，于华文、西文及其所译书中所言颛门之学，三者具通，斯为上才"（梁启超著，何光宇评注：《论译书》，《变法通议》，北京：华夏出版社，2002 年，第 157 页）。

这体现的也是"选择原书的精审"。同时，贺麟不但翻译原书，而且研究思想，即"翻译和研究相结合"。诚如贺麟本人所言，"我译的斯宾诺莎的《致知篇》也是本着翻译和研究相结合的原则，前面有一长序《斯宾诺莎的生平及其学说大旨》，后面有附录，题为《斯宾诺莎的逻辑思想》"①。今人亦言，"贺麟先生搞翻译极为严谨，往往要对几种不同文字的版本进行校订；对于难解处，他查阅各种资料给予译注，一向反对不懂原著的思想就套语法地译，强调译文的传神和中国化。译著前面，他常附上自己写的较长的'译序'，提纲挈领地向读者介绍全书的基本思想，阐述他自己的研究心得，帮助读者理解"②。贺麟如此而为，既是对严复译学精神的继承，也是对严复翻译实践的发扬。

行文至此，有一点是必须补充说明的，即对于研究者和学人而言，翻译作品是否可以代替原著？对于这一问题，我们应当"一分为二"地具体看待，而不是笼统地"一概而论"。如果不能阅读原文，那就只好借助于翻译作品了；如果有能力阅读原文，最好还是直接阅读原文，或者说结合翻译作品阅读原文。笔者如此陈述，其实是合乎贺麟本意的。贺麟曾经对张世英（1921—2020）说过这样一段话，"我虽然主持西洋名著编译委员会，非常看重翻译工作，但我要提醒你的是，不能靠翻译从事西方哲学研究，要念原文，翻译终究代替不了原文"。张世英说，这是贺先生"给我最有深意的一句教导，至今犹铭刻在心"③。

（二）译文标准："信达雅"与"艺术工力"

在中国古代翻译史上，翻译家曾经结合佛经的翻译，在翻译理论上做过一些良好的探索与讨论。道安（312—385）的"五失本"

---

① 贺麟：《五十年来的中国哲学》，沈阳：辽宁教育出版社，1989年，第120页。

② 杨君游：《贺麟与中西文化的会通》，《贺麟先生百年诞辰纪念文集》，北京：中国社会科学出版社，2009年，第64页。

③ 张世英：《九十思问》，北京：中国人民大学出版社，2016年，第41页。

"三不易"说(《摩诃钵罗若波罗蜜经钞序》)①,彦琮(557—610)的"十条""八备"说(《辩正论》)②,玄奘(约600—664)的"五不翻"说③,都是译学史上的精华与宝藏,初步奠定了传统翻译理论的基础。晚清以来,在翻译理论上做出重大贡献者,严复可谓独占鳌头、首屈一指。严复所提出的翻译标准"信达雅",至今仍为世人所宝爱。而贺麟所提出的"艺术工力"说,则可谓踵事增华、流光溢彩。

在《天演论》的《译例言》中,严复开门见山便提出翻译的三大标准,"译事三难：信、达、雅"④。严复所提出、所倡导的"信达雅",开近代翻译学说之先河,亦备受后人推重。梁启超推许为"可谓知言"⑤,周建人(1888—1984)称之为"译书不刊的典则"⑥,郁达夫(1896—1945)誉之为"翻译界的金科玉律"⑦。贺麟指出,"严复在翻译史上第二个大影响,就是翻译标准的厘定",即率先提出"信达雅"三条标准。"他这三个标准,虽少有人办到,但影响却很大。在翻译西籍史上的意义,尤为重大；因为在他以前,翻译西书的人都没有讨论到这个问题。严复既首先提出三个标准,后来译书的人,总难免不受他这三个标准支配。"(《严复的翻译》)

贺麟通过阅读、比较、分析后发现,严复不但是"信达雅"的首

---

① [梁]僧祐撰,苏晋仁、萧錬子点校：《出三藏记集》卷八,北京：中华书局,1995年,第290页。另可参看《续高僧传》卷二《彦琮传》。

② [唐]道宣：《续高僧传》卷二《彦琮传》。

③ [宋]法云《翻译名义集序》卷首周敦义《翻译名义序》引。

④ 严复：《译例言》(1898年),《天演论》,北京：华夏出版社,2002年,第10页。

⑤ 梁启超：《佛学研究十八篇》,天津：天津古籍出版社,2005年,第211页。

⑥ 周作人：《谈翻译》,《翻译论集》(修订本),北京：商务印书馆,2009年第2版,第540页。

⑦ 郁达夫：《读了珰生的译诗而论及于翻译》(1924年),原载《晨报副镌》,1924年6月29日；后收入《翻译论集》(修订本),北京：商务印书馆,2009年第2版,第464—471页。以上引文,见《翻译论集》(修订本),北京：商务印书馆,2009年第2版,第464页。

创者,而且是"信达雅"的践履者。"总结起来,我们可以下三个判断","一、严复的译文很尔雅,有文学价值,是人人所公认无有异议的","二、严译虽非今日普通人所易解,但能使旧文人看明瞭,合于达的标准","三、讲到信的方面,第一期的三种,似乎偏重意译,略亏于信。第二期的译品则略近直译,少可讥议。第三期所译《名学浅说》《中国教育议》,不甚重要,且所用译法也与前两期不同,我们可以不必深究"(《严复的翻译》)。

严复之后的翻译者,虽然说对"信达雅"的理解不尽相同,但都能自觉地践行这三大标准。在陈康心目中,"'信'可说是翻译的天经地义:'不信'的翻译不是翻译;不以'信'为理想的人可以不必翻译。'达'只是相对的。……所以译文的'达'与'不达',不能普遍地以一切可能的读者为标准,乃只相对于一部分人,即这篇翻译的理想读者。也只有这些人方能评判,译文是否满足了这'达'的条件。'雅'可目为哲学著作翻译中的脂粉"。因此,陈康在译注柏拉图(Plato,公元前 427—前 347)的《巴曼尼得斯篇》时,便严谨恪守"信达雅"而又予以灵活处理,"'信'是这篇翻译的不可动摇的基本条件。'达'只相对于在系统哲学方面曾受过不少训练、关于希腊哲学又有相当了解的人。'雅',只在不妨害'信'的情形下求其完备。……凡遇着文辞和义理不能兼顾的时候,我们自订的原则是:宁以义害辞,毋以辞害义"①。

贺麟在翻译西方哲学名著时,也严格遵守"信达雅"的标准,同时又不失其灵活性与艺术性。识者云,"他的译文以深识原著本意、学问功力深厚、表达如从己出、行文自然典雅等特点得到学术界的赞许,很受读者欢迎"②。尤其难得的是,贺麟在严复"信达

---

　　① 陈康:《序》,见[古希腊]柏拉图著,陈康译注:《巴曼尼得斯篇》,北京:商务印书馆,1982 年,第 8—10 页。
　　② 杨君游:《贺麟与中西文化的会通》,《贺麟先生百年诞辰纪念文集》,北京:中国社会科学出版社,2009 年,第 64 页。

雅"说的基础上又推陈出新,提出了"艺术工力"说[①]：

> 翻译应打破直译、意译的界限,而以能信能达且有艺术工力为归。
>
> 我既然不拘泥于直译意译的限制,所以我的译文既算不得直译,亦算不得意译,只勉强可以说是有时直译以达意,有时意译以求直。
>
> 信达二标准盖本诸严复。但我所谓"艺术工力"却与严复的雅不同。严氏大概是以声调铿锵,对仗工整,有抑扬顿挫的笔气,合桐城派的家法为雅。而我所谓艺术工力乃是融会原作之意,体贴原作之神,使己之译文如出自己之口,如宣自己之意,而非呆板地奴仆式地徒作原作者之传话机而已。费一番心情,用一番苦思,使译品亦成为有几分创造性的艺术而非机械式的"路定"(routine),就是我这里所谓的艺术工力。当然,我这种标准是为译文哲书籍而设,非谓译科学方面的书籍亦必须采此法。而且我提出的乃是理想的标准,当然不能要求任何人,包括我自己在内,满足这种理想标准。

关于翻译,金岳霖(1895—1984)曾经将其区分为"译意"与"译味"两种。"所谓译味,是把句子所有的各种情感上的意味,用不同种的语言文字表示出来"。相对于"译意"而言,"译味麻烦得多",因为"译意也许要艺术,译味则非有艺术不行",因此"译味也许要重行创作"。对于哲学翻译而言,在立足于"译意"的基础上,应当追求"译味",因为"哲学字句底情感上的寄托有时是原动力,这种情感上的寄托翻译不出来,这种原动力也得不到。即令我们能从

---

① 贺麟：《〈黑格尔学述〉译序》,《黑格尔哲学讲演集》,上海：上海人民出版社,2011年,第607—608页。

译文中懂得原文中的意义，我们也不见得能够受感动"①。两相比较，贺麟所说的"艺术工力"与金岳霖所说的"译味"，可谓殊途同归。

（三）术语译名：因袭与自创

如何确定专门术语（"名号""定名""译名"），这是翻译工作者必须直面的问题，同时也是颇为棘手的难题。于此，梁启超曾经自陈心曲，"译书之难读，莫甚于名号之不一"②，"翻译之事，遣辞既不易，定名尤难。全采原音，则几同不译；易以汉语，则内容所含之义，差之毫厘，即谬以千里。折衷两者，最费苦心"③。严复亦尝自述苦衷，"新理踵出，名目纷繁，索之中文，渺不可得，即有牵合，终嫌参差。译者遇此，独有自具衡量，即义定名。……此以见定名之难，虽欲避生吞活剥之消，有不可得者矣！他如物竞、天择、储能、效实诸名，皆由我始。一名之立，旬月踟蹰；我罪我知，是在明哲"（《天演论·译例言》）。贺麟也特别重视"译名"的订正，"我有一个基本想法，就是要想把西方哲学真正地传播到中国来，郑重订正译名是首务之急"，"我对康德和黑格尔的哲学名词中文翻译曾下了一番功夫"④。

至于如何确定"译名"，严复有些语焉不详；而贺麟则言之甚详，并且持之有故，言之成理。1936 年 9 月，贺麟发表《康德译名的商榷》一文⑤，专门讨论康德哲学重要名词的翻译与解释。在同

---

① 金岳霖：《知识论》，《金岳霖文集》第三卷，兰州：甘肃人民出版社，1995 年，第715—716、717、721 页。

② 梁启超著，何光宇评注：《论译书》，《变法通议》，北京：华夏出版社，2002 年，第150 页。

③ 梁启超：《佛学研究十八篇》，天津：天津古籍出版社，2005 年，第 213 页。

④ 贺麟：《五十年来的中国哲学》，沈阳：辽宁教育出版社，1989 年，第 119 页。

⑤ 贺麟：《康德译名的商榷》，《东方杂志》第 33 卷第 17 号，1936 年 9 月。该文后收入《哲学与哲学史论文集》（北京：商务印书馆，1990 年），改名为《康德名词的解释和学说的概要》；又收入《近代唯心论简释》（上海：上海人民出版社，2009 年），改名为《康德名词的解释和学说的大旨》。

年9月由商务印书馆出版的《黑格尔学述》一书的长篇序言中，贺麟更是旗帜鲜明地提出了如何确定"译名"的四条大经大法①：

> 译名，第一，要有文字学基础。所谓有文字学基础，就是一方面须上溯西文原字在希腊文或拉丁文中之原意，而一方面须寻得在中国文字学上（如《说文》《尔雅》等）有来历之适当名词以翻译西字。第二，要有哲学史的基础，就是须细察某一名词，在哲学史上历来哲学家对于该名词之用法，或某一哲学家于其所有各书内对于该名词之用法；同时又须在中国哲学史上如周秦诸子、宋明儒或佛经中寻适当之名词以翻译西名。第三，不得已时方可自铸新名以译西名，但须极审慎，且须详细说明其理由，诠释其意义。第四，对于日本名词，须取严格批评态度，不可随便采纳。这倒并不是在学术上来讲狭义的爱国反日，实因日本翻译家大都缺乏我上面所说的中国文字学与中国哲学史的工夫，其译名往往生硬笨拙，搬到中文里来，遂使中国旧哲学与西洋的哲学中无有连续贯通性，令人感到西洋哲学与中国哲学好象完全是两回事，无可融会之点似的。当然，中国翻译家采用日本名词已甚多且流行已久，不易拔除，且亦有一些很好的日本名词无须拔除。但我们要使西洋哲学中国化，要谋中国新哲学之建立，不能不采取严格批评态度，徐图从东洋名词里解放出来。

晚年的贺麟回忆说，"《康德名词的解释和学说的概要》一文，是谈对康德重要名词，应用自己新造的名词去翻译。我感到哲学名词的翻译不宜过多地采用日本译名。对于康德的学说，我亦用

---

① 贺麟：《〈黑格尔学述〉译序》，《黑格尔哲学讲演集》，上海：上海人民出版社，2011年，第625—626页。

自己的语言去解释。这是我在四十年代所作的一种尝试"①。为便于理解与说明，在此略举三例为证②。

1."批导"与"批判"

康德(Immanuel Kant,1724—1804)的三大"批判"名著，今人将其书名分别译作《纯粹理性批判》(Kritik der reinen Vernunft)、《实践理性批判》(Kritik der praktischen Vernunft)、《判断力批判》(Kritik der Urteilskraft)。但贺麟不同意这种译法，认为应当译作《纯理论衡》《行理论衡》《品鉴论衡》，"普通的批评叫做批评，系统的严重的批评便叫做'论衡'，康德的书名故以称为'论衡'为最适宜"。关于康德哲学的关键字眼"Kritik"，近人一般译为"批判"(英译或作"critique"，或作"criticism")，而贺麟则认为应当改译为"批导"。

就学理而言，"'批判'二字在康德不可用，盖批评与怀疑相近，与下最后判断之独断相反。康德只可说是批而不判，或批而不断的批评主义或批导主义者"，"故应译作批导，而不可泛泛译作批评，亦不可译作有独断意味的批判"。就"文字学基础"而言，"批导"亦有其古典文献依据，即《庄子·养生主》所云"依乎天理，批大郤，导大窾，因其固然"。另外，改译"批判"为"批导"，亦非贺麟"自创"，而是"因袭"成说，"据我所知国人治康德哲学者大都早已以'批导'二字代替'批判'"。

按：贺麟所说的改译"批判"为"批导"的"国人"，其实就是留学回国主持北京大学哲学系的张颐(1887—1969)。据毕业于北京大学哲学系的温公颐(1904—1996)回忆，本科二年级时，张颐教学

---

① 贺麟：《序言》(1987年)，《哲学与哲学史论文集》，北京：商务印书馆，1990年，第7页。

② 以下文字，除有特别交待者外，主要采自贺麟：《康德名词的解释和学说的大旨》，《近代唯心论简释》，上海：上海人民出版社，2009年，第138—160页。

生读康德的《纯粹理性批导》(Critique of Pure Reason)，用的是英译本；三年级时，张颐又教学生读康德的《实践理性批导》，用的也是英译本。"他认为康德所谓'Critique'一词，不仅批判过去，而且导引未来，所以应把它译为'批导'较妥。康德哲学可以称之为'批导哲学'(Critical Philosophy)。"①

2."先天"与"先验"

康德著作的两个术语"a priori"和"transcendental"，中国人普遍采用的是日本人的译名；即译"a priori"为"先天"，译"transcendental"为"先验"。但"最奇怪"的是，划分"先天""先验"的区别的人——日本翻译康德的名家天野贞祐(1884—1980)，在翻译《纯粹理性批判》时，有时译"transcendental Deduktion"为"先验的演绎"，有时又译为"先天的演绎"，"这种混淆不清，就更令人莫名其妙了"。

与此不同，贺麟将这两个术语统译为"先天"。何以如此翻译，贺麟先从康德哲学体系本身予以辨析与说明；随后，"进而再看 a priori 和 transcendental 两字在西洋文字学上及哲学史上的意义"。"总之，从这番分析字义的结果，我们发现 a priori 乃'先经验'或在经验之先之意，亦即有'超经验'意。而 transcendental 乃'超经验'或超越特殊经验或感官内容之意，亦即有'先经验'意。"与"a priori"相对，贺麟译"a posteriori"为"后天"。

为了便于读者理解，贺麟又结合中国哲学予以关联说明。"先天"二字，出于《易·乾·文言》"先天而天弗违，后天而奉天时"之语，"纯全是哲学上普遍性、永久性、必然性的法则、道理或共相言"；"先天"之说，不可与邵雍(1011—1077)的先天八卦方位图及

---

① 温公颐：《我研究哲学的经过》，《中国当代社会科学家》第二辑，北京：书目文献出版社，1982年，第332页。

道士《易》附会①，"邵康节从数、从宇宙论上去讲普遍必然的先天法则，而康德则从逻辑上、从知识论上去讲普遍必然的先天法则"。

贺麟的这些辨析、对比与尝试，是成功的，也是可取的。庞景仁（1910—1985）在翻译康德的《未来形而上学导论》时，即译"a priori"为"先天"②。

3. "矛盾"与"辩证"

康德和黑格尔所使用的"Dialektik"一词，国内的翻译者多采纳日本人的译名，将其译为"辩证"。贺麟认为，译"Dialektik"为"辩证"实属"不可通"，应改译为"矛盾"。其一，"盖辩者不证，证者不辩"；朱熹书名《楚辞辩证》所用"辩证"二字，"乃辨别原书字句之错误，证明何种版本的读法较正确之意"，属于"考证校勘之别名"，与"哲学家的思辨方法恰好相反"。其二，"细玩味 Dialektik 一字在康德本书的用法，适为'矛盾'义"。其三，"在西洋哲学史上，康德前康德后的哲学家，特别黑格尔对于 Dialektik 一字的用法，皆多为'矛盾'义"。其四，"康德的 transcendental Dialektik 乃系指理性的先天矛盾，即必然的、普遍的、内发的或内在的矛盾而言，不可依斯密士的说法译作或释作'超越的矛盾'"。

至于黑格尔哲学中的"dialectical method"，翻译者一般译为"辩证法"；而贺麟则据《韩非子·难一》"以子之矛攻子之盾"一语之含义，将其改译为"矛盾法"，并详细说明改译的理由③。

今人认为，这是继严复"信达雅"之后，在翻译界又开了"比"

---

① 邵雍之说，请参看［宋］邵雍著，郭彧整理：《邵雍集》，北京：中华书局，2010 年。

② ［德］康德著，庞景仁译：《未来形而上学导论》，北京：商务印书馆，1978 年。

③ 贺麟：《〈黑格尔学述〉译序》，《黑格尔哲学讲演集》，上海：上海人民出版社，2011 年，第 610—620 页。

的先河①。强调中西哲学的比较，继严复"信达雅"三标准又加上"比"，"这就是贺麟译著的特殊风格"②。

（四）译品定位：国内与国际

前文曾经指出，翻译是为了引进本民族所没有的"新知"；因此，译作首先应该忠实于原文（"信"），将外来的"新知"像传声筒一样传输给本国读者——不管是"不解原文"的读者，还是"了解原文"的读者。由此，译品的第一个定位便是：立足国内，服务读者。

陈康曾经谈到过"缄默的假设"，"这个假设事实上不只是严几道一个人私有的，乃是许多人具有的；即翻译只是为了不解原文的人的。毫无问题，翻译是为了不解原文的人的，然而不只是为了不解原文的人的；反之，在学说方面有价值的翻译，同时是了解原文的人所不可少的"③。这是对翻译活动的要求，同时也是翻译作品的追求。

贺麟的看法与陈康颇为一致，可谓"英雄所见略同"。在贺麟看来，"我国现下通西文的人大都不读中文译本或不参读中文译本，乃是中国翻译工作尚未上轨道，许多重要典籍，均乏标准译本的偶然现象，并非永久的常态"，"这个事实只是一种不良的现象，须得改变，减少的现象"。优质的译文，完全可以媲美于原文，甚至可以超过原文，"事实上比原文更美或同样美的译文，就异常之多。譬如严复译的《天演论》《群己权界论》及《群学肄言》等书，据许多人公认均比原文为更美"。进而言之，成功的译文之取代原文，这也是完全可以预期的，"最有趣味值得注意的事实，就是一般人所

---

① 张祥平、张祥龙：《从唯心论"大师"到信奉唯物主义的革命者——记翻译家、哲人贺麟》，《贺麟先生百年诞辰纪念文集》，北京：中国社会科学出版社，2009年，第198—199页。

② 宋志明：《贺麟新儒学思想研究》，天津：天津人民出版社，1998年，第24页。

③ 陈康：《序》，见［古希腊］柏拉图著，陈康译注：《巴曼尼得斯篇》，北京：商务印书馆，1982年，第9页。

读的宗教上的《圣经》，差不多完全是读的译文。……中国一般念佛经的人，更是念的翻译本，而这些翻译本也许有较原文更好的地方"。因此，"我们不能说，凡译文绝对地必然地普遍地不如原文"①。

在"全球化""一体化"的浪潮中，翻译者还应当具备世界眼光，即弘扬"中国学术"于"世界学术"之林。实际上，这也是近代以来无数华夏学人的"学术中国之梦"②。由此，译品的第二个定位便是：放眼世界，展望全球。

关于译品的这一高远定位，陈康的认识是积极的，其追求也是主动的。陈康在译注柏拉图《巴曼尼得斯篇》时，尝于《序》文自信而语：如果中国学者翻译、研究西方哲学的著作，"能使欧美的专门学者以不通中文为恨（这决非原则上不可能的事，成否只在人为！），甚至因此欲学习中文，那时中国人在学术方面的能力始真正的昭著于全世界；否则不外乎是往雅典去表现武艺，往斯巴达去表现悲剧，无人可与之竞争，因此也表现不出自己超过他人的特长来"③。

四、翻译作品扫描

（一）译著概述

1989 年 12 月 30 日，贺麟为张岂之、周祖达主编《译名论集》作序。他在序言中坦诚相言："在我 60 年的治学活动中，除了教学和研究之外，翻译工作始终占据着我生活中一个重要的部分，我对

---

① 贺麟：《论翻译》，《翻译论集》（修订本），北京：商务印书馆，2009 年第 2 版，第 520—521 页。

② 彭华：《王国维的学术中国梦》，《文史知识》，2013 年第 10 期，第 23—29 页。

③ 陈康：《序》，见［古希腊］柏拉图著，陈康译注：《巴曼尼得斯篇》，北京：商务印书馆，1982 年，第 10 页。

翻译事业也确实有一种特殊的感情。"①此乃肺腑之言。

　　贺麟一生所翻译的著作(含合译)，共计 11 种 15 册(不含单篇)，并且基本上都是思辨性强、抽象层次高的哲学著作。就类别而言，大致可以分为四类：一类是新黑格尔主义者的作品，如鲁一士(Josiah Royce, 1855—1916)的《黑格尔学述》、开尔德(Edward Caird, 1835—1908)的《黑格尔》；一类是斯宾诺莎(Baruch de Spinoza, 1632—1677)的作品，如《致知篇》(后改名为《知性改进论》)、《伦理学》；一类是黑格尔(Georg Wilhelm Friedrich Hegel, 1770—1831)的作品，如《小逻辑》《哲学史讲演录》(四卷)、《精神现象学》(上下册)、《黑格尔早期神学著作》《黑格尔早期著作集》；一类是马克思(Karl Marx, 1818—1883)的作品，如《黑格尔辩证法和哲学一般的批判》《博士论文(德谟克里特的自然哲学与伊壁鸠鲁的自然哲学的差别)》。具体如下：

　　〔美〕鲁一士著，贺麟译：《黑格尔学述》，上海：商务印书馆，1936 年初版，1943 年渝一版，1945 年渝再版。

　　〔英〕开尔德著，贺麟译：《黑格尔》，上海：商务印书馆，1936 年初版。

　　〔荷〕斯宾诺莎著，贺麟译：《致知篇》，重庆：商务印书馆，1943 年初版，1945 年三版。

　　〔荷〕斯宾诺莎著，贺麟译：《知性改进论》，北京：商务印书馆，1960 年。

　　〔荷〕斯宾诺莎著，贺麟译：《伦理学》，北京：商务印书馆，1958 年。

　　〔德〕黑格尔著，贺麟译：《康德哲学论述》，北京：商务印书馆，1962 年。

① 贺麟：《序》，张岂之、周祖达主编：《译名论集》，西安：西北大学出版社，1990 年，第 3 页。

　　［德］黑格尔著，贺麟译：《小逻辑》，上海：商务印书馆，1950年初版；北京：商务印书馆，1959 年新 1 版。

　　［德］黑格尔著，贺麟、王太庆译：《哲学史讲演录》（第一卷），北京：商务印书馆，1959 年新 1 版。

　　［德］黑格尔著，贺麟、王太庆译：《哲学史讲演录》（第二卷），北京：商务印书馆，1960 年新 1 版。

　　［德］黑格尔著，贺麟、王太庆译：《哲学史讲演录》（第三卷），北京：商务印书馆，1959 年新 1 版。

　　［德］黑格尔著，贺麟、王太庆译：《哲学史讲演录》（第四卷），北京：商务印书馆，1978 年。

　　［德］黑格尔著，贺麟、王玖兴译：《精神现象学》，北京：商务印书馆，1962 年。

　　［德］黑格尔著，贺麟、王玖兴译：《精神现象学》（上），北京：商务印书馆，1979 年第二版。

　　［德］黑格尔著，贺麟、王玖兴译：《精神现象学》（下），北京：商务印书馆，1979 年。

　　［德］黑格尔著，贺麟译：《黑格尔早期神学著作》，北京：商务印书馆，1988 年。

　　［德］黑格尔著，贺麟等译：《黑格尔早期著作集》，北京：商务印书馆，1997 年。

　　［德］马克思著，贺麟译：《黑格尔辩证法和哲学一般的批判》，北京：人民出版社，1955 年。

　　［德］马克思著，贺麟译：《博士论文（德谟克里特的自然哲学与伊壁鸠鲁的自然哲学的差别）》，北京：人民出版社，1961 年。

　　关于以上译作，有两点需要特别说明：

　　一、《知性改进论》是中华人民共和国成立前商务印书馆所出版的贺麟原译著《致知篇》的新版，故将二者计为一种。

　　二、商务印书馆《康德哲学论述》"出版说明"云，"本书是黑格尔《哲学史讲演录》中关于康德哲学的一章。《哲学史讲演录》中译本共四卷，前三卷已经出版。第四卷正在迻译中，康德哲学一章即在第四卷内。因学术界研究、批判康德哲学，亟需参考，特将此章先行付印"，故未将其纳入统计范围。

贺麟之所以选择这 11 种著作加以翻译和研究，并非心血来潮的轻率之举，而是理性思索、逐渐深入的结果，且有其"一以贯之"的理路——即紧紧围绕黑格尔哲学而展开。众所周知，贺麟是通过新黑格尔主义者的著作而进入黑格尔哲学堂奥的，故他最先翻译鲁一士的《黑格尔学述》、开尔德的《黑格尔》，都是出于这一初衷。诚如贺麟自己所说，"黑格尔的学说颇以艰深著称。要了解他，要介绍他使别人也了解他，实非易事"，而"鲁一士是一个最善于读黑格尔，而能够道出黑格尔之神髓，揭出黑格尔之精华而遗其糟粕的人"，"鲁一士叙述黑格尔学的几篇文章比较最少教本式或学究式的干枯之病，足以使人很有兴会地领略到黑格尔学说的大旨"①。到了德国以后，贺麟又认识到，要准确地把握黑格尔哲学，就非研究斯宾诺莎和康德不可，"因为斯宾诺莎和康德是通向黑格尔哲学的两条路线"②。因此，贺麟相继翻译了斯宾诺莎的《致知篇》（后改名为《知性改进论》）和《伦理学》，并且前后撰写了《康德译名的商榷》（后改名为《康德名词的解释和学说的概要》《康德名词的解释和学说的大旨》）、《康德黑格尔哲学东渐记》等。晚年的贺麟，在学术上又进行了"一项开创性的工作"，"花费很大精力从事于黑格尔早期思想的研究并翻译出版了《黑格尔早期神学著作》一书"，"从而把我国的黑格尔研究提高到一个新的水平"。贺麟的这一举措，是别具深意的，是他在黑格尔哲学研究

---

① 贺麟：《〈黑格尔学述〉译序》，《黑格尔哲学讲演集》，上海：上海人民出版社，2011 年，第 608 页。

② 李鹏程：《简论贺麟师新心学中的中西文化融通》，《濠江哲学文集》，保定：河北大学出版社，2002 年，第 335 页。

上的拓展与深入；因为他发现，黑格尔早期著作是"解开黑格尔哲学秘密的真正钥匙，不了解其早期思想，后来的哲学发展将成为无源之水"①。

（二）部分评价

贺麟所翻译的哲学著作，可谓佳评如潮；其中，又以《小逻辑》《精神现象学》《黑格尔学述》为最。尤其是《小逻辑》，已经成为翻译作品的经典之作。于此，仅以此三书为例，引述相关评价。

1.《小逻辑》

杨君游说，"他的《小逻辑》译得精当凝重，意味深长，传神地体现了黑格尔晚年炉火纯青般的哲理蕴意和表述风格，是中国最成功的西方哲学译作之一，被学术界公认为继严复的《天演论》之后影响最大的学术著作中文译本"②。诸有琼说，"他对原著的本意理解深刻，译文表达如从己出，行文自然流畅。特别是他翻译的黑格尔的《小逻辑》，传神地体现了黑格尔晚年炉火纯青般的哲理蕴意和表述风格，是中国最成功的西方哲学译作之一"③。任继愈（1916—2009）说，"他译的黑格尔《小逻辑》风行半个世纪，新中国黑格尔专家没有不读他翻译的这部《小逻辑》的。西方名著在中国发生影响最广的翻译著作要数严复译的《天演论》；在学术界影响持续最久、迄今不衰的，我想贺译的《小逻辑》应当是首选"④。任继愈又说，"近、现代中国翻译著作，影响最大的有两部书，一部是严复译的《天演论》，一部是贺麟译的黑格尔《小逻辑》。《天演论》

---

① 汝信：《贺麟教授关于黑格尔早期思想的研究》，《濠江哲学文集》，保定：河北大学出版社，2002年，第325、332页。

② 杨君游：《贺麟与中西文化的会通》，《贺麟先生百年诞辰纪念文集》，北京：中国社会科学出版社，2009年，第64页。

③ 诸有琼：《从"唯心主义大师"到共产党员——访贺麟教授》，《贺麟先生百年诞辰纪念文集》，北京：中国社会科学出版社，2009年，第241页。

④ 任继愈：《我所知道的贺麟先生》，《贺麟先生百年诞辰纪念文集》，北京：中国社会科学出版社，2009年，第19页。

为近代中国革命敲响了警钟,完成了它的历史使命。《小逻辑》为今后若干年中国研究黑格尔哲学,建立了基本资料,这部不曾风靡一时,却成为中国精神文化财富"①。杨祖陶(1927—2017)说,"《小逻辑》的译文融会贯通了原作的意旨,传神地体现了黑格尔宏大精深的哲学意蕴和高度思辨的辩证思维方式和表达方式,行文流畅、自然、典雅,如出己口,如宣己意,读起来也同听先生讲课一样,有如坐春风之感"②。杨祖陶又说,"《小逻辑》一书的翻译和出版(商务印书馆 1950 年 11 月初版),是先生把历来翻译和研究相结合的学术事业发展到一个崭新阶段,也是先生成为新中国黑格尔哲学研究的一代宗师的一个永放光芒的标志"③。谢地坤说,"在行文方面,他的译文也很考究。我自己在对照德文原著阅读《小逻辑》时就经常发现精彩的语句。……译得十分生动、妥帖"④。今人云,"特别是他译的《小逻辑》,经过他精益求精地一再修订,在学术上完全可以和瓦拉士的英译本相媲美"⑤。

2.《精神现象学》

孙霄舫说,"贺先生最大的翻译作品自然是黑格尔的《小逻辑》(1950 年出版,1980 年新版)与《精神现象学》(1964 年译,1983 年与王玖兴完成全集)。这将使黑格尔与贺麟二名字,在中国永远分不开。……我觉得中国大学哲学系若开类似的课,贺译《小逻辑》

①　任继愈:《贺麟先生》,《念旧企新——任继愈自述》,太原:山西人民出版社,1997 年,第 82 页。

②　杨祖陶:《贺麟与黑格尔的〈小逻辑〉》,《德国哲学》2007 年卷,北京:中国社会科学出版社,2007 年。

③　杨祖陶:《一代宗师的赤子之心——忆贺师》,《贺麟先生百年诞辰纪念文集》,北京:中国社会科学出版社,2009 年,第 184 页。

④　谢地坤:《贺麟与黑格尔》,《濠江哲学文集》,保定:河北大学出版社,2002 年,第 357 页。

⑤　王守常主编:《20 世纪的中国:学术与社会(哲学卷)》,济南:山东人民出版社,2001 年,第 114 页。

与《精神现象学》，将是最理想的教本，学生不必读原文"①。今人云，"贺麟译的《精神现象学》，译文精当洗练、准确飘逸，既淋漓剔透地呈现了黑格尔的青春情怀，又严密周致地展示出哲学玄思的深奥繁难，是我国学术界少有的成功译作之一"②。1982 年，《精神现象学》荣获中国社会科学院优秀科研成果一等奖。

3.《黑格尔学述》

孙霄舫说，"关于《黑格尔学述》印象尤其深，那是我念哲学的入门书，文字是那么美好。我一直以为这书是贺先生自己写的，至 1986 年出版贺著《黑格尔哲学讲演集》才知道这书是译的，可见他译书的到家"③。

由此，可以看出：贺麟不但有其高明的翻译思想，而且有其成功的翻译实践；贺麟的翻译实践不但是可资借鉴的，而且是可资师法的。

结语

梁启超曾经明言，"凡一民族之文化，其容纳性愈富者，其增展力愈强，此定理也"④。王国维曾经"正告天下"，"学无新旧也，无中西也，无有用无用也"，"中西二学，盛则俱盛，衰则俱衰。风气既开，互相推助。且居今日之世，讲今日之学，未有西学不兴而中学能兴者，亦未有中学不兴而西学能兴者"⑤。贺麟曾经直言，"翻译

① 孙霄舫：《我所认识的贺麟教授及其思想》，《贺麟先生百年诞辰纪念文集》，北京：中国社会科学出版社，2009 年，第 218—219 页。
② 王守常主编：《20 世纪的中国：学术与社会（哲学卷）》，济南：山东人民出版社，2001 年，第 114 页。
③ 孙霄舫：《我所认识的贺麟教授及其思想》，《贺麟先生百年诞辰纪念文集》，北京：中国社会科学出版社，2009 年，第 218 页。
④ 梁启超：《佛学研究十八篇》，天津：天津古籍出版社，2005 年，第 154 页。
⑤ 王国维：《国学丛刊序》（1911 年），《王国维全集》第十四卷，杭州・广州：浙江教育出版社・广东教育出版社，2009 年，第 129、131 页（标点有所改动）。

的意义和价值乃在于华化西学，使西方文化中国化。中国要想走向世界，首先就要让世界进入中国。为中华文化灌输新的精华，使外来学术思想成为中国文化的一部分，移译、融化西学，这乃是中华民族扩充自我、发展个性的努力"①。由此看来，翻译之义大哉，翻译之责重哉！

---

① 贺麟：《谈谈翻译》，《中国社会科学院研究生院学报》，1990 年第 3 期。

第五章　贺麟与儒学：新心学

　　贺麟是"新心学"的创建者，是现代新儒学八大家之一。学术界公认，《近代唯心论简释》《当代中国哲学》《文化与人生》是贺麟"新心学"思想体系的代表作。

　　早在 20 世纪 40 年代，贺麟就建立了"新心学"思想体系，成为"中国现代新儒家思潮中声名卓著的重镇"①，"代表了新儒家运动的一个主要方向"②。

　　贺麟的"新心学"，是对中西文化的融通，是中国的陆王心学与西方的新黑格尔主义相结合的产物。总体而言，"心即理"的唯心论(本体论)，辩证法与直觉法(或理智与直觉)有机结合的方法论，"自然的知行合一观"的认识论，关于"儒家思想新开展"三条途径的论述，是构成贺麟哲学思想的主要部分。

一、新心学的本体论："心即理"的唯心论

　　1934 年 3 月，贺麟在《大公报·现代思潮》周刊发表《近代唯

---

① 宋志明：《贺麟学案》，载方克立、李锦全主编：《现代新儒家学案》(中册)，北京：中国社会科学出版社，1995 年，第 225 页。

② 中国社会科学院哲学研究所西方哲学史研究室编：《出版说明》，《贺麟先生百年诞辰纪念文集》，北京：中国社会科学出版社，2009 年，第 1 页。

心论简释》①。《近代唯心论简释》发表后，随即获得学术界的好评，"不少人认为它'一字千钧'，郑昕说它可以'管 200 年'"②，"贺麟一生最要紧的两篇文章，一是《近代唯心论简释》，一是《宋儒的思想方法》，都是三四十年代间写成"③。

对于贺麟而言，《近代唯心论简释》的发表，具有极其重要的意义。《近代唯心论简释》的发表，标志着贺麟草创"新心学"的开端。学者们普遍认为，《近代唯心论简释》是贺麟"哲学思想的宣言"。该文"综合了贺麟的黑格尔学、斯宾诺莎学、康德学及对宋明理学的理解，明白宣示出他的哲学主张，可以视为他的哲学宣言"，"此后的许多文章，都是此文所阐述的基本思想的扩充与引申"④。

贺麟称自己的哲学体系为"唯心论"，而"唯心论"可称为"唯性论"，又可称为"理想论"或"理想主义"，甚至也可称为"精神哲学"。"就知识之起源与限度言，为唯心论；就认识之对象与自我发展的本则言，为唯性论；就行为之指针与归宿言，为理想主义。"用地道而传统的中国话说，则可称"性理之学"，"唯心论即唯性论，而性即理，心学即理学，亦即性理之学"。

贺麟的"唯心论"哲学体系，奠基于"心即理也"（"心理合一"）的本体论原则，其最主要的范畴是"心"，是名副其实的唯心主义哲学体系。但与中国历史上的唯心主义哲学体系——陆王"心

---

① 贺麟：《近代唯心论简释》（1934 年），《近代唯心论简释》，上海：上海人民出版社，2009 年，第 3—8 页；《哲学与哲学史论文集》，北京：商务印书馆，1990 年，第 131—137 页。本节以下引文，凡是出自《近代唯心论简释》者，不再单独标注。

② 张祥平、张祥龙：《从唯心论"大师"到信奉唯物主义的革命者——记翻译家、哲人贺麟》，《贺麟先生百年诞辰纪念文集》，北京：中国社会科学出版社，2009 年，第 198 页。

③ 张祥龙：《贺麟先生与他的清华国学院导师》，《中共中央党校学报》，2010 年第 4 期，第 89 页。

④ 《贺麟选集·前言》，长春：吉林人民出版社，2005 年，第 4 页。《前言》未署名，而《贺麟选集》的编者是张学智。据此推测，《前言》的作者就是张学智。

学"——不同的是，贺麟的"唯心论"哲学体系有着深厚的、正宗的西方哲学背景。兹谨以贺麟自述为据。1946 年，贺麟在《文化与人生·序言》中自陈，自己的哲学体系"如从学派的分野来看，似乎比较接近中国的儒家思想，和西洋康德、费希特、黑格尔所代表的理想主义"①。贺麟在晚年回忆，"我在解放前是赞同'心为物之体，物为心之用'，'心即是理'的唯心观点的，所以我是从新黑格尔主义观点来讲黑格尔，而且往往参证了程朱陆王的理学心学"②。借鉴西方近代哲学以参证中国古代哲学，这是贺麟"唯心论"哲学体系"新"之所在。因此，后人称贺麟"唯心论"哲学体系为"新心学"。

贺麟"唯心论""新心学"之"心"，不是"心理意义的心"，而是"逻辑意义心"，亦即"心即理也"的"心"。或者说，"唯心论以逻辑上在先的精神或理性为本"。

贺麟在《近代唯心论简释》的开篇就讨论了什么是"心"，"心有二义：（1）心理意义的心；（2）逻辑意义的心。逻辑的心即理，所谓'心即理也'。心理的心是物，如心理经验中的感觉、幻想、梦呓、思虑、营为，以及喜怒哀乐爱恶欲之情皆是物，皆是可以用几何方法当作点线面积一样去研究的实物"。由于"心理意义的心"是物，所以唯心论所说的"心"是"逻辑意义的心"。"逻辑意义的心，乃一理想的超经验的精神原则，但为经验、行为、知识以及评价之主体。此心乃经验的统摄者，行为的主宰者，知识的组织者，价值的批判者"，"心即理也的心，乃是'主乎身，一而不二，为主而不为客，命物而不命于物'（朱熹语）的主体"。后来，贺麟又更加直白、更加明确地表述，"唯物论以时间上在先的外物为本，唯心论以逻辑上在先

---

① 贺麟：《序言》（1946 年），《文化与人生》，北京：商务印书馆，1988 年，第 1 页。
② 贺麟：《康德黑格尔哲学东渐记》，《中国哲学》第二辑，北京：生活·读书·新知三联书店，1980 年，第 378 页。

的精神或理性为本"①。准此，"自然与人生之可以理解，之所以有意义、条理与价值皆出于此心即理也之心。故唯心论又尝称为精神哲学，所谓精神哲学，即注重心与理一，心负荷真理，理自觉于心的哲学"。

按照这一理解，孟子所言"心之官则思"②，是在心理学意义上讲的；而陆象山(1139—1193)所言"心即理也"③，则是在哲学意义上讲的，并且是侧重于道德意义、良知意义上的"心"。但是，贺麟所说的"逻辑意义的心"，扩充、超越了陆象山、王阳明道德意义、良知意义上的"心"，而将认知理性的功能引入了"心"。因为在贺麟看来，"中国之古代唯心论，其目的大都在为道德生活求理论基础，实非后物理学(Metaphysics)而应称后伦理学(Meta ethics)，大都以格伦常之物，穷伦常之理为职志，自与西洋近代唯心论与科学发达的关系有不相同处"④。就此而言，"这可以说是陆王心学现代化的理论尝试"⑤。

贺麟虽然特别突出、强调"逻辑意义的心""心即理也的心"，但又认为"心"和"物"是相对而言的，是不可分割的；并且，在"心理合一"的基础上，在心物关系上力主"心物合一"。也就是说，在本体

---

① 贺麟：《中国哲学与西洋哲学》，《哲学与哲学史论文集》，北京：商务印书馆，1990 年，第 128—129 页。贺麟说，"此篇曾作为星期论文，抗战时期在昆明某日报上发表。本想作为《近代唯心论简释》代序"(《哲学与哲学史论文集》，北京：商务印书馆，1990 年，第 130 页)。

② 《孟子·告子上》："耳目之官不思，而蔽于物，物交物，则引之而已矣。心之官则思，思则得之，不思则不得也。此天之所与我者，先立乎其大者，则其小者弗能夺也。此为大人而已矣。"

③ 陆九渊认为，"人皆有是心，心皆具是理，心即理也"(《象山先生全集》卷十一)。

④ 贺麟：《答谢幼伟兄批评三点》(1943 年)，《哲学与哲学史论文集》，北京：商务印书馆，1990 年，第 417 页。

⑤ 张文儒、郭建宁主编：《中国现代哲学》，北京：北京大学出版社，2001 年，第 421 页。

论方面，贺麟主张"心理合一""心物合一"，进而会通"心学"与"理学"，从而消解了二元化的宇宙图式。这是贺麟"新心学"与冯友兰"新理学"的重要区别之一。

贺麟认为，"严格讲来，心与物是不可分的整体。为方便计，分开来说，则灵明能思者为心，延扩有形者为物。据此界说，则心物永远平行而为实体之两面：心是主宰部分，物是工具部分"。（就渊源而言，贺麟所说"心物永远平行而为实体之两面"，实则来源于斯宾诺莎①。）贺麟又进一步从体用角度说明心物关系，"心为物之体，物为心之用；心为物的本质，物为心的表现"。因此，"所谓物者非他，即此心之用具，精神之表现也"。由此，"无论自然之物，如植物、动物甚至无机物等，或文化之物，如宗教、哲学、艺术、科学、道德、政法等，举莫非精神之表现，此心之用具"。但贺麟又在在提醒，不能离"物"而言"心"，不能离"文化"而言"心"。"离心而言物，则此物实一无色相、无意义、无条理、无价值之黑漆一团，亦即无物"，"唯心论者，不能离开文化或文化科学而空谈抽象的心。若离开文化的陶养而单讲唯心，则唯心论无内容；若离开文化的创造、精神的生活而单讲唯心，则唯心论无生命"。

在贺麟看来，所言的现实存在"物"，都是"心物合一体"。没有无意识作用参加的纯粹的"物"，也没有无"物"作其表现的纯粹的"心"。在展开"唯心论"本体论时，贺麟提出了"合心而言实在""合理而言实在""合意义价值而言实在"三个命题。贺麟的这一思想，如果套用中国话说，就是"心外无物"。

贺麟所谓"合心而言实在"，意思是说，事物的客观实在性来自

---

① 1929 年，贺麟在听霍金（W. E. Hocking，1873—1966）教授"形而上学"课后，写成论文《斯宾诺莎身心平行论的意义及其批评者》。霍金教授认为论文有创新思想，给以满分（《哲学与哲学史论文集》，北京：商务印书馆，1990 年，第 630 页）。随后，贺麟根据霍金教授的意见，又对论文加以补充、修改。该文后刊于《哲学研究》1985 年第 11 期，又收入《哲学与哲学史论文集》。

"心"的实在性。贺麟"合心而言实在"的理论实质就在于，他以唯心主义的方式直接回答了哲学基本问题，把"心"看成世界的本原。当然，"新心学的这种哲学结论显然同唯物主义是对立的"。而贺麟接着提出"合理而言实在"，则意在吸收冯友兰"新理学"客体主义的思维成果，引入了"理"的范畴。贺麟通过"合理而言实在"，"进一步否定了事物自身的客观规定性、本质规定性、时空规定性，并将这些规定性都归给为'心中之理'，从而得出'理外无物'的结论"，"'理外无物'同'心外无物'的唯心主义实质是一致的，但包含着对客体的承认"。提出"合心而言实在""合理而言实在"两个命题，贺麟已经完成了对世界的唯心主义界说。更进一步，贺麟从存在本体论翻转到价值本体论，又提出了"合意义价值而言实在"命题，从而为儒家伦理找到了哲学根据，这也是贺麟区别于其他现代新儒家的独到之处。贺麟指出，只有对主体有价值的东西，主体才会认同它的实在性。从这个意义上说，"唯心论又名理想论或理想主义"，而"理想主义最足以代表近代精神"。如此，贺麟把理想与现实统一起来，突出了入世主义原则。贺麟建立的"新心学"的宇宙观，"无疑是一种唯心主义宇宙观"①。

贺麟的"心物合一"之"物"，可以一分为三，从三个方面加以分析和说明②：

第一方面的"物"，指的是有质碍、占据时间空间并经过人认识的物体。这一层面的"物"，即康德所谓"现象"。"现象"是即心即物的，"心"给了它形式，"自在之物"给了它质料。每一现实之物都是一种呈现，它是浑一的，心和物两种因素是对它进行思辨的

---

① 宋志明：《贺麟新儒学思想研究》，天津：天津人民出版社，1998 年，第 223—246 页。宋志明：《现代新儒学的走向》，北京：北京师范大学出版社，2009 年，第 127—132 页。

② 丁祖豪等：《20 世纪中国哲学的历程》，北京：中国社会科学出版社，2006 年，第 241—242 页。

考察而从中分析出的。除了这种心物合一的当下呈现外，别无所谓"物"。

第二方面的"物"，指的是"事"。此即"心物合一"之说，即任何"事"都是意识、主宰、目的与实行、手段、工具的合一。任何"事"都是心物合一体、知行合一体。而在此心物合一体中，心是本质，物是表现；意志、思想、主宰是体，实行、手段、工具是用。贺麟的这一思想，来源于强调"心"之作用的王阳明心学。

第三方面的"物"，指的是文化之物。贺麟的这一思想，来源于黑格尔。贺麟认为，"文化"只是"精神的显现""精神的产物"，"精神"才是文化"真正的体"，"道只是本体，而精神乃是主体。文化乃是精神的产物，精神才是文化真正的体。精神才是真正的神明之舍，精神才是具众理而应万物的主体。就个人言，个人一切的言行和学术文化的创造，就是个人精神的显现。就时代言，一个时代的文化就是那个时代的时代精神的显现。就民族言，一个民族的文化就是那个民族的民族精神的显现。整个世界的文化就是绝对精神逐渐实现或显现其自身的历程"①。

贺麟的学生孙霄舫认为，"贺先生那篇《近代唯心论简释》，虽有唯心论的倾向，细读那篇文章，实在不是狭义的唯心论，而是超唯心论"②。

宋志明认为，贺麟的"新心学"是陆王心学与新黑格尔主义融合的产物。他把新黑格尔主义视心为"绝对实在"的思想同陆王"吾心即宇宙"的思想结合在一起，提出"心为物之体，物为心之用"

---

① 贺麟：《文化的体与用》(1940 年)，《哲学与哲学史论文集》，北京：商务印书馆，1990 年，第 348 页。

② 孙霄舫：《我所认识的贺麟教授及其思想》，《贺麟先生百年诞辰纪念文集》，北京：中国社会科学出版社，2009 年，第 221 页。

的本体论思想，并自觉地从哲学基本问题的角度加以论证①。

　　唐明贵也认为，在本体论方面，贺麟把新黑格尔主义的自我意识论与陆王心学的"吾心即理"观念融合为一，提出了主体逻辑心的观点②。

　　诚如本节前文所说，在建构自己的哲学体系时，贺麟是借鉴西方近代哲学（新黑格尔主义）以参证中国古代哲学（程朱陆王的理学心学），并且坦陈，"我在解放前是赞同'心为物之体，物为心之用'、'心即是理'的唯心观点的"③。由此而言，贺麟的哲学体系确实不是"狭义的唯心论"，但称之为"超唯心论"则有所不妥。

　　贺麟不讳言自己是唯心主义者，也不掩饰自己对陆王"心学"的喜爱与推崇；在心物关系、心理关系以及时空观、宇宙观乃至本体论上，贺麟认同的是陆王"心学"的见解。诚如贺麟所说④：

　　　　而朱子对于心与理的关系的问题，尤甚费踌躇，而陆象山直揭出"心即理也"一语，贡献尤伟。盖前此之言心者，皆不过注重（1）正心诚意的涵养问题，（2）以吾心之明去格物穷理的方法问题，（3）明心见性的禅观问题。自陆象山揭出"心即理也"一语以后，哲学乃根本掉一方向。心既是理，理既是在内而非在外，则无论认识物理也好，性理也好，天理也好，皆须从认识本心之理着手。不从反省心着手，一切都是支离骛外。

---

　　① 宋志明：《贺麟》，载方克立、郑家栋主编：《现代新儒家人物与著作》，天津：南开大学出版社，1995 年，第 133 页。

　　② 丁祖豪等：《20 世纪中国哲学的历程》，北京：中国社会科学出版社，2006 年，第 240 页。说明：该书第六章第六节《贺麟的新心学》，根据《后记》交代，由唐明贵撰写。

　　③ 贺麟：《康德黑格尔哲学东渐记》，《中国哲学》第二辑，北京：生活·读书·新知三联书店，1980 年，第 378 页。

　　④ 贺麟：《时空与超时空》（1940 年），《哲学与哲学史论文集》，北京：商务印书馆，1990 年，第 151—152 页。

心既是理，则心外无理，心外无物。而宇宙万物，时空中的一切也成了此心之产业，而非心外之傥来物了。故象山有"宇宙即是吾心，吾心即是宇宙"之伟大见解，而为从认识吾心之本则以认识宇宙之本则的批导方法，奠一坚定基础，且代表世界哲学史上最显明坚决的主观的或理想的时空观。……"心者理也""宇宙即是吾心，吾心即是宇宙"，真是陆象山千古不灭的心得。

准此而言，宋志明说贺麟的"新心学"是"陆王心学与新黑格尔主义融合的产物"，唐明贵说贺麟在本体论方面把新黑格尔主义的自我意识论与陆王心学的"吾心即理"观念融合为一，可谓有理。

李翔海指出，陆王心学的重要特点是心性一本之下的直贯，程朱理学则表现为格物致知的横列。贺麟哲学在心物关系上依然保留了心学的传统，但是在"心"与"理"的具体内容上，它却突破了陆王单一的道德本位，而将实践理性、纯粹理性与审美功能全部融入一"心"之中。这样，新心学既在本体中首先做了横列的展开，同时这种横列的展开又并没有改变它在心物关系上"竖直的直贯"，这就在一定意义上整合了心学与理学[1]。

二、新心学的方法论：直觉与理智

众所周知，现代新儒家既重视理论也重视方法，并且都很重视直觉方法。比如，现代新儒家的开山祖师梁漱溟（1893—1988），就是"第一个倡导直觉说最有力量的人"[2]。梁漱溟认为，只有直觉

---

① 李翔海：《现代新儒学论要》，天津：南开大学出版社，2010 年，第 159 页。
② 贺麟：《宋儒的思想方法》(1936 年)，《近代唯心论简释》，上海：上海人民出版社，2009 年，第 69 页。

才是哲学的真方法，并且断言"儒家尽用直觉，绝少来讲理智"①。
再如，熊十力(1885—1968)借用佛家名相，称直觉为"性智"，称理
智为"量智"，强调"性智"是对人之所以为人的直觉，是心性本体的
显现，是"真的自己底觉悟"②。又如，冯友兰(1895—1990)称直觉
为"负底方法"，而称逻辑分析法为"正底方法"，并且强调进入哲学
的最高境界必须通过"负底方法"③。贺麟也同样重视直觉，并且
青出于蓝而胜于蓝，诚可谓"后出转精"。

1936 年 1 月和 9 月，代表贺麟思想的重要论文《宋儒的思想
方法》，分别在《东方杂志》第 33 卷第 2 期、《哲学评论》第 7 卷第 1
期发表。该文后收入《近代唯心论简释》，又收入《哲学与哲学史论
文集》④。

贺麟说，"《宋儒的思想方法》一文是我在北京大学哲学系讲课
时，利用课余时间，大概费了四个多月的时间才完成。文中主要论
述周程朱陆及王阳明的哲学思想，同时也涉及到梁漱溟和冯友兰
两位先生的哲学思想。当然也提出了我自己的看法"⑤。

评论说，"贺麟一生最要紧的两篇文章，一是《近代唯心论简
释》，一是《宋儒的思想方法》"⑥，"《宋儒的思想方法》是贺麟讨论
哲学方法最深入的一篇文章"⑦，"在中国现代哲学中，贺麟对直觉
方法的研究最为细致、系统、深入"⑧。

---

① 梁漱溟：《东西文化及其哲学》，《梁漱溟全集》第一卷，济南：山东人民出版社，
1989 年。

② 熊十力：《新唯识论》，北京：中华书局，1985 年。

③ 冯友兰：《三松堂学术文集》，北京：北京大学出版社，1984 年，第 512 页。

④ 本节以下引文，如无特别说明和标注，即出自《宋儒的思想方法》。

⑤ 贺麟：《哲学与哲学史论文集·序言》，北京：商务印书馆，1990 年，第 8 页。

⑥ 张祥龙：《贺麟先生与他的清华国学院导师》，《中共中央党校学报》，2010 年第
4 期，第 89 页。

⑦ 张学智：《贺麟选集·前言》，长春：吉林人民出版社，2005 年，第 5 页。

⑧ 张文儒、郭建宁主编：《中国现代哲学》，北京：北京大学出版社，2001 年，第 418 页。

　　所谓"直觉"（直观感觉，intuition），即未经逻辑推理而得的认知，是将"自己置于对象之内"、交融于对象之中的体悟①，"此是置心在物中，究见其理"（《朱子语类》卷九十八）。具体说来，"直觉是一种经验，复是一种方法"，"所谓直觉是一种经验，广义言之，生活的态度，精神的境界，神契的经验，灵感的启示，知识方面突然的当下的顿悟或触机，均包括在内。所谓直觉是一种方法，意思是谓直觉是一种帮助我们认识真理、把握实在的功能或技术"；"为方便计，可以简略地认直觉为用理智的同情以体察事物，用理智的爱以玩味事物的方法"②。

　　所谓"直觉思维"，是相对于"逻辑思维"而言的。"直觉主义"（intuitionism）是现代西方哲学的重要思潮与流派之一，其主要代表是柏格森（Henri Bergson，1859—1941）和克罗齐（Benedetto Croce，1886—1952）。贺麟指出，"直觉是探求真理的唯一的方法，这是柏格森认识论中最重要的概念"③。

　　直觉主义者推崇"直觉"而贬低"理智"，肯定"直觉"是比抽象的"理智"更根本、更重要、更可靠的认识世界的方式，认为"理智"必须依赖"直觉"才有意义（克罗齐），故哲学应以"直觉"为基础（柏格森）。这种思维的特点在于，它不须概念、判断、推理等逻辑形式，不须对外界事物进行分析，也不须经验的积累，而是凭借主体

---

　　① 法国哲学家柏格森曾经给"直觉"下过一个定义："所谓直觉，就是一种理智的交融，这种交融使人们自己置于对象之内，以便与其中独特的、从而是无法表达的东西相符合。"（〔法〕柏格森著，刘放桐译：《形而上学导言》，北京：商务印书馆，1963 年，第3—4 页）克罗齐说："在直觉中，我们不把自己认成经验的主体，拿来和外面的实在界相对立，我们只把我们的印象化为对象。"（〔意〕克罗齐著，朱光潜等译：《美学原理·美学纲要》，北京：人民文学出版社，1983 年，第 10 页）

　　② 贺麟：《宋儒的思想方法》(1936 年)，《近代唯心论简释》，上海：上海人民出版社，2009 年，第 73、77 页。

　　③ 贺麟：《亨利·柏格森》，《现代西方哲学讲演集》，上海：上海人民出版社，2012年，第 34 页。

的神秘的自觉、灵感、体验、感悟，在瞬间直接把握事物的本质①。

　　"直觉思维"与"逻辑思维"是人类认识的两种基本形式，二者其实并非水火不容。就本节论题而言，"直觉思维"是中国传统思维的重要特色之一。在诺贝尔物理学奖获得者汤川秀树（1907—1981）看来，"中国人和日本人所擅长的并以他们的擅长而自豪的，就在于直觉的领域"，"这是一种敏感或机灵"②。

　　在古代中国，儒家、道家、佛家都很重视直觉思维。兹谨以儒家为例。先秦时期，孔子所说的"默而识之"（《论语·述而》），孟子所说的"尽心、知性、知天"以及"良知、良能"（《孟子·尽心上》）③，都具有直觉思维的显著特点。宋明时期，程朱所说的"格物致知"（《大学章句》），陆王所说的"求理于吾心"（《传习录》卷中）等等，更是直觉思维的展示。梁漱溟（1893—1988）指出，"孟子所说的不虑而知的良知，不学而能的良能，在今日我们谓之直觉"，"此敏锐的直觉，就是孔子所谓仁"④。贺麟进一步指出，"陆王所谓致知或致良知，程朱所谓格物穷理……是探求他们所谓心学或理学亦即我们所谓哲学或形而上学的直觉法"，"朱子与陆象山的直觉方法，恰好每人代表一面。陆象山的直觉法注重向内反省以回复自己的本心，发现自己的真我。朱子的直觉法则注重向外体认物性，读书穷理"⑤。

---

　　① 更详细的论述，请参看彭华：《中国传统思维的三个特征：整体思维、辩证思维、直觉思维》，《社会科学研究》，2017年第3期，第130—132页。

　　② ［日］汤川秀树著，周林东译，戈革校：《创造力与直觉：一个物理学家对于东西方的考察》，石家庄：河北科学技术出版社，2010年，第51、52页。

　　③《孟子·尽心上》："尽其心者，知其性也。知其性，则知天矣。……人之所不学而能者，其良能也；所不虑而知者，其良知也。"

　　④ 梁漱溟：《东西文化及其哲学》，《梁漱溟全集》第一卷，济南：山东人民出版社，1989年，第452、453页。

　　⑤ 贺麟：《宋儒的思想方法》（1936年），《近代唯心论简释》，上海：上海人民出版社，2009年，第69、78页。

在现代新儒家哲学中，梁漱溟是"第一个倡导直觉说最有力量的人"。梁漱溟"从研究东西文化问题出发"，"认为直觉是一种生活的态度，这种态度是反功利的、不算账的、不计较利害得失的、遇事不问为什么的，又是随感而应的、活泼而无拘滞的、刚健的、大无畏的、充满了浩然之气的修养境界"。梁漱溟认为，"这种锐敏的直觉，就是孔家的'仁'"，"孔家这种纯任直觉的生活态度，就是代表中国文化以别于西方计较功利的文化的生活方式"①。贺麟坦言，"漱溟先生最早即引起我注意直觉问题。于是我乃由漱溟先生的直觉说，进而追溯到宋明儒的直觉说，且更推广去研究西洋哲学家对于直觉的说法"②。

两相比较，梁漱溟的直觉说与贺麟的直觉说，至少有三点不同：

（1）梁漱溟所讲的直觉"只是一种道德的直觉"，"而不是超道德的、艺术的、科学的，或宗教的直觉"；而贺麟则将直觉上升到更高的、更一般的、更普遍的层面，"换言之，梁先生所讲的直觉是一种道德敏感或道德的直觉，而我进而把它发展为超道德的、艺术的、宗教的直觉"③。

（2）"梁先生否认直觉为一种方法，我进而把直觉发挥成宋儒的思想方法。"④

（3）梁漱溟认为，直觉与理智是对立的，并且直觉是高于理智的；贺麟认为，直觉与理智是不矛盾的，直觉与理智是可以统一的。

---

① 贺麟：《宋儒的思想方法》(1936年)，《近代唯心论简释》，上海：上海人民出版社，2009年，第69—70页。

② 贺麟：《宋儒的思想方法》(1936年)，《近代唯心论简释》，上海：上海人民出版社，2009年，第70页。

③ 贺麟：《两点批判，一点反省》(1955年)，《哲学与哲学史论文集》，北京：商务印书馆，1990年，第466页。

④ 贺麟：《两点批判，一点反省》(1955年)，《哲学与哲学史论文集》，北京：商务印书馆，1990年，第466页。

梁漱溟说，"感觉与我们内里的生命是无干的，相干的是附于感觉的直觉；理智与我们内里的生命是无干的，相干的是附于理智的直觉。我们内里的生命与外面通气的，只是这直觉的窗户"①，亦即直觉高于理智。梁漱溟又说，"在直觉、情感作用盛的时候，理智就退伏；理智起了的时候，总是直觉、情感平下去"②，亦即直觉与理智是对立的。

在这一点上，贺麟的看法与梁漱溟则完全不同。贺麟说，"梁先生认直觉与理智相对立，我打破了这种对立，提出有所谓'前理智的直觉'和'后理智的直觉'的区别，认为在后理智的直觉中一切对立得到了辩证的统一。于是我一方面把直觉辩证法化，另一方面又把辩证法直觉化、神秘化"③。换句话说，"我们谓直觉方法与抽象的理智方法不同则可，谓直觉方法为无理性或反理性则不可"④。

　　直觉方法一方面是先理智的，一方面又是后理智的。先用直觉方法洞见其全，深入其微，然后以理智分析此全体，以阐明此隐微，此先理智之直觉也。先从事于局部的研究，琐屑的剖析，积久而渐能凭直觉的助力，以窥其全体，洞见其内蕴之意义，此后理智的直觉也。直觉与理智各有其用而不相背。无一用直觉方法的哲学家而不兼采形式逻辑及矛盾思辨的。同时亦无一理智的哲学家而不兼用直觉方法及矛盾思辨

① 梁漱溟：《东西文化及其哲学》，《梁漱溟全集》第一卷，济南：山东人民出版社，1989 年，第 468 页。

② 梁漱溟：《东西文化及其哲学》，《梁漱溟全集》第一卷，济南：山东人民出版社，1989 年，第 455 页。

③ 贺麟：《两点批判，一点反省》(1955 年)，《哲学与哲学史论文集》，北京：商务印书馆，1990 年，第 466 页。

④ 贺麟：《宋儒的思想方法》(1936 年)，《近代唯心论简释》，上海：上海人民出版社，2009 年，第 74 页。

的。……换言之，形式的分析与推论、矛盾思辨法、直觉三者实为哲学家所不可缺一，但各人之偏重略有不同罢了。①

贺麟将直觉一分为二，一是"先理智的直觉"，一是"后理智的直觉"，二者有着质的区别。在《宋儒的思想方法》的"附释"中，贺麟明确表达，"先理智的直觉，只是经验而绝不是方法。后理智的直觉，亦经验亦方法"，"直觉方法的本质为理智的同情，亦即后理智的同情"。也就是说，只有"后理智的直觉"才真正是一种思想方法。

贺麟认为，"先理智的直觉"只是一种混沌的经验而尚未形成知识，它相当于康德的感性阶段。形式逻辑和矛盾思辨法即"理智的分析"形成科学知识而尚未形成哲学知识，它相当于康德的知性阶段。只有到"后理智的直觉"才形成哲学知识，它相当于康德的理性阶段。在贺麟看来，"先理智的直觉""理智的分析""后理智的直觉"，三者构成一个完整的方法系统；而三者所对应的感性、知性、理性，就是人类认识发展过程的三个阶段。"据此足见直觉与理智乃代表同一思想历程之不同的阶段或不同的方面，并无根本的冲突，而且近代哲学以及现代哲学的趋势，乃在于直觉方法与理智方法的综贯。"②

贺麟指出，如果只有第一阶段而无第二、第三两个阶段，就是狭隘的神秘主义。如果只重第二阶段的分析，而不企图第三阶段的直觉的综合，就是狭隘的理智主义。贺麟特别指出，第三阶段约略相当于朱熹所谓的"物之本末精粗无不备，而吾心之全体大用无不明"之豁然贯通的直觉境界。

---

① 贺麟：《宋儒的思想方法》(1936年)，《近代唯心论简释》，上海：上海人民出版社，2009年，第74页。
② 贺麟：《宋儒的思想方法》(1936年)，《近代唯心论简释》，上海：上海人民出版社，2009年，第77页。

　　贺麟在文章中指出，宋儒的思想方法就是直觉法，并且是后理智的直觉法。不管是程朱的格物穷理，还是陆王的反求本心和致良知，其思想方法都是直觉法，但有内、外之别。贺麟说，"同一直觉方法可以向外观认，亦可以向内省察。直觉方法的一面，注重用理智的同情以观察外物，如自然、历史、书籍等。直觉方法的另一面，则注重向内反省体察，约略相当于柏格森所谓同情理解自我"，"朱子与陆象山的直觉方法，恰好每人代表一面。陆象山的直觉法注重向内反省以回复自己的本心，发现自己的真我。朱子的直觉法则注重向外体认物性，读书穷理"，"大体上只是二人对于直觉方法之着重点与得力处不同"①。贺麟将朱熹的思想方法与陆九渊的思想方法统一在直觉法之内，这样一来便消弭了理学与心学在思想方法上的矛盾。

　　最后，贺麟又特别强调，他对直觉法的研究目的和主要意思，即"在指出直觉是一种方法"，并且要说明，"第一，真正的哲学的直觉方法，不是简便省事的捷径，而是精密紧严，须兼有先天的天才与后天的训练，须积理多、学识富、涵养醇，方可逐渐使之完善的方法或艺术"。"第二，我并要说明直觉不是盲目的感觉，同时又不是支离的理智，是后理智的认识全体的方法，而不是反理智、反理性的方法"。换言之，"我要把直觉从狂诞的简捷的反理性主义救治过来，回复其正当的地位，发挥其应有的效能"，即以理性救治直觉，从而调和理智与直觉。

　　在贺麟看来，朱熹的理气统一、斯宾诺莎的思想与形气两属性的统一、黑格尔的辩证统一，都达到了理智与直觉的辩证统一。以黑格尔辩证法为例，"总结起来，我们可以说，黑格尔的辩证法本身就是一个对立的统一：是形式与内容的统一；是天才的直观，谨严

---

①　贺麟：《宋儒的思想方法》(1936年)，《近代唯心论简释》，上海：上海人民出版社，2009年，第77、78、84页。

的系统的统一；是生活经验与逻辑法则的统一；是理性方法与经验方法的统一"①。其实，这也是贺麟自己治学的方针。

　　贺麟的哈佛同学、生平好友谢幼伟（1905—1976）说，贺麟的《宋儒的思想方法》一文，"对宋儒的直觉法颇表同情"，"不过他所同情的直觉，不是前理智的直觉，而是后理智的直觉。所谓后理智的直觉，也即是经过逻辑洗礼后的直觉。而且他复兼采'分析矛盾破除矛盾以求统一'的辩证法，和'据界以思想，依原则而求知'的几何方法。所以贺先生的哲学方法，不用说也是兼有了直觉法和思辩法之长的方法"②。贺麟弟子张祥龙（1949—2022）说，"贺先生的方法不仅有经他消化过的黑格尔的辩证法，还有中国哲学中'无处不在'的直觉法。这两种方法在贺麟那里有着内在的相互关联乃至相互需要"③。贺麟的私淑弟子张学智说，"其调和理智主义与直觉主义，调和程朱陆王两派，给中国哲学之偏于直觉注入西方哲学的理智因素的用意是显而易见的"④。

　　今人评价说，贺麟关于理智与直觉统一的思想，为现代新儒家的心性本体论打下了一个认识论的基础。贺麟的这一认识系统将宋明理学心性论的方法与西方哲学的直觉主义贯通起来，以程朱理学的格物致知和贯通一气涵盖西方哲学的直觉作为外法，以陆王心学的反求本心作为内法，试图实现中西哲学的融合，使中国传

---

① 贺麟：《辩证法与辩证观》，《哲学与哲学史论文集》，北京：商务印书馆，1990年，第234页。

② 谢幼伟：《抗战七年来之哲学》，《五十年来的中国哲学》，上海：上海人民出版社，2012年，第236页。

③ 张祥龙：《贺麟的治学之道》，《哲学研究》，1992年第11期，第50—53页。后收入胡军编：《观澜集》，北京：北京大学出版社，2004年，第209—214页。此处引文，分别见第50页、第209页。

④ 张学智：《贺麟选集·前言》，长春：吉林人民出版社，2005年，第5页。

统哲学在现代有一个新的发展①。从中国哲学史的视角看,贺麟的方法论较为严谨圆融,关于理智的定位有突破性推进,但贺麟关于直觉的思考更多地囿于思维进程内在理路的揭示,而没有深入意志、情感、生活实践等领域,这不能不说是过于注重直觉作为思维方法的严谨而带来的缺失②。在理智是如何升华为理性的直觉问题上,也缺少一个转变的环节,而只是在主观上将其统一在一起,并不能说明两者的联系,更不能以此断定两者是体用的关系③。

　　但是,不管如何评价,我们不得不承认的是,贺麟关于哲学思想、文化思想方法论的研究与探讨,是相当全面、相当深刻的。贺麟所倡导的辩证法与直觉法(或理智与直觉)的有机结合,这是一个值得注意的发展方向,也是足可借鉴的高明方法!

三、新心学的认识论:"自然的知行合一观"④

　　以上二节,我们钩稽和论述了贺麟"新心学"的本体论和方法论。接下来,我们将考察贺麟"新心学"的认识论(或可谓"意识现象学")⑤。

---

　　① 刘文英主编:《中国哲学史》下卷,天津:南开大学出版社,2002年,第896页。
　　② 陈永杰:《融通直觉与理智的先行探索——贺麟的哲学方法论考察》,《兰州大学学报(社会科学版)》,2015年第1期。
　　③ 李军、曹跃明:《中国现代哲学新论》,济南:齐鲁书社,2007年,第359页。
　　④ 说明:本小节的基本内容,曾经在期刊单独发表。彭华:《贺麟"新心学"认识论述略——以"自然的知行合一观"为中心》,《西华师范大学学报》,2019年第1期。
　　⑤ 宋志明指出,"贺麟从纯意识的角度考察知行关系,没有具体探讨认识的来源、认识的形成过程、感性与理性的关系、理论与实践的关系、主观与客观的关系等问题。因而他提出的'自然的知行合一说'既不是通常意义上的认识论或知识论,也不是传统意义上的知行观,其实是一种意识现象学"(宋志明:《贺麟新儒学思想研究》,天津:天津人民出版社,1998年,第269页)。

在认识论领域，贺麟吸纳了朱熹、王阳明的知行合一说，同时借鉴了斯宾诺莎、格林、鲁一士和行为心理学的观点，并且推陈出新，最终构建了自己的认识理论，这就是"自然的知行合一观"。

行文至此，需要事先说明、略作交代的一点是：众所周知，中国哲学传统所讲的知行问题，最主要的是伦理道德问题，当然也包含认识论问题①。对于中国传统哲学所讲的知行问题，贺麟对它们进行了现代学理意义上的、认识论方向的改造。

在贺麟看来，就学理层面而言，"知行问题，无论在中国的新理学或新心学中，在西洋的心理学或知识论中，均有重新提出讨论，重新加以批评研究的必要"，因为"不批评地研究知行问题，而直谈道德，所得必为武断的伦理学（dogmatic ethics）"②；就现实层面而言，"第四章，'知行问题的讨论与发挥'，足以代表中国现代哲学中讨论得最多，对于革命和抗战建国实际影响最大的一个问题"③。但是，非常遗憾的是，自从王阳明提出"知行合一"说后，"此后三百多年内赞成、反对阳明学说的人虽多，但对知行合一说，有学理的发挥，有透彻的批评和考察的人，似乎很少"④。

1938 年 12 月，代表贺麟知行观的重要文章《知行合一新论》，完稿于昆明。该文后作为"国立北京大学四十周年纪念文集"之一，于 1940 年 1 月在昆明出版单行本（抽印本）。后来，该文又相继收入《近代唯心论简释》和《当代中国哲学》。《知行合一新论》一文，是贺麟自以为"有不少新意思"的论文⑤。其后，贺麟又在《三

---

① 相关评述，可参看张世英：《哲学导论》（修订版），北京：北京大学出版社，2008年第二版，第 265—275 页。

② 贺麟：《五十年来的中国哲学》，沈阳：辽宁教育出版社，1989 年，第 130—131 页。

③ 贺麟：《当代中国哲学原序》（1945 年），《五十年来的中国哲学》，沈阳：辽宁教育出版社，1989 年，第 4 页。

④ 贺麟：《五十年来的中国哲学》，沈阳：辽宁教育出版社，1989 年，第 130 页。

⑤ 贺麟：《新版序》（1986 年），《五十年来的中国哲学》，沈阳：辽宁教育出版社，1989 年，第 2 页。

民主义周刊》发表了《对知难行易说诸批评的检讨》《知难行易说的绎理》《知难行易说与知行合一说》等文。通过这些论文，贺麟完整地阐述了自己的观点——"自然的知行合一观"。

贺麟的"自然的知行合一观"，是从知行的概念、"合一"的意义、知行的关系、知行的难易等几个方面进行论述和展开的。由此出发，贺麟对历史上的"知行合一"说进行了全新的考察。与此相对应，贺麟的"自然的知行合一观"包括四个基本命题（或结论）——"知行同是活动""知行永远合一""知主行从""知难行易"。

（一）知行的概念

关于"知""行"两个概念，贺麟是这样界说的，"'知'指一切意识的活动。'行'指一切生理的活动"[①]。贺麟举例说，任何意识的活动，如感觉、记忆、推理的活动，如学问思辨的活动，都属于"知"的范围。也就是说，"知"是心理的或意识的活动。而任何生理的动作，如五官四肢的运动固然属于行，就是神经系的运动，脑髓的极细微的运动，也属于"行"的范围。也就是说，"行"是生理的或物理的动作。可见，"知""行"是两种性质不同的活动，但它们同是活动，"我们不能说，行是动的，知是静的。只能说行有动静，知也有动静"[②]。

贺麟接着指出，"知"和"行"都是"有等级可分的"，但他认为，于此不必深究，"我们只需确认知与行都是有等级的事实即行"。贺麟进一步指出，"知"和"行"都有"显"（explicit）与"隐"（implicit）的区别。以"行"而论，最显著的生理动作，如动手动足的行为，便是"显行"；最不显著或隐晦的生理动作，如静坐、思的行为，便是"隐行"。"显行"与"隐行"虽然有如此区别，但必须明白的是，"显行与隐行间只有量的程度的或等级的不同，同是行为，而且同是生

---

① 贺麟：《五十年来的中国哲学》，沈阳：辽宁教育出版社，1989 年，第 131 页。
② 贺麟：《五十年来的中国哲学》，沈阳：辽宁教育出版社，1989 年，第 131 页。

理或物理的行为"。以"知"而论，最显著的意识活动，如思、推理、研究学问，便是"显知"；最不显著或隐晦的意识活动，如本能的知识、下意识的活动等，便是"隐知"。"显知"与"隐知"虽然有如此区别，但必须明白的是，"显知与隐知间亦只有量的程度的或等级的差别，而无根本的不同或性质的不同"。就"知"和"行"的"显""隐"而论，"最隐之行，差不多等于无行"，"如脑筋最轻微的一个运动……但就理论上，我们也不能不称之为生理动作"；"最隐之知，也差不多等于无知"，"但客观地讲来，此种'无知之知'，也是一种知。只可谓为隐知，但不能谓为绝对无知"①。

至此，贺麟得出了第一个结论——"知行同是活动"。客观而言，这是一个包含着辩证法因素的观点。贺麟反对用静止的观点看待认识，纠正了梁漱溟把概念说成"呆静的认识"和冯友兰把概念看成凝固化的理念的错误观点。但同时又不得不指出的是，贺麟的"知行同是活动"命题是有所不足的。诚如研究者所说，贺麟通过对知行作意识现象学的释义，取消了哲学意义上的"行"的客观实践性，把"行"销解到"知"之中（"销行以归知"），抹煞了"知"和"行"的原则界限。在这一点上，贺麟和王阳明是相同的②。

（二）"合一"的意义

贺麟认为，"知"和"行"的关系是分中有合、合中有分。具体来说，"知"和"行"的关系有一个类似于"正反合"的发展过程。也就是说，（1）既要指出"知"和"行"本来是"合一"的（不是"混一"），（2）也要分析清楚"知"和"行"又如何分而为二、彼此对立，（3）最终更要明了"知"和"行"又是如何复归于统一。从（1）到（2）到（3），贺麟说这是"一个三部曲"③。

---

① 贺麟：《五十年来的中国哲学》，沈阳：辽宁教育出版社，1989年，第132页。

② 宋志明：《贺麟新儒学思想研究》，天津：天津人民出版社，1998年，第271—272页。

③ 贺麟：《五十年来的中国哲学》，沈阳：辽宁教育出版社，1989年，第133页。

贺麟所说的"知行合一"，指的是"知行同时发动（coincident）之意"，亦指知行是"同一活动的两面"，又是"知行平行"的意思。这是贺麟为"知行合一"所作的三个规定。

所谓"知行同时发动"，即意识的活动（"知"）与生理的活动（"行"）"同时产生或同时发动"。在时间上，知行不能分先后。既不能说"知先行后"，亦不能说"知后行先"，而是"两者同时发动，同时静止"。贺麟交代，用"同时发动"来解释"合一"，实则采自斯宾诺莎①。斯宾诺莎主张"身心合一"，认为身体的动作与心的活动是同时发动的，"身体之主动与被动的次序，与心之主动与被动是同时发动的（coincident）"（斯宾诺莎《伦理学》第三部分，"命题二·附释"）。

所谓知行是"同一活动的两面"，是指"与行为同一生理心理活动的两面（two aspects of the same psycho-physical activity）"而言，"知与行既是同一活动的两面，当然两者是合一的"。这里所说的"知行合一"，是指"同一生理心理活动的两面"，而不是指所谓甲的"知"与乙的"行"这样不同主体间的知行关系。正因为"知行是同一活动的两面"，所以说"认知行合一为知行同时发动，方有意义"。由于"知行是同一活动的两面"，所以"知与行永远在一起（always together），知与行永远陪伴着（mutual accompaniment）"，就如手掌与手背是整个手的两面。对此同一的活动，从心理方面看是"知"，从生理或物理方面看是"行"，只是"用两个不同的名词，去形容一个活动的历程"。这就是贺麟所说的"知行两面说"，"认知行合一构成一个整个活动"②。

"知行平行说"与"知行两面说"，实际上是互相补充的。"单抽出一个心理生理活动的孤例来看，加以横断面的解剖，则知行合一

---

① 贺麟：《五十年来的中国哲学》，沈阳：辽宁教育出版社，1989年，第133页。
② 贺麟：《五十年来的中国哲学》，沈阳：辽宁教育出版社，1989年，第134页。

乃知行两面之意。就知行之在时间上进展言,就一串的意识活动与一串的生理活动之合一并进言,则知行合一即是知行平行。"①

具体说来,"知行平行说"包括下列三层意思②:(1)"意识活动的历程与身体活动的历程方面乃是一而二、二而一,同时并进,次序相同。"(2)"知行既然平行,则知行不能交互影响。知为知因,行为行因。知不能决定行,行不能决定知。知不能使身体动作,行不能使知识增进。"这是就自然事实而言的。(3)就研究方法而言,知行"各自成为系统,各不逾越范围"。以行释行,产生纯自然科学(如生理学、物理学及行为派的心理学);以知释知,产生纯哲学或纯精神科学。前者纯用机械方法,后者纯用逻辑思考。

总之,贺麟认为,"任何一种行为皆含有意识作用,任何一种知识皆含有生理作用。知行永远合一,永远平行,永远同时发动,永远是一个心理生理活动的两面。最低的知永远与最低的行平行。……最高级的知与最高级的行,所谓真切笃实的行,明觉精察的知,亦永远合而为一,相偕并进"③。

由是,贺麟提出了"自然的知行合一论"(又称"普遍的知行合一论"),"此种的知行合一观,我称为'普遍的知行合一论',亦可称为'自然的知行合一论'。一以表示凡有意识之论,举莫不有知行合一的事实,一以表示不假人为,自然而然即是知行合一的事实"④。

(三) 知行的关系

贺麟认为,还可以从主从(体用)关系辨别知行。他指出,"所谓主从关系,即是体用关系,亦即目的手段关系,亦可谓为领导者

---

① 贺麟:《五十年来的中国哲学》,沈阳:辽宁教育出版社,1989年,第134页。
② 贺麟:《五十年来的中国哲学》,沈阳:辽宁教育出版社,1989年,第134—135页。
③ 贺麟:《五十年来的中国哲学》,沈阳:辽宁教育出版社,1989年,第136页。
④ 贺麟:《五十年来的中国哲学》,沈阳:辽宁教育出版社,1989年,第136页。

与随从者的关系"①。贺麟特别提醒，"要主从的关系的区别有意义的话，不能以事实上的显与隐或心理上的表象与背境定主从，而当以逻辑上的知与行的本质定二者之孰为主，孰为从"②。

在贺麟看来，知是主、行是从，知是体、行是用。具体说来，"知主行从说"包括下列三层意思③：(1)"知是行的本质(体)，行是知的表现(用)"。"知是有意义的、有目的的，行是传达或表现此意义或目的之工具或媒介"，因此，"行"应当"与知合一，服从知的指导，表示知的意义"，而"知借行为而表现其自身"。(2)"知"永远决定行为，故为主；"行"永远为知所决定，故为从。贺麟指出，"从自然的知行合一的观点看来，知行同时发动，两相平行，本不能互相决定，但亦可谓为内在的决定或逻辑的决定"。这就是说，"知为行之内在的推动原因，知较行有逻辑的在先性"。(3)"知"永远是目的，是被追求的主要目标；"行"永远是工具，是附从的、追求的过程。因此，我们可以说，"任何人的活动都是一个求知的活动"，"无论什么人，无论在什么情形下，他的行为永远是他的知识的功能(action is always the function of knowledge)"。

贺麟不仅从正面发挥了"知主行从说"的道理，而且从反面批驳了"行主知从说"。贺麟认为，西洋心理学上的副象论(epiphenomenalism)，詹姆士(William James，1842—1910)、兰格(Carl Lange，1834—1900)的情绪说，以及杜威、布里奇曼所持行主知从的知行合一论，都是不能成立的。以"副象的情绪论"而言，便是错误颇多，"第一，不能解释许多普遍的经验事实"，"第二，此论既不就整个事实立论，亦无坚实理论基础"。贺麟举例说，逃避

---

① 贺麟：《五十年来的中国哲学》，沈阳：辽宁教育出版社，1989年，第140页。

② 贺麟：《五十年来的中国哲学》，沈阳：辽宁教育出版社，1989年，第141页。

③ 贺麟：《五十年来的中国哲学》，沈阳：辽宁教育出版社，1989年，第141—142页。

老虎的"行"不是"知"之始，见虎畏虎的"知"不是"行"之成。反之，我们可以依照王阳明说：见虎畏虎的"知"，是避虎的"行"之始；避虎的"行"，是见虎畏虎的"知"之成①。

在贺麟的"新心学"体系中，"知主行从说"与其文化观、体用观、心物观是一脉相承的。在文化观、体用观上，贺麟主张"以精神或理性为体，而以古今中外的文化为用"②。在心物观上，贺麟主张"心体物用""心主物从"③。因此，贺麟在知行的主从问题上主张"知主行从说"，可谓水到渠成、浑然天成！

（四）知行的难易

贺麟认为，既然从逻辑上解决了知行的主从问题（知主行从），那么价值上的知行的难易问题也就可以迎刃而解了。在论述知行的难易问题时，贺麟力图把孙中山（1866—1925）的"知难行易说"、蒋介石（1887—1975）的"力行哲学"和王阳明（1472—1528）的"知行合一说"沟通、协调起来。贺麟明确指出，"知难行易说"与"知行合一说"，"不但不冲突，而且互相发明"④，"不惟不矛盾，而且互相发明"⑤。

贺麟说，从自然的知行合一来讲，知行既然合一、同时发动、平行并进，应当说"知行同其难易"；而就高程度的知行合一活动言，应当说"知行同样艰难"；又就低程度的知行合一活动言，应当说知和行"两者皆同样容易"。那么，知行的难易究竟如何呢？于是，贺麟搬出了孙中山的"知难行易说"。在贺麟看来，孙中山所谓的"知

---

① 贺麟：《五十年来的中国哲学》，沈阳：辽宁教育出版社，1989年，第142—145页。

② 贺麟：《五十年来的中国哲学》，沈阳：辽宁教育出版社，1989年，第201页。具体论述，请参看本书第二章第四节。

③ 具体论述，请参看本书第五章第一节。

④ 贺麟：《当代中国哲学原序》（1945年），《五十年来的中国哲学》，沈阳：辽宁教育出版社，1989年，第5页。

⑤ 贺麟：《五十年来的中国哲学》，沈阳：辽宁教育出版社，1989年，第193页。

难行易说"，是说"显知隐行难"（如科学研究）、"显行隐知易"（如日常饮食的动作）。依照贺麟所提出的"知主行从"说，"显知隐行永远决定显行隐知"，"较高级的知行合一体永远支配较低级的知行合一体"。如此一来，便可推出，"显知隐行较高级的知行合一体当然难，而显行隐知较低级的知行合一体当然容易"。至此，贺麟愉快地指出，"故照这样讲来，知难行易不惟是确定的真理，而且与知主行从之说互相发明"①，孙中山"知难行易说的归宿是知行合一说"②。

但是，部分哲学史家却对贺麟这一愉快的结论提出了冷峻的批评。批评者认为，贺麟"歪曲解释"了孙中山的"知难行易说"，"硬说孙中山的知难行易说和他们的知行合一说相一致"，而"从根本上说，孙中山是反对知行合一说的"；贺麟的"这种作法是十分荒唐的"，贺麟的"歪曲解释"是"不符合历史事实的"③。其实，并非贺麟"歪曲解释"了孙中山的"知难行易说"，而是持此论者"歪曲理解"了贺麟的本意。有兴趣的读者，不妨读一读《五十年来的中国哲学》第二章《〈孙文学说〉的哲学意义——引言》的详细论证④，同时参考张学智的具体论述⑤。

贺麟进一步指出，"从价值的知行合一论看来"，所获得的结论也是"知难而行易"。贺麟认为，"盖因显行易，显知难。由显行之行到显知之知难，由经验中得学问，由生活中见真理亦难。反之，由显知之知到显行之行，由原理到应用，由本质到表现，由学术到

---

① 贺麟：《五十年来的中国哲学》，沈阳：辽宁教育出版社，1989 年，第 146 页。

② 贺麟：《五十年来的中国哲学》，沈阳：辽宁教育出版社，1989 年，第 189 页。

③ 冯契主编：《中国近代哲学史》（下册），北京：生活·读书·新知三联书店，2014 年，第 938—939 页。

④ 贺麟：《五十年来的中国哲学》，沈阳：辽宁教育出版社，1989 年，第 158—199 页。

⑤ 张学智：《贺麟思想研究》，北京：人民出版社，2016 年，第 153—161 页。

事功,则皆易"。在贺麟看来,孙中山所谓"能知必能行",不仅是一种信仰,更是一种事实。至于"不知亦能行",亦是一种事实,"盖不知者可服从他人,受人指导而产生行为也"。但是,"能知能行方是主动之行,不知能行,则是被动的行为"。总之,"难易是价值问题,主从是逻辑问题"①。

　　后来,在《知难行易说与力行哲学》中②,贺麟又考察了蒋介石的"力行哲学"与孙中山的"知难行易说"、王阳明的"知行合一说"的关系。贺麟认为,"蒋先生的行的哲学,乃是于王阳明的哲学及中山先生知难行易说灼然见到其贯通契合处,加以融会发挥而来","对于(知行)这个问题,蒋先生亦有一切实周至而又符合中山先生本旨的贡献","蒋先生的力行哲学实在是发挥中山先生知难行易说的伟大成果,也就是为知难行易说谋最高的出路,求最后的证明"③。

　　总之,贺麟认为,"知难行易"说应以"知行合一"说为基础,不然理论不坚实;"知难行易说"应以"知行合一说"为归宿,不然理论不透彻。这是贺麟对"知难行易"说与"知行合一"说关系的根本看法。可以说,"由知难行易说必然逻辑地发展到知行合一说"④。

　　从"自然的知行合一论"出发,贺麟对历史上的"知行合一"说进行了全新的考察。贺麟将自己的"知行合一"说概括为"自然的知行合一观"(或"普遍的知行合一论"),而将历史上的"知行合一"说概括为"价值的知行合一观"(或"理想的知行合一论")。"价值

---

① 贺麟:《五十年来的中国哲学》,沈阳:辽宁教育出版社,1989 年,第 146—147 页。

② 说明:《知难行易说与力行哲学》是旧版《当代中国哲学》的第四章第五节,新版全部删除。上海人民出版社《贺麟全集》本《五十年来的中国哲学》,将此章作为附录收入。

③ 贺麟:《五十年来的中国哲学》,上海:上海人民出版社,2012 年,第 219、195、227 页。

④ 张学智:《贺麟思想研究》,北京:人民出版社,2016 年,第 29 页。

的知行合一观"和"自然的知行合一观"的区别在于："价值的知行合一观"视知行合一为"应该如此"的理想状态（"价值或理想"），是必须经过"人为的努力方可达到或实现的课题或任务（Aufgabe）"，并且是"只有少数人特有的功绩"；而"自然的知行合一观"则视知行合一为"原来如此"的客观事实（"自然事实"），并且认为"知行本来就是合一的，用不着努力即可达到"①。

对于"价值的知行合一观"，贺麟又将其细分为"理想的价值的知行合一观"和"直觉的价值的知行合一观"。"理想的价值的知行合一观"，以朱熹为代表；"直觉的价值的知行合一观"，以王阳明为代表。在贺麟看来，在知行主从问题上，王阳明"亦持知主行从说"。王阳明曾经说过这样的话，"知是行的主意，行是知的功夫；知是行之始，行是知之成。若会得时，只说一个知，已自有行在；只说一个行，已自有知在"（《传习录上》），"知之真切笃实处，即是行；行之明觉精察处，即是知。知行工夫，本不可离"（《传习录中》）。非常可惜的是，"阳明所谓知行，几纯属于德行和涵养心性方面的知行"②，"着重在个人正心诚意、道德修养的成分居多"③。在贺麟看来，在知行问题上，朱熹坚持的是"知先行后""知主行从"之说。朱熹曾经说过这样的话，"知行常相须，如目无足不行，足无目不见。论先后，知为先；论轻重，行为重"（《朱子语类》卷九）。但是，朱熹的问题只限于"知行何以应合一"及"如何使知行合一"方面，"他完全没有涉及自然的知行合一方面，也没有王阳明即知即行的说法"④。贺麟晚年补充说，"朱熹对知行问题的基本思想是把知行分为二截，坚持知先行后说"，"从辩证唯物论的认识论看来，朱

---

① 贺麟：《五十年来的中国哲学》，沈阳：辽宁教育出版社，1989 年，第 136—137 页。

② 贺麟：《五十年来的中国哲学》，沈阳：辽宁教育出版社，1989 年，第 151 页。

③ 贺麟：《五十年来的中国哲学》，沈阳：辽宁教育出版社，1989 年，第 195 页。

④ 贺麟：《五十年来的中国哲学》，沈阳：辽宁教育出版社，1989 年，第 155 页。

熹知先行后的观点，并没有看出知识的感性的和实践的基础。他孤立地机械地分知行为二截，方法不辩证，没有看出知行的内在联系，知行之反复推移和矛盾发展的关系"①。

经过一番梳理与考察，贺麟发现，"自然的知行合一观与任何一种价值知行合一观都不冲突"，"不唯不冲突，而且可以解释朱王两种不同的学说，为他们的知行合一观奠立学理基础"。也就是说，"自然的知行合一论，实由程朱到阳明讨论知行问题的发展所必有的产物"②。

看得出来，贺麟对于知行问题确实花费了精力、花费了笔墨，可谓煞费苦心。贺麟的私淑弟子张学智说，"贺麟之所以花大力气讨论知行问题，是为了使人们明了离知无行，离开学问无涵养，离开真理的指导无道德的道理，破斥缺乏道德的知识基础的武断的道德命令、道德判断"③。

对于贺麟的"知行合一新论"，今人有过中肯的评价："这一知行关系的理论不仅仅是接着朱熹、王阳明的知行合一说讲的，它也同时吸收了斯宾诺莎、格林和鲁一士有关的思想。可以说，贺麟在新的历史条件下，推动了关于知行关系理论的研究。他的知行合一新论较朱熹、王阳明的理论要系统、精致得多。其最主要的特色是把知行合一说从纯粹的德性修养的领域扩展到了逻辑和认识论的领域，从而为中国传统哲学的知行关系理论奠定了逻辑和认识论的学理基础，指明了道德学的研究应该以知行关系这样的认识

① 贺麟：《知行合一问题——由朱熹、王阳明、王船山、孙中山到〈实践论〉》，《五十年来的中国哲学》，沈阳：辽宁教育出版社，1989 年，第 200、201—202 页。说明：该文原名《关于知行合一问题——由朱熹、王阳明、王船山、孙中山到〈实践论〉》，发表于《求索》1985 年第 1 期。

② 贺麟：《五十年来的中国哲学》，沈阳：辽宁教育出版社，1989 年，第 156 页。

③ 张学智：《贺麟选集·前言》，长春：吉林人民出版社，2005 年，第 7 页。

理论为其前提。而且，由于人这一认识主体的任何活动都是在意识的自觉的或不自觉的支配下进行的，所以不可能有脱离意识的行动，从这个意义上可以说知决定行，知行是合一的。虽说这一理论有进一步完善的必要，但是从现代知识论研究的现状看，应该说是正确的"①。

四、儒家思想的新开展：三条途径

贺麟明言，"儒学是合诗教、礼教、理学三者为一体的学养，也即艺术、宗教、哲学三者的谐和体"，即儒家"有理学以格物穷理，寻求智慧"，"有礼教以磨炼意志，规范行为"，"有诗教以陶养性灵，美化生活"。因此，"新儒家思想的开展，大约将循艺术化、宗教化、哲学化的途径迈进"②。具体而言，"儒家思想的新开展"也可一分为三，"第一，必须以西洋的哲学发挥儒家的理学"，"第二，须吸收基督教的精华以充实儒家的礼教"，"第三，须领略西洋的艺术以发扬儒家的诗教"③。

（一）所谓"哲学化"，即"以西洋的哲学发挥儒家的理学"

儒家的理学是中国的正宗哲学，故亦应以西洋的正宗哲学发挥中国的正宗哲学；"因东圣西圣，心同理同"。具体说来，即会合、融贯西方的苏格拉底、柏拉图、亚里士多德、康德、黑格尔的哲学与中国的孔孟、老庄、程朱、陆王的哲学。当然，融会、贯通的原则应当是"以儒家精神为体，以西洋文化为用"，即以儒家思想或民族精

①　张文儒、郭建宁主编：《中国现代哲学》，北京：北京大学出版社，2001年，第412—413页。

②　贺麟：《儒家思想的新开展》(1941年)，《文化与人生》，北京：商务印书馆，1988年，第9页。说明：本节以下引文，若无单独标明者，即出自《儒家思想的新开展》。

③　贺麟：《儒家思想的新开展》(1941年)，《文化与人生》，北京：商务印书馆，1988年，第8—9页。

神为主体，去"儒化""华化"西洋文化。换句话说，"贺麟先生所说的儒学哲学化，就是使中国儒学与西方哲学相互印证、发明，特别是采取西方哲学的形式和方法阐发儒学的思想内涵"。其根本目的，就是要"使儒家的哲学内容更为丰富，体系更为严谨，条理更为清楚，不仅可作道德可能的理论基础，且可奠定科学可能的理论基础"①。

兹谨以"仁"为例。在贺麟看来，可以借鉴新黑格尔主义"心即绝对"的观点，以与儒家"仁"说相参照，从而建立"仁的宇宙观，仁的本体论"。贺麟说，"从哲学看来，仁乃仁体。仁为天地之心，仁为天地生生不已之生机，仁为自然万物的本性。仁为万物一体、生意一般的有机关系和神契境界。简言之，哲学上可以说是有仁的宇宙观，仁的本体论。离仁而言本体，离仁而言宇宙，非陷于死气沉沉的机械论，即流于漆黑一团的虚无论"。

（二）所谓"宗教化"，即"吸收基督教的精华以充实儒家的礼教"

贺麟曾经对"宗教"下过一个定义，"我们说，如果认为有一神圣的有价值的东西，值得我们去追求，这就是宗教。或者从内心说，人有一种崇拜的情绪，或追求价值的愿望，就是宗教"②。在这个定义中，贺麟舍弃了宗教组织方面、形式方面的东西，最为注重的是宗教的精神方面的东西。在贺麟看来，这是西洋宗教的一个重要价值，"'宗教'在西洋代表文化上很重要的一种价值，主要的意义系指信天，希天，知天，事天等求安身立命之所的精神努力而言"③。贺麟所说的西洋宗教，指的是基督教，"基督教文明实为西方文明的骨干"。

---

① 杨君游：《贺麟与中西文化的会通》，《清华大学学报》，2003 年第 4 期。

② 贺麟：《认识西洋文化的新努力》(1947 年)，《文化与人生》，北京：商务印书馆，1988 年，第 307 页。

③ 贺麟：《宣传与教育》(1942 年)，《文化与人生》，北京：商务印书馆，1988 年，第 215 页。

贺麟所说的"基督教的精华"，是指渗透在现代基督教中的现代意识、理性精神。具体说来，"宗教有精诚信仰、坚贞不二的精神；宗教有博爱慈悲、服务人类的精神；宗教有襟怀广大、超脱尘世的精神"①。再概括一点，"精神的耶教便是健动的创造力，去追求一种神圣的无限的超越现实的价值"，"耶教的精神是文化艺术的创造力或推动力，可以说是'艺术之母'"②。

在贺麟看来，虽然说"儒家的礼教本富于宗教的仪式与精神"，但"究竟以人伦道德为中心"③；"中国又向来缺乏真正的宗教，对于神亦不大理会"④。话又说回来，"中国人亦有宗教的需要，与西洋人没有两样"⑤。因此，贺麟断言，"如中国人不能接受基督教的精华而去其糟粕，则决不会有强有力的新儒家思想产生出来"。贺麟预言，儒家思想宗教化以后，将会重新成为信仰的权威，获得"范围人心"的力量。

在此，再次以"仁"为例。贺麟说，"从宗教观点来看，则仁即是救世济物、民胞物与的宗教热诚"。"《约翰福音》有'上帝即是爱'之语，质言之，上帝即是仁。'求仁'不仅是待人接物的道德修养，抑亦知天事天的宗教工夫。儒家以仁为'天德'，耶教以至仁或无上的爱为上帝的本性，足见仁之富于宗教意义，是可以从宗教方面大加发挥的。"

---

① 贺麟：《儒家思想的新开展》(1941 年)，《文化与人生》，北京：商务印书馆，1988年，第 8 页。

② 贺麟：《基督教与政治》(1943 年)，《文化与人生》，北京：商务印书馆，1988 年，第 129 页。

③ 贺麟：《儒家思想的新开展》(1941 年)，《文化与人生》，北京：商务印书馆，1988年，第 8 页。

④ 贺麟：《西洋近代人生哲学的趋势》(1947 年)，《文化与人生》，北京：商务印书馆，1988 年，第 314 页。

⑤ 贺麟：《认识西洋文化的新努力》(1947 年)，《文化与人生》，北京：商务印书馆，1988 年，第 307 页。

为此，贺麟对"几千年来支配了我们中国人的道德生活的最有力量的传统观念之一"的"五伦的观念"做了"新检讨"。贺麟认为，"它是我们礼教的核心，它是维系中华民族的群体的纲纪"，而探索的目的则是"要从检讨这旧的传统观念里，去发现最新的近代精神"①。换句话说，"现在的问题是如何从旧礼教的破瓦颓垣里，去寻找出不可毁灭的永恒的基石。在这基石上，重新建立起新人生、新社会的行为规范和准则"②。

贺麟同时也指出，传统的儒家礼教"为宗法的观念所束缚"，缺乏平民性、平等性，而基督教"打破家庭观念、贵族观念的精神，于扫除我们中国人的封建思想亦大有帮助"。另外，"基督教富于平民精神，主张到民间去，办学校、开医院，为平民服务，与平民接触，这可以说是真正的民主精神的一种表现"③。也就是说，贺麟主张用基督教的"平民精神""平民意识"冲淡儒家礼教的宗法色彩，"使之实现由传统向现代的转换"④。

（三）所谓"艺术化"，即"领略西洋的艺术以发扬儒家的诗教"

贺麟指出，"儒家特别注重诗教、乐教"，后"因《乐经》佚失，乐教中衰、诗教亦式微"，"故今后新儒家的兴起，与新诗教、新乐教、新艺术的兴起，应该是联合并进而不分离的"。贺麟明确倡导吸收西洋艺术的浪漫主义精神来改造迂腐、严酷的旧道学，以使儒学艺术化、情感化，从而更富有感召力和生命力。

贺麟如此提倡，确实是有感而发。"因《乐经》佚失，乐教中衰、

---

① 贺麟：《五伦观念的新检讨》(1940 年)，《文化与人生》，北京：商务印书馆，1988年，第 51 页。

② 贺麟：《五伦观念的新检讨》(1940 年)，《文化与人生》，北京：商务印书馆，1988年，第 62 页。

③ 贺麟：《认识西洋文化的新努力》(1947 年)，《文化与人生》，北京：商务印书馆，1988 年，第 309 页。

④ 杨君游：《贺麟与中西文化的会通》，《清华大学学报》，2003 年第 4 期。

诗教亦式微"，儒学已经成为严酷的、枯燥的道德说教，缺少积极活泼的生趣，这是儒学在近代走向衰落的一个原因。贺麟批评道，"旧思想之所以偏于枯燥迂拘，违反人性，一则因为道德尚未能契合孔子所谓'兴于诗，游于艺，成于乐'的理想。不从感情上去培养熏陶，不从性灵上去顺适启迪，而只知执著人我界限的分别，苛责以森严的道德律令，冷酷的是非判断。再则因为道德未得两性调剂，旧道德家往往视女子为畏途"①。相反，西方艺术的浪漫主义精神可以矫正儒学忽视艺术的偏颇，使儒家实现艺术化情感，从而充满感召力，使之适应现代人的精神需要。

依然以"仁"为例。贺麟说，"如从诗教或艺术方面看来，'仁即温柔敦厚的诗教'，仁亦诗三百篇之宗旨，所谓'思无邪'是也。'思无邪'或'无邪思'，即纯爱真情，乃诗教的泉源，亦即是仁。仁即天真纯朴之情，自然流露之情，一往情深、人我合一之情"。反之，"矫揉虚伪之情，邪僻淫亵之思，均非诗之旨，亦非仁之德也"，"纯爱真情，天真无邪之思，如受桎梏不得自由发抒，则诗教扫地，而艺术亦丧失其精髓"。

以此为基础，贺麟还以儒家思想的重要概念"诚"为例，进一步说明"新开展"的途径（详见《儒家思想的新开展》）。贺麟认为，"儒家所谓仁，道德意味比较多；而所谓诚，则哲学意味比较多"，"诚亦是儒家思想中最富于宗教意味的字眼。诚即是宗教上的信仰"，"就艺术方面言，思无邪或无邪思的诗教即是诚。诚亦即是诚挚纯真的感情"。总之，"诚亦是儒家诗教、礼教、理学中的基本概念，亦可从艺术、宗教、哲学三方面加以发挥之"。

总而言之，"经过艺术化、宗教化、哲学化的新儒家思想不惟可

---

① 贺麟：《新道德的动向》（1938 年），《哲学与哲学史论文集》，北京：商务印书馆，1990 年，第 356 页。笔者按：贺麟所引"兴于诗，游于艺，成于乐"，不见于儒家经典，应当属于化用一类。《论语·述而》："子曰：志于道，据于德，依于仁，游于艺。"《论语·泰伯》："子曰：兴于诗，立于礼，成于乐。"

以减少狭义道德意义的束缚，且反可以提高科学兴趣，而奠定新科学思想的精神基础"，"我们相信，儒家思想的前途是光明的，中国文化的前途也是光明的"。

但不得不指出的是，二十世纪上半叶是大师巨子辈出的时代，置之于当时的"话语背景"，贺麟此言此语或许是"渊源有自"，但非抄袭、剽窃，更贴切的说法恐怕应当是"英雄所见略同"。

在贺麟发表《儒家思想的新开展》三十年前的 1911 年，国学大师王国维（1877—1927）就明确指出，"学无新旧也，无中西也"，"中西二学，盛则俱盛，衰则俱衰，风气既开，互相推助"①；并且断言，"异日发明光大我国之学术者，必在兼通世界学术之人，而不在一孔之陋儒，固可决也"②。也就是说，中学西学，共为一体，切不可将它们截然分割；但是，援引西学以"为我所用"并非生吞活剥的单纯引入，而是需要有一个"能动化合"的过程，"即令一时输入（西洋思想），非与我中国固有之思想相化，决不能保其势力"③。与王国维"风义平生师友间"的陈寅恪（1890—1969），后来也明确断言，"窃疑中国自今日以后，即使能忠实输入北美或东欧之思想，其结局当亦等于玄奘唯识之学，在吾国思想史上，既不能居最高之地位，且亦终归于歇绝者。其真能于思想史上自成系统，有所创获者，必须一方面吸收输入外来之学说，一方面不忘本来民族之地位"④。

---

① 王国维：《观堂别集》卷四《国学丛刊序》（1911 年），《观堂别集》（外二种），石家庄：河北教育出版社，2001 年，第 875、877 页。

② 王国维：《奏定经学科大学文学科大学章程书后》（1906 年），谢维扬、房鑫亮主编：《王国维全集》第十四卷，杭州·广州：浙江教育出版社·广东教育出版社，2009年，第 36 页。

③ 王国维：《论近年之学术界》（1905 年），谢维扬、房鑫亮主编：《王国维全集》第一卷，杭州·广州：浙江教育出版社·广东教育出版社，2009 年，第 125 页。

④ 陈寅恪：《冯友兰中国哲学史下册审查报告》（1932 年），《金明馆丛稿二编》，上海：上海古籍出版社，1980 年，第 252 页。

斯言斯语，振聋发聩，至今依然"余音绕梁"！

五、赫然名家的新心学：三个特色

相较于梁漱溟（1893—1988）的"新孔学"、熊十力（1885—1968）的"新唯识论"、冯友兰（1895—1990）的"新理学"而言，贺麟的"新心学"在现代新儒家的阵营中是比较晚出的新儒家哲学，它产生于 20 世纪 40 年代。

"新心学"虽然起步较晚，但它在新儒学的思想发展史上仍然具有十分重要的地位。或许正因其晚出，因而能对此前的新儒学思潮做出公正而恰当的评判和总结，因而能合理地吸收他人（他家）的经验与教训，在很大程度上克服了前人的理论缺陷，从而使"新心学"的面貌与其他新儒学颇为不同，而且更具圆融色彩。

贺麟将"中国新哲学"冠之以"现代新儒家"之名，使他成为中国现代文化史上明确、正式提出"新儒家"概念的第一人。贺麟说，"广义的新儒家思想的发展或儒家思想的新开展，就是中国现代思潮的主潮"，"无论政治、社会、学术、文化各方面的努力，大家都在那里争取建设新儒家思想，争取发挥新儒家思想"①。毫无疑问，贺麟的"新心学"就是那一时代的产物。

贺麟的"新心学"，是他匠心独创的思想体系，是他作为哲学家的智慧结晶和独到贡献。"新心学"是对中西文化的融通，是中国的陆王心学与西方的新黑格尔主义相结合的产物。与其他新儒家（如梁漱溟、牟宗三、唐君毅等）颇为不同的是，贺麟的"新心学"不是建立在中西文化的"对立"之上，而是建立在中西文化"融合"的基础之上。因此，贺麟"新心学"思想体系的特点之一便是调解两

---

① 贺麟：《儒家思想的新开展》（1941 年），《文化与人生》，北京：商务印书馆，1988年，第 1 页。

个对立面，使之融会合一。贺麟如此而为，实可从其文化观追寻根基。

作为贺麟"新心学"重要思想来源之一的新黑格尔主义，它以主观唯心主义来代替黑格尔的客观唯心主义，以形而上学来修正黑格尔的辩证法（贺麟称之为"矛盾法"）。贺麟用新黑格尔主义"绝对唯心主义"的观点印证陆九渊（1139—1193）"宇宙即吾心，吾心即宇宙"的观点和王阳明（1472—1528）"心外无物"的观点，提出了"心为物之体，物为心之用"的本体论思想①，并自觉地从哲学基本问题的角度加以论证。有研究者指出，"与他同时代的新儒家学者相比，在吸收、融会、儒化西方哲学方面，贺麟取得的成绩最大，这对他以后的新儒家学者具有重要的启迪作用"②。此为公允之论。

贺麟的哲学立场，大体可归于"新陆王"的范畴。相对于梁漱溟的"新孔学"、熊十力的"新唯识论"、冯友兰的"新理学"而言，贺麟的哲学体系被时人称之为"新心学"。"新心学"虽然没有形成像"新唯识论"或"新理学"那样严密、完整的思想体系，但它公开打出"回到陆王去"的旗帜，同"新理学"相抗衡，在学术风格与学术旨趣方面皆有其独到之处。贺麟不同意冯友兰只讲程、朱而排斥陆、王的哲学立场，"讲程、朱而不能发展至陆、王，必失之支离；讲陆、王而不能回复到程、朱，必失之狂禅"③。贺麟认为，"心即理"一语足可调和程朱理学和陆王心学，调和客观唯心论和主观唯心论的矛盾。贺麟承袭王阳明的"知行合一"论，并从心理学、生理学角度加以论证，提出"自然的知行合一观"，构成其"新心学"的基本内容。

---

① 贺麟：《近代唯心论简释》（1934 年），《哲学与哲学史论文集》，北京：商务印书馆，1990 年，第 131—137 页。相关论述，请参看本书第五章第一节。

② 宋志明：《贺麟》，《现代新儒家人物与著作》，方克立、郑家栋主编，天津：南开大学出版社，1995 年，第 133 页。

③ 贺麟：《五十年来的中国哲学》，沈阳：辽宁教育出版社，1989 年，第 33 页。

贺麟"新心学"的核心是"儒家思想的新开展"，即吸收西洋文化的精华以充实、发展自身，求得文化上的独立与自主，并在"儒家思想的新开展"里达到新与旧、今与古、中与西的交融、汇合。在中国哲学史上，贺麟起到了一种会通、融合的作用——即融通中西文化，使西方文化的"华化"成为可能；打通理学与心学，使中西哲学会融一家。在哲学方法上，贺麟自觉地把儒家思想方法与黑格尔的辩证法结合起来，从而形成了一个将直觉方法与抽象方法相结合的方法论系统，贺麟尤其重视从本体论和宇宙论的理论角度来为新儒家思想奠定哲学理论的基础。

在《文化与人生·序言》中①，贺麟坦陈：《文化与人生》"确是代表一个一致的态度，一个中心的思想，一个基本的立场或观点"，"这书似乎多少可以表现出三个特点"——"有我""有渊源""吸收西洋思想"。这是贺麟的"夫子自道"。其实，如果将其中的"这书"换为"贺麟思想"或"新心学"，这个自我评价也完全适用。对此，贺麟先生的弟子杨君游有过阐释和解读②。

一、有我。

贺麟说，"书中绝少人云亦云地抄袭现成公式口号的地方。每一篇都是自己的思想见解和体验的自述，或自己读书有得有感的报告。也可说每一篇都有自己性格的烙印。有我的时代，我的问题，我的精神需要。这些文字都是解答在我的时代中困扰着我的问题，并满足我所感到的精神需要"，"书中每一篇文字都是为中国当前迫切的文化问题、伦理问题和人生问题所引起，而根据个人读书思想体验所得去加以适当的解答"。杨君游说，所谓"有我"，即"有个性、有特色、有创新"。"有我"包含两层意思："首先，是在哲

① 序言写作于 1946 年 9 月 2 日，地点是云南昆明。
② 杨君游：《贺麟与中西文化的会通》，《清华大学学报》，2003 年第 4 期。本节以下引文，凡是出自《贺麟与中西文化的会通》者，不再单独标注。

学研究中，应当强调自我意识的主导作用，应当认识自我的责任"，
"其次，贺麟先生认为，在哲学研究中，出发点和中心内容，应当有
我的时代，我的问题，我的精神需要"。在笔者看来，贺麟所说的
"有我"，其实还有"建立自我"的意思，亦即推陈出新而建立"新心
学"体系。

　　举例来说，贺麟之译述黑格尔著作、绍介黑格尔学说，便是"有
我的时代，我的问题，我的精神需要"。在《黑格尔学述》的《后序》
中，贺麟坦陈："我之所以译述黑格尔，其实，时代的兴趣居多。我
们所处的时代与黑格尔的时代——都是政治方面，正当强邻压境，
国内四分五裂，人心涣散颓丧的时候；学术方面，正当开明运动之
后；文艺方面，正当浪漫文艺运动之后——因此很有些相同，黑格
尔的学说，于解答时代问题，实有足资我们借鉴的地方。而黑格尔
之有内容、有生命的动的时间的逻辑——分析矛盾，调节矛盾，征
服冲突的逻辑，及其重民族历史文化、重自求超越有限的精神生活
的思想，实足振聋起顽，唤醒对于民族精神的自觉，与鼓舞对于民
族性与民族文化的发展，使吾人既不舍己骛外，亦不故步自封，但
知依一定理则，以自求超拔，自求发展，而臻于理想之域。"①

　　二、有渊源。

　　贺麟说，"虽说有我，但并非狂妄自大，前无古人。我的思想都
有其深远的来源，这就是中国传统的文化和儒家思想。篇中不惟
对孔孟程朱陆王有同情的解释，即对老庄杨墨亦有同情的新评价，
以期发展其优点，吸取其教训"。杨君游说，所谓"有渊源"，即"古
今贯通，在继承前人的基础上发展与创新"；"贺麟先生认为，历史
上所谓'粪堆'，其中确实藏有'珍珠'，而且就是'粪堆'本身，也常
常可以变废为宝，化腐朽为神奇"。

---

　　① ［英］开尔德、［美］鲁一士著，贺麟编译：《黑格尔　黑格尔学述》，上海：上海
人民出版社，2012年，第304页。

贺麟所说"同情的解释""同情的新评价"，指的是收入《文化与人生》一书的《宋儒的新评价》《杨墨的新评价》诸篇。针对程颐所说"饿死事小、失节事大"，贺麟进行了"同情的解释"。程颐所提出的"饿死事小、失节事大"，是一个"有普遍性的原则，并不只限于贞操一事，若单就其为伦理原则而论，恐怕是四海皆准、百世不惑的原则，我们似乎仍不能根本否认"①。贺麟对五常、三纲予以重新检讨②，与此可谓同出一辙、后先相续。对杨朱、墨子进行"同情的新评价"后，贺麟特意提出，"今后新儒家思想的发展，似亦不得不部分的容纳杨墨的精华，而赋予新的意义"③。

由此可以看出，贺麟虽然说是"现代新儒家"，但他的眼光与视野并非固守于传统儒学一隅（如孔、孟、程、朱、陆、王等），而是广而及于诸子百家（如老、庄、杨、墨等），乃至扩大而及西洋文化（如斯宾诺莎、康德、黑格尔等）。

三、吸收西洋思想。

贺麟说，"有渊源，发扬传统文化，却并不顽固守旧。对于西洋人的文化思想和哲学，由于著者多年来的寝馈其中，虚心以理会之，切己以体察之，期望将其根本精神，用自己的言语，解释给国人，使中国人感到并不陌生。在本书中你也许看不见科学、民主、工业化等口号之重见迭出，然而如何使科学精神、民主精神弥漫浸透于人人生活中，如何使工业化有坚实深厚的精神的基础，本书或有指出进一步的努力，并提出深一层的看法的地方"。杨君游说，所谓"吸收西洋思想"，即"融会中西，从西洋哲学中吸收融会其思

① 贺麟：《宋儒的新评价》（1944 年），《文化与人生》，北京：商务印书馆，1988 年，第 192 页。

② 贺麟：《五伦观念的新检讨》（1940 年），《文化与人生》，北京：商务印书馆，1988 年，第 51—62 页。

③ 贺麟：《杨墨的新评价》（1944 年），《文化与人生》，北京：商务印书馆，1988 年，第 205 页。

想文化和先进的方法，批判地继承和发扬传统的儒家文化，开展新的儒家文化，培养具备'合时代、合人情、合理性'三个特征的现代新儒者，创建现代新儒学的思想体系"。

　　贺麟坚信，"中国许多问题，必达到契合儒家精神的解决，方算得达到至中至正、最合理而无流弊的解决。如果无论政治、社会、文化、学术上各项问题的解决，都能契合儒家精神，都能代表中国人的真意思、真态度，同时又能善于吸收西洋文化的精华，从哲学、科学、宗教、道德、艺术、技术各方面加以发扬和改进，我们相信，儒家思想的前途是光明的，中国文化的前途也是光明的"①。此言信矣！

　　一般认为，梁漱溟、冯友兰、熊十力、贺麟、唐君毅、牟宗三等人所开启和建设的现代新儒学（"新儒家思想"），继承和发扬的是传统儒学的心性之学，高唱和力主的是西方哲学的唯心之论。他们会通中学与西学，沟通传统与现代，对中国文化进行了深入的研究与反思，对中国文化未来的发展提出了许多合理的建议。贺麟及其"新心学"，自然亦不例外。

　　对于现代新儒学（"新儒家思想"），当今有过许多理性而客观的评价。限于篇幅，在此谨引述其一②：

　　　　总起来说，"新儒家思想"的哲学既是主观唯心主义的哲学，又是客观唯心主义的哲学；既宣扬程朱理学，又宣扬陆王心学；既宣扬新黑格尔主义的主观唯心主义，又宣扬黑格尔的客观唯心主义。"新儒家思想"的哲学，是由中国的传统的儒

---

　　① 贺麟：《儒家思想的新开展》(1941 年)，《文化与人生》，北京：商务印书馆，1988年，第 17 页。
　　② 冯契主编：《中国近代哲学史》（下册），北京：生活·读书·新知三联书店，2014年，第 939 页。

家唯心主义哲学和西洋的传统的唯心主义哲学结合而成的。它把中西两大系统的唯心主义哲学汇总到一起，相互参证，相互融会，相互解释，相互贯通，构成了自己的哲学理论。虽然这种参证、解释、融会、贯通做得比较生硬、比较勉强，但主张中西文化、中西哲学相互补充，相互交融，以实现中国哲学的现代化，包含有合理见解。它对某些问题（如知行问题）的分析比较细致，对后人是有启发意义的。

第六章　贺麟与蜀学：滋养与反哺

　　贺麟会通中西、打通古今，这是众所周知的事实。追根溯源，贺麟之会通中西、打通古今，实则与"巴蜀文化"和"蜀学"也有着较为密切的关系。换句话说，贺麟其实也接受了"巴蜀文化"的滋润，受到了"蜀学"的熏陶。

　　和许多从事哲学研究的四川籍人士一样，贺麟一生的绝大多数时光都不是在四川度过的。但是，这并没有影响贺麟与四川学人（如张颐、蒙文通、陈铨、唐君毅、萧萐父、杨祖陶、杨宪邦等）的交往；而且，贺麟热情地关注四川文化的发展，热心地总结四川学人的成就。在贺麟身上，蜀学的"深玄之风"得到了体现与彰显，蜀学的"哲思传统"得到了继承与弘扬。

一、与蜀人的交往及影响

　　和许多从事哲学研究的四川籍人士（如唐君毅、萧萐父等）一样，作为四川人的贺麟，他一生的绝大多数时光都不是在四川度过的。贺麟于 1919 年秋以优秀的成绩考入北京清华学堂（后更名为"清华学校"，清华大学的前身），随后便很少回四川长期居住[①]。

---

　　① 关于贺麟之生平与学行，可参看彭华以下二文：（1）《贺麟年谱新编》，《淮阴师范学院学报》，2006 年第 1 期，第 78—91 页。后全文收入《现当代学人年谱与（转下页）

1937 年,贺麟因父亲贺明真(1880—1937)病重返川。期间,适逢贺氏准备重修族谱(贺氏原有同治年间族谱),贺麟为此撰写了《重修贺氏族谱序》①。1985 年 4 月,贺麟携夫人黄人道回金堂老家探亲,并在老房院坝与贺氏族人合影;同时,向金堂淮口中学捐赠奖学金。期间,贺麟应邀至四川大学、西南师范学院、武汉大学讲学。五月,四川大学哲学系、外国哲学史四川分会在四川大学举办了"西方哲学史讲座",贺麟的讲座题目是"对黑格尔辩证法的新理解"。他认为,唯物主义要反对唯心主义,应从唯心主义自身发展中出现的矛盾进行批判,而不是乱戴帽子②。

贺麟虽然很少回四川居住,但这并没有影响他与四川学人的交往;并且,他热情地关注四川文化的发展,热心地总结四川学人的成就。在此,仅略举以下七人为例(以哲学研究者为主):张颐、陈铨、唐君毅、杨一之、萧萐父、杨祖陶、杨宪邦。

张颐(1887—1969),字真如,四川叙永人。张颐著有《黑氏伦理研究》《黑格尔与宗教》《圣路易哲学运动》等,是中国现代专门研究黑格尔哲学的先驱,对西方古典哲学尤其是黑格尔哲学有精深研究。

1907 年,张颐在永宁中学读书时加入同盟会。其后,毕业于四川高等学堂理科。1911 年辛亥革命后,任蜀军政府秘书。1913 年赴美国入密歇根大学,获文学学士、教育硕士及哲学博士学位。1919 年入英国牛津大学,再获哲学博士学位,是中国第一位牛津

(接上页)著述编年》,上海:上海三联书店,2007 年,第 303—332 页。(2)《贺麟先生学术年表》,附录于贺麟:《近代唯心论简释》,北京:商务印书馆,2011 年 12 月;又附录于贺麟:《文化与人生》,北京:商务印书馆,2015 年 10 月。说明:《近代唯心论简释》和《文化与人生》均系"中华现代学术名著丛书"之一。

① 曾加荣、方磊《贺麟家世考》在文末全文引录了《重修贺氏族谱序》,《蜀学》第三辑,成都:巴蜀书社,2008 年,第 79—81 页。

② 四川大学哲学系傅益珍整理:《贺麟、汪子嵩等学者在四川讲学》,《哲学动态》,1985 年第 8 期。

大学哲学博士学位获得者。1921 年赴德国入埃尔朗根大学研究康德哲学和黑格尔哲学，后赴法国、意大利考察，并成为英国皇家学会会员。1924 年回国，主持北京大学哲学系，讲授康德（Immanuel Kant，1724—1804）和黑格尔（Georg Wilhelm Friedrich Hegel，1770—1831)的哲学，是为西方古典哲学进入近代中国大学之始。至此，"西方古典哲学才开始真正进入了中国近代大学的哲学系"，"我们中国才开始有够得上近代大学标准的哲学系"①。

　　1926 年，任厦门大学教授兼文学院长、代理校长。1936 年任四川大学教授、文学院长，1937 年 6 月代理校长。其后，任武汉大学教授。抗战胜利后，任北京大学教授。1948 年底回川，"一心想终老本乡，不再复出"②。中华人民共和国成立后，任四川省政协委员、文史馆研究员。1957 年返北大任教，指导研究生。

　　在贺麟看来，康德、黑格尔哲学在中国的传播可以分为三个时期——前期（戊戌变法至五四运动）、中期（五四运动至中华人民共和国成立）、后期（中华人民共和国成立以后），而张颐是中期"最早研究黑格尔哲学首届一指的人物"，"他的那本《黑格尔伦理学》是用英文写成的，书名是《黑格尔伦理学说的发展、意义及其局限》。……这书在国外是有不少影响的"，"张颐先生对黑格尔哲学独创的看法可以从他对黑格尔《逻辑学》中范畴关系的解释看出"；但不无遗憾的是，"张颐先生回国后，除了讲课外，很少再有这方面的论著发表，致使国人很少了解他的哲学见解"③。而尤其遗

---

　　① 贺麟：《五十年来的中国哲学》，沈阳：辽宁教育出版社，1989 年，第 96、25 页。按：贺麟两处文字均云 1923 年，实属记忆之误。张颐于 1924 年 4 月回国，7 月就任北京大学哲学系教授。详见张文达：《张颐年谱》，附录于侯成亚、张桂权、张文达编译：《张颐论黑格尔》，成都：四川大学出版社，2000 年，第 256—257 页。

　　② 熊伟：《恩师张颐》，《自由的真谛——熊伟文选》，北京：中央编译出版社，1997 年，第 323 页。

　　③ 贺麟：《五十年来的中国哲学》，沈阳：辽宁教育出版社，1989 年，第 104—105 页。

憾的是,张颐用英文写成的博士学位论文《黑格尔伦理学》,直至2000 年才有中文译本问世①。

贺麟之翻译《黑格尔学述》,曾经得到过张颐的帮助,"此稿译成后,曾经两三位朋友校阅过。吾国研究黑格尔学先进张真如先生曾校阅大部分,哈佛同学谢幼伟君曾对照原文看过一遍"②。贺麟的弟子洪汉鼎说,"贺先生蛮佩服张颐的","贺先生经常跟我说,他的前辈就是张颐,认为张颐搞得不错"③。

陈铨(1905—1969),别名陈正心,四川富顺人,著名话剧作家。1921 年入清华学校留美预科班,1922 年入清华西方语言系学习。其时,吴宓(1894—1978)为旧制留美预备部高年级学生开设选修课"翻译"(外文翻译),讲授翻译的原理和技巧,并辅之以翻译练习。当时仅有贺麟、张荫麟(1905—1942)、陈铨等学生选修此课,三人后被称为"吴门三杰";而且,陈铨还是清华"四才子"之一(另三人为李长之、钱锺书、张荫麟)。1928 年毕业后赴美国奥柏林大学留学,先后获文学学士(1930 年)、哲学硕士学位(1931 年)。旋即赴德国留学,获德国克尔大学哲学博士学位(1934 年)。回国后,先后在武汉大学、清华大学、西南联合大学、同济大学任教。1940 年 4 月,与林同济(1906—1980)、雷海宗(1902—1962)等创办《战国策》杂志,并与林、雷等人在重庆《大公报》开辟"战国副刊",是"战国策派"主要人物之一(人称雷海宗、林同济、陈铨三人为"三驾马车")。中华人民共和国成立后,任复旦大学教授、南京大学德文教研室主任。

---

① 侯成亚、张桂权、张文达编译:《张颐论黑格尔》,成都:四川大学出版社,2000 年。

② 贺麟:《译序》,《黑格尔　黑格尔学述》,上海:上海人民出版社,2012 年,第174 页。

③ 洪汉鼎:《客居忆往:哲学人生问答录》,北京:中国人民大学出版社,2016 年,第208 页。

陈铨 1936 年出版专著《中德文学研究》，全面评述了中国小说、戏剧、抒情诗在德国的传播和影响。文学著作有《天问》《野玫瑰》《黄鹤楼》《狂飙》《金指环》《无情女》《兰蝴蝶》等，另有哲学著作《从叔本华到尼采》等。今人编有《陈铨代表作》（北京：华夏出版社，1999 年）。

与张颐、贺麟、唐君毅、萧萐父等人一样，陈铨亦是桑梓情深。陈铨之友浦江清（1904—1957）说，"陈君是四川人。其所写多四川风味，亦杂以四川土语"①。

唐君毅（1909—1978），四川宜宾县人。哲学家、哲学史家，现代新儒家的代表人物之一。曾就读于中俄大学、北京大学，毕业于"中央"大学哲学系。青年时代的唐君毅，颇受梁启超（1873—1929）、梁漱溟（1893—1988）、熊十力（1885—1968）等人的影响。曾任教于华西大学、"中央"大学、金陵大学。1949 年 6 月，唐君毅和钱穆（1895—1990）移居香港。终其后生，遂客居港台，直至埋骨台北②。

唐君毅学问渊博，学贯中西，对中、西、印哲学思想无不尽心钻研，尤用力于中、西、印三大文化传统中所体现的人文精神。唐君毅被牟宗三（1909—1995）誉为"文化意识宇宙中之巨人"③，并被西方学者誉为"中国自朱熹、王阳明以来的杰出哲学家"④。他的学术思想进路，被海外学者概括为：以黑格尔型的方法及华严宗型的系统，展开其"生命存在与心灵境界"都为"一心"所涵摄的文

---

① 浦江清：《清华园日记·西行日记》（增补本），北京：生活·读书·新知三联书店，1999 年第二版，第 29 页。

② 关于唐君毅之生平与学术，可参看唐端正：《唐君毅先生年谱》，《唐君毅全集》卷廿九，台北：台湾学生书局，1991 年，第 1—243 页。

③ 牟宗三：《悼念唐君毅先生》，《唐君毅全集》卷三十，台北：台湾学生书局，1991 年，第 26 页。

④《简明不列颠百科全书》（汉译本）第七卷，北京：中国大百科全书出版社，1985—1986 年，第 677 页。

化哲学体系，名曰"唯心论的本体—文化论的哲学系统"。

唐君毅的著述极其宏富，主要著作有《道德自我之建立》《人生之体验》《中国哲学原论》《生命存在与心灵境界》等。台湾学生书局1991年所推出的《唐君毅全集》，有煌煌三十卷之巨，蔚为壮观。

唐君毅虽然大半生离乡在外，但对家乡一直怀有深厚的感情。他曾经在《怀乡记》中饱含深情地说："我常想只要现在我真能到死友的坟上，先父的坟上，祖宗的坟上，与神位前，进进香，重得见我家门前南来山色，重闻我家门前之东去江声，亦就可以满足了。"①惜乎哉，唐君毅终究未能"叶落归根"！

就目前所掌握的材料而言，贺麟与唐君毅的交往当始于抗日战争时期。抗战时期（四十年代初），唐君毅在重庆"中央"大学任教，贺麟与唐君毅多次会晤②。而二人思想的交流，则可追溯至三十年代末。1938年7月9日，贺麟在日记中写道："我读《重光杂志》中唐君毅的文章，觉得唐君的文字明晰，见解弘通，于中西哲学皆有一定的研究。其治学态度、述学方法、所研究之问题，均与余相近似，是基于'人同此心，心同此理'的原则。"③1945年，贺麟又在《当代中国哲学》中评价了唐君毅及其《人生之路》，认为"唐君毅先生不仅唯心论色彩浓厚，而他的著作有时且富于诗意"，并且深刻指出，唐君毅"讨论自我生长之途程，多少有似黑格尔《精神现象学》的方法"④，而《人生之路》便是"根据黑格尔的《精神现象学》的

---

① 唐君毅：《怀乡记》，《唐君毅全集》卷五，第603页。
② 唐君毅一直保持着写日记的习惯，但因其1948年以前的日记遗失，故他与贺麟交往的详情不得而知。唐君毅1948年以来的日记，收入台湾学生书局版《唐君毅全集》第二十七、二十八卷。
③ 贺麟：《唐君毅先生早期哲学思想》，《哲学与哲学史论文集》，北京：商务印书馆，1990年，第201—202页。
④ 贺麟：《五十年来的中国哲学》，沈阳：辽宁教育出版社，1989年，第46页。

方法来写的一部唯心论著作"①。

唐君毅 1978 年 2 月 2 日遽归道山之后，贺麟仍然对其深情不忘。1980 年，贺麟发表《康德黑格尔哲学东渐记》一文。文中，贺麟特意提及唐君毅的《人生之路》，"这是他根据黑格尔的《精神现象学》的方法来写的一部唯心论著作。但对我们理解黑格尔哲学有一定帮助。……唐君毅是香港、台湾、扬名海外的伟大之哲学家，著作等身，门弟子很多，传继其学派。可惜已于 1978 年逝世"；接着又提到了唐君毅的《生命存在与心灵境界》，"他最重要，也是他集大成的著作为《生命存在与心灵境界》，是 2 000 多页的两巨册"；贺麟还提及自己撰写的另外一篇文章，"我曾写了一篇'唐君毅先生的早期思想'作为他 28 卷本的'读后感言'，并曾于 1984 年在香港报纸上发表过"②。

1983 年秋冬（10 月至 11 月），贺麟应香港中文大学新亚书院之邀，至港讲学一月。贺麟在香港中文大学新亚书院的讲学内容，包括黑格尔哲学、宋明理学、知行合一问题。关于知行合一问题的讲稿，后经修订，以《关于知行合一问题——由朱熹、王阳明、王船山、孙中山到〈实践论〉》为题，发表于《求索》1985 年第 1 期。在港讲学期间，唐君毅夫人谢廷光女士（1916—2000，字方回，四川眉山人）邀请贺麟前去府上瞻仰唐君毅的遗物，并在九龙设宴款待，由唐君毅的入室弟子李杜、唐端正、陈特及霍韬晦等作陪。李杜等均以著作相赠，谢廷光亦以唐君毅的主要著作《生命存在与心灵境界》一套相赠（后谢廷光又曾两度前往北京，贺麟和周辅成予以热

---

① 贺麟：《五十年来的中国哲学》，沈阳：辽宁教育出版社，1989 年，第 114—115 页。

② 贺麟：《五十年来的中国哲学》，沈阳：辽宁教育出版社，1989 年，第 114—115 页。说明：《康德黑格尔哲学东渐记》原载《中国哲学》第二辑，北京：生活·读书·新知三联书店，1980 年；后略加修订，收入其《五十年来的中国哲学》，作为上篇的附录，改名为《康德、黑格尔哲学在中国的传播——兼论我对介绍康德、黑格尔哲学的回顾》。

情接待）①。讲学归来后，贺麟撰写了《唐君毅先生早期哲学思想》一文（后收入《哲学与哲学史论文集》），谈论唐君毅的早期思想以及他们二人在思想上、精神上相契合之处，以为纪念②。

　　杨一之（1912—1989），原名杨元靖，四川潼南（今属重庆）人。1929 年赴法国留学，1930 年 5 月在巴黎参加法共中国语言组。1931 年 10 月转往德国留学，同时转入德共中国语言组，学习哲学，兼习自然科学。1936 年 3 月，被纳粹逮捕，学业中断，被迫回国。回国后，先后在北平大学、复旦大学、同济大学、北京工学院、华北大学等校任教。1956 年，调入中国科学院哲学研究所，任研究员。著有《康德黑格尔哲学讲稿》，译有黑格尔《逻辑学》（上下卷，北京：商务印书馆，1966 年）。杨一之去世后，今人辑录其论著，编为《理性的追求——杨一之著述选粹》（北京：社会科学文献出版社，2000 年）。学术界认为，"杨一之译事之名望大于其著述之声名"③。

　　杨一之与贺麟是中国社会科学院哲学研究所同事，并且均从事德文著作的翻译与德国哲学的研究，这是二人的共同点和契合点。在学术研究和日常生活中，杨一之与贺麟多有交往，比如说研究生论文的评审与答辩。在此仅举一例。1979 年 5 月，贺麟的硕士研究生洪汉鼎提前毕业，"由于是中国社会科学院第一位研究生的毕业"，这次"答辩会比较隆重"，地点是中国社会科学院老哲学所会议室，"贺先生请的都是当代最有名的教授，洪谦、杨一之、王

---

　　① 贺麟：《唐君毅先生早期哲学思想》，《哲学与哲学史论文集》，北京：商务印书馆，1990 年，第 201 页。

　　② 以上论述文字，来源于彭华：《贺麟与唐君毅——人生经历、社会交往与学术思想》，《宜宾学院学报》，2006 年第 8 期，第 1—6 页。该文后经修订，收入彭华：《印川集：蜀学散论》，北京：中国社会科学出版社，2020 年。

　　③ 方克立、王其水主编：《二十世纪中国哲学》第二卷《人物志》（上册），北京：华夏出版社，1996 年，第 551 页。

玖兴、管士滨、葛力、齐良骥、苗力田、顾寿观、王太庆和汝信都参加了这个会"①。

萧萐父（1924—2008），祖籍四川井研，生于成都。1943 年，考入当时西迁乐山的武汉大学哲学系，受教于张颐（1887—1969）、万卓恒（1902—1947）、金克木（1912—2000）教授；尤其是张颐的授业，使萧萐父"得闻黑氏哲学要旨"②。1949 年 5 月入党，12 月受党组织委派作为军管会成员参与接管华西大学，后留任该校马列主义教研室主任。1956 年，进中央党校高级理论班深造。同年，应李达（1890—1966）校长的邀请回武汉大学重建哲学系。1957年正式调入武汉大学哲学系，之后长期在此任教，直至 2008 年 9 月 17 日去世。

萧萐父治学严谨、著作等身，在国内外发表学术论文百余篇，主编《中国哲学史》（上、下卷）、《中国辩证法史稿》（第一卷）、《哲学史方法论研究》《众妙之门——道教文化之谜探微》《"东山法门"与禅宗》《熊十力全集》等，著有《吹沙集》《吹沙二集》《吹沙三集》《明清启蒙学术流变》《王夫之评传》《中国哲学史史料源流举要》《萧萐父文选》（上、下）等，对中国古代辩证法史、先秦儒道思想、明清哲学、近现代文化思潮等，均有较深的研究，坚持史论结合、中西比较、古今贯通的治学原则，强调德业双修、学思并重、做人与为学的统一。

萧萐父与贺麟的交往是比较多的，并且留下了相关文字记载。比如，1957 年春，萧萐父至北京中央党校理论班学习，后又入北京大学进修中外哲学史。期间，萧萐父常去汤用彤、贺麟家中

---

① 洪汉鼎：《客居忆往：哲学人生问答录》，北京：中国人民大学出版社，2016 年，第 84 页。

② 萧萐父：《吹沙二集》，成都：巴蜀书社，1999 年，第 739 页。

侍坐求教①。再比如，二十世纪五十年代，蒙文通偶然赴京，贺麟为之设宴于颐和园，并招汤一介和萧萐父侍坐；席间，蒙文通、贺麟等论及蜀学的哲思传统、巴蜀学风与荆楚学风之异同等，"是日饮谈甚欢"②。又比如，1986 年 10 月 9 日至 11 日，为纪念贺麟从事教学、研究、翻译工作 55 周年，中国社会科学院哲学研究所、北京大学哲学系、民盟中央、中华全国外国哲学史学会联合在北京举行了"贺麟学术思想讨论会"，萧萐父尝"谨献拙句，用表微忱"③。1990 年 12 月 5 日，萧萐父至北京出席"冯友兰思想国际会议"（12 月 4—6 日），会议之余，萧萐父等专程拜访了当时已经八十八岁高龄的贺麟。

难能可贵的是，萧萐父不但对四川抱有诚挚深厚的感情，而且特别注重对蜀学的表彰与弘扬。萧萐父弟子郭齐勇说，"在我的记忆中，萧先生课上课下，经常是廖季平、蒙文通不离口"④。对于经史名家、蜀学大家蒙文通（1894—1968，四川盐亭人），萧萐父专门撰有《蒙文通与道家》⑤《蒙文通先生〈理学札记与书柬〉读后》⑥。对于英年早逝的蜀学俊彦刘咸炘（1896—1932，四川双流人），萧萐父特意为其遗著《推十书》作序；尚觉意犹未足，遂搦管呧毫而成

---

① 郭齐勇：《史慧欲承章氏学　诗魂难扫瑶人愁——萧箑父教授学述》，载萧汉明、郭齐勇编：《不尽长江滚滚来——中国文化的昨天、今天、明天》，北京：东方出版社，1994 年，第 33 页；田文军：《锦里人文风教永　诗情哲慧两交辉——萧萐父教授学术生涯掠影》，载郭齐勇、吴根友编：《萧萐父教授八十寿辰纪念文集》，武汉：湖北教育出版社，2004 年，第 5 页。

② 萧萐父：《吹沙二集》，成都：巴蜀书社，1999 年，第 739 页。

③ 萧萐父：《吹沙二集》，成都：巴蜀书社，1999 年，第 739 页。

④ 郭齐勇：《萧萐父先生与近代蜀学》，《四川师范大学学报》（社会科学版），2011 年第 4 期。

⑤ 萧萐父：《蒙文通与道家》（1996 年），《吹沙二集》，成都：巴蜀书社，1999 年，第 211—229 页。

⑥ 萧萐父：《蒙文通先生〈理学札记与书柬〉读后》，《社会科学研究》，1981 年第 5 期。

《刘鉴泉先生的学思成就及其时代意义》①。对于哲学大家、现代新儒家唐君毅(1909—1978，四川宜宾人)，萧萐父在 1995 年 8 月的"第二届唐君毅思想国际研讨会"上发表题为《"富有之谓大业"》的发言②。这在一定程度上弥补了贺麟专论蜀学的缺失。

　　杨祖陶(1927—2017)，四川达县人。1945—1950 年就读于西南联合大学和北京大学哲学系，师从金岳霖(1895—1984)、汤用彤(1893—1964)、贺麟（1902—1992）、郑昕（1905—1974）、洪谦(1909—1992)诸教授，毕业后留校任教。1959 年调武汉大学执教，任西方哲学教研室主任。逝世前为武汉大学哲学系教授、博士生导师，中华外国哲学史学会顾问，湖北省哲学史学会名誉会长。著有《欧洲哲学史稿》（与陈修斋合著，武汉：湖北人民出版社，1983 年初版，1987 年第二版)、《德国古典哲学逻辑进程》(武汉：武汉大学出版社，1993 年初版，2003 年修订版)等，译有《康德三大批判精粹》(杨祖陶、邓晓芒编译，北京：人民出版社，2001 年)等。

　　1972 年，杨祖陶因事到北京，特地去看望贺麟。当时，贺麟"刚从'牛棚'放出来不久，实际上并没有真正得到'解放'"；因而，他们见面时，贺麟便说："你来看我是有点冒险啊！"③在学术上，杨祖陶曾经撰文评述贺麟对黑格尔《小逻辑》的翻译与研究，尤其对贺麟的译文深表景仰与佩服，"读起来也同听先生讲课一样，有如坐春风之感"④。

---

　　① 萧萐父：《〈推十书〉成都影印本序》(1996 年)、《刘鉴泉先生的学思成就及其时代意义》(1998 年)，《吹沙二集》，成都：巴蜀书社，1999 年，第 454—459、460—470 页。补充说明：刘咸炘遗著《推十书》，于 1996 年由成都古籍书店影印出版，后有整理本。

　　② 萧萐父：《"富有之谓大业"——1995 年 8 月在宜宾唐君毅思想国际研讨会上的发言》，《吹沙二集》，成都：巴蜀书社，1999 年，第 487—498 页。

　　③ 杨祖陶：《一代宗师的赤子之心——忆贺师》，《贺麟先生百年诞辰纪念文集》，北京：中国社会科学出版社，2009 年，第 186 页。

　　④ 杨祖陶：《贺麟与黑格尔的〈小逻辑〉》，《德国哲学》(2007 年卷)，北京：中国社会科学出版社，2007 年。

杨宪邦（1922—2020），四川南充人。1944年入南充西山书院，1945年入内江东方文教研究院，1946年考入西南联合大学。1950年考入北京大学文科研究所，师从汤用彤、郑昕、贺麟等，从事康德、黑格尔、马克思主义哲学的学习与研究。1952年调中国人民大学马列主义研究班哲学分班，1954年调回北京大学。1955年后，历任中国人民大学哲学系讲师、副教授、教授、中国哲学史教研室主任，兼中国哲学史学会常务理事、秘书长，中国无神论学会常务理事。主编《中国哲学通史》《哲学名词解释》（下册），参编《中国哲学史》《中国大百科全书·哲学卷》《当代中国社会科学手册》《中国国情》等，撰有《孙中山评传》《从启蒙哲学到马克思主义哲学》《中国哲学与中华民族精神》《易传哲学》等。贺麟百年诞辰之时，杨宪邦特撰长文纪念①。

杨祖陶、杨宪邦都是贺麟的学生（属于贺门五代弟子的第二代②），并且均从事哲学研究。贺麟说，"1949至1950这一学年内，我在北京大学授'黑格尔哲学研究'一科，班上有杨宪邦、张岂之、杨祖陶、陈世夫、梅得愚诸同学，并有王太庆、徐家昌二同志参加"③。二人后来研究中西哲学，踵武贺麟治学之路，既可以说是"渊源有自"，也可以说是"传承有道"。

比如说，杨宪邦认为哲学与哲学史有不可分离的联系，"哲学作为时代精神的精华，乃是一种历史的科学，而哲学史则是在历史发展过程中的哲学，哲学形成逻辑理论体系的发展过程就是哲学史"④。

---

① 杨宪邦：《贺麟融会中西的文化哲学》，《贺麟先生百年诞辰纪念文集》，北京：中国社会科学出版社，2009年，第27—50页。

② 洪汉鼎：《客居忆往：哲学人生问答录》，北京：中国人民大学出版社，2016年，第182—186页。

③ 贺麟：《译者引言》，《小逻辑》，上海：上海人民出版社，2009年，第24页。

④ 方克立、王其水主编：《二十世纪中国哲学》第二卷《人物志》（上册），北京：华夏出版社，1996年，第551页。

杨宪邦所持这一学术理路，与贺麟是一脉相通的。贺麟曾经告诉弟子洪汉鼎，"当你走进了哲学之门，那么你就要从哲学史学习哲学。黑格尔曾说过，学哲学没有别的办法，只有哲学史。贺师要我先作从古希腊哲学一直到19世纪德国古典哲学这样普遍的涉猎"①。

二、对蜀学的论述与体现

就笔者寡闻与陋目所及，贺麟并没有专门论说蜀学或蜀人的论文。在其三部论文集《近代唯心论简释》《当代中国哲学》《文化与人生》中②，所出现的蜀学人物亦是屈指可数。所可考见者，仅仅是他人的转述（如萧萐父），属于一鳞半爪、吉光片羽而已。或许，在未来公布的书信、日记中③，可以找到贺麟专门评说蜀学或蜀学人物的文字。

根据萧萐父回忆，贺麟曾与蒙文通等人在聚会中谈论过蜀学，"五十年代中，蒙文通师偶赴京，贺师为之设宴于颐和园，招一介和我侍坐。贺师论及蜀学有哲思传统，蒙师举严遵之后续以扬雄为例应之，又论巴蜀学风与荆楚学风之异同等"，故萧萐父有"蜀学玄莹美，君平续子云"之句④。至于贺麟如何理解和阐释"蜀学有哲思传统"这一观点，我们不得其详。在笔者看来，这应该是贺麟一以贯之的看法。早年的贺麟曾经概括过蜀人的特性，"余觉重真情

---

①　洪汉鼎：《客居忆往：哲学人生问答录》，北京：中国人民大学出版社，2016年，第25页。

②　关于此三书的基本情况，可参看彭华：《贺麟代表作三种提要》，《善道》"贺麟诞辰110周年纪念特刊"（总第八期），四川成都，2012年9月，第12—14页。该文后经修订，收入彭华：《印川集：蜀学散论》，北京：中国社会科学出版社，2020年。

③　据悉，上海人民出版社陆续推出的《贺麟全集》，"包括贺麟先生的专著、译著、学术论文、学术讲义以及其他重要的文章、札记、书信、日记等等"（张祥龙：《〈贺麟全集〉出版说明》，《近代唯心论简释》，上海：上海人民出版社，2009年，第3页）。

④　萧萐父：《吹沙二集》，成都：巴蜀书社，1999年，第739页。

重真理,每有超世俗而不受其羁绊之风,是蜀人之特性"①。客观而言,蒙文通、贺麟、萧萐父谓"蜀学有哲思传统",与刘咸炘所论如出一辙,堪称"英雄所见略同"。

刘咸炘认为,蜀学有"深玄之风";但他同时又指出,"蜀学崇实,虽玄而不虚"。所谓"深玄之风",即蜀学有哲理思辨(speculation)的传统;而所谓"蜀学崇实"、所谓"玄而不虚",即蜀学以史为基(基础)②、以文为具(工具),"统观蜀学,大在文史","隋前成书,仅存十数,蜀得其二"(即陈寿《三国志》、常璩《华阳国志》),"唐后史学,莫隆于蜀","唐宋八家,晚学所祖,蜀得其三"(即眉山三苏)③。

整体而言,蜀学在哲学方面向有"深玄之风",但又"玄而不虚";在史学方面,特别注重"文献之传",尤其重视"通观明变";在文学方面,往往能开一代风气,且可表仪一时。蜀学之神韵与风骨,呈现为以下三端:经史为基,儒学为本;学风崇实,经世致用;融会贯通,赫然名家④。

以哲学为例。今人指出,巴蜀哲学的主要特点有:(1)蜀学之魂,长于思辨;(2)多元会通,兼容开放;(3)释经创新,超越前说;(4)沟通道欲,情理结合;(5)躬行践履,注重事功,批判专制⑤。

---

① 贺麟:《哈佛日记》,载姜文闵编著:《哈佛大学》,长沙:湖南教育出版社,1988年,第162页。

② 在笔者看来,更确切的说法,应该是"以经史为基"(所谓"经",除"经学"外,还包括辅翼经学的"小学")。于此之详细论述,可参看拙文《蜀学之形神与风骨综论——以文史哲或经史子集为考察对象》,初稿载《"湖湘文化与巴蜀文化交流高层论坛"论文集》,湖南长沙,2012年12月,第165—176页;修订稿载《殷都学刊》,2014年第3期,第85—96页。该文后经修订,收入彭华:《印川集:蜀学散论》,北京:中国社会科学出版社,2020年。

③ 以上引文,出自刘咸炘:《蜀学论》,《推十书》之《推十文》卷一,成都:成都古籍书店,1996年(影印本)。

④ 彭华:《蜀学之形神与风骨综论——以文史哲或经史子集为考察对象》,《殷都学刊》,2014年第3期,第85—96页。

⑤ 蔡方鹿、刘俊哲、金生杨:《巴蜀哲学的特点、历史地位和影响》,《四川大学学报》(哲学社会科学版),2012年第4期。

所谓"长于思辨"、所谓"多元会通"、所谓"创新超越"，是对蜀学的概括与总结，而用之于贺麟，亦实无不可。

以会通为例。1930 年 8 月，贺麟完成了其学术生涯中具有里程碑意义的论文《朱熹与黑格尔太极说之比较观》。贺麟试图把儒家传统哲学同西方哲学融合起来，以推进儒家哲学的现代化，这是他开始从事中西哲学比较的标志。贺麟说，"（该文）着重比较两位讲太极的大师思想异同，以促进相互理解，而启发读者的颖思。这种对中西文化、哲学的比较研究在我还是较早的尝试"①，"我是想从对勘比较朱熹的太极和黑格尔的绝对理念的异同，来阐发两家的学说。这篇文章表现了我的一个研究方向或特点，就是要走中西哲学比较参证、融会贯通的道路"②。可以说，"比较参证"是手段和过程，而"融会贯通"则是追求和目的。诚如贺麟所云，"谈学应打破中西新旧的界限，而以真理所在实事求是为归"，对各种学说要以"求真、求是的眼光去评判"③，"我非常强调贯通二字。新文化的建设要中外贯通，古今融会"④。

为节省篇幅，下文将引述他人对贺麟的评价，从而彰显贺麟对蜀学"会通"学风的继承与弘扬。对于贺麟的学思与成就，中外人士是有目共睹的，并且予以高度褒扬；而所用褒扬赞誉之语，则又不约而同地集中于"渊博""会通""专精"三者。

周谷城（1898—1996）对贺麟学说的评价是，"博而不杂，专而不窄"；周辅成（1911—2009）认为，贺麟在融贯中西方面是"一位勇敢而有成绩的开拓者"，"既不作夜郎自大的民族主义者，也不作奴

---

① 贺麟：《序言》，《黑格尔哲学讲演集》，上海：上海人民出版社，2011 年，第 1 页。
② 贺麟：《五十年来的中国哲学》，沈阳：辽宁教育出版社，1989 年，第 119 页。
③ 贺麟：《〈黑格尔学述〉译序》，《黑格尔哲学讲演集》，上海：上海人民出版社，2011 年，第 607 页。
④ 孙尚扬：《文化哲学与新文化的建设——访贺麟先生》，载景海峰主编：《国学集刊》（第 4 辑），北京：商务印书馆，2018 年，第 178 页。

颜婢膝的民族虚无主义者"；张岱年(1909—2004)指出，"贺麟先生学贯中西，对于康德、黑格尔哲学及宋明理学研究尤深"①。李景源认为，"在中国哲学界，贺先生是较早走上中西哲学融会贯通、比较参证的道路的先驱者。在他的学术生涯中，中西哲学形影不离，相得益彰"②。张祥龙(贺麟弟子)指出，"贺麟先生一生的最大两个成就是：(一)沟通中西主流思想的方法论，由此而为中国古代思想，特别是儒家，找到一条新路。……(二)对西方哲学、特别是黑格尔和斯宾诺莎哲学的精当阐发和翻译，使之生意盎然地传入中国"③。

笔者亦尝指出，在中国哲学史上，贺麟起到了一种会通、融合的作用(融通中西文化、打通理学心学)；在哲学方法上，贺麟自觉地把儒家思想方法与黑格尔的辩证法结合起来，从而形成了一个将直觉方法与抽象方法相结合的方法论系统④。换句话说，在贺麟身上，蜀学的"深玄之风"得到了体现与彰显，蜀学的"哲思传统"得到了继承与弘扬。

三、蜀学未来发展之臆想

《诗经·大雅·荡》云："虽无老成人，尚有典刑。"(郑玄笺："犹有常事故法可案用也。")宋人苏轼(1037—1101)云："功利争先变法初，典型独守老成余。"(《次韵子由送蒋夔赴代州学官》)宋人苏

---

① 宋祖良、范进编：《会通集：贺麟生平与学术》，北京：生活·读书·新知三联书店，1993年，第1、4、39页。

② 李景源：《纪念贺麟先生百年诞辰座谈会上的开幕辞》，《贺麟先生百年诞辰纪念文集》，北京：中国社会科学出版社，2009年，第4页。

③ 张祥龙：《〈贺麟全集〉出版说明》，《近代唯心论简释》，上海：上海人民出版社，2009年，第2页。

④ 彭华：《贺麟的文化史观》，《湖南科技学院学报》，2006年第3期，第96—99页。

舜钦(1008—1049)云："天为移文象，人思奉典型。"(《代人上申公祝寿》)昔人往矣，其学存焉；仰慕先贤，后学师焉！

在笔者看来，最能代表蜀学之形神与风骨者，有汉之扬雄(前53—18)、唐之李白(705—766)、宋之苏轼(1037—1101)、明之杨慎(1488—1559)以及近现代之蒙文通(1894—1968)与郭沫若(1892—1978)诸人。以上蜀学大师之所作所为、所言所行，堪称典型，可资师法；蜀学未来之发展，一言以蔽之，当以往昔之蜀学大师为仪型，且以继承为始，以弘扬为终。换句话说，我们今天研究蜀学，是为了更好地继承蜀学；而继承蜀学的最终目的，是为了更好地弘扬蜀学。

于此，谨以三苏(苏洵、苏轼、苏辙)之蜀学与本文之人物为例，略述蜀学之"会通"学风。眉山三苏是两宋巴蜀文化的杰出代表，而苏氏蜀学则是两宋区域文化的璀璨成果。通观三苏之所学所思与所行所为，堪称蜀学形神与风骨之辉煌展示。具体而言，苏氏蜀学立意"打通古今"，注重"融通百家"，力求"会通三教"，可谓集历史文化之大成，兼具百科全书之气度。三苏及其蜀学，岸然而为不可超越之高峰，洵然而为后世学习之榜样[①]。晚近以来，尤其是进入晚清民国之后，巴蜀人士已然不满于古中国固有儒释道"三教"之援引与会通，更进而广泛及于欧美西学(王国维称之为"第二之佛教"[②])之援引与会通。就"会通中西"一端而言，本章所述张颐、

[①]　于此之详细论述，可参看笔者以下二文：(1)《苏轼与禅师的交往及其影响——兼论苏氏蜀学与三教会通》，《宋代文化研究》第十八辑，成都：四川文艺出版社，2010年12月，第192—214页；(2)《博求"三通"：苏氏蜀学的形神与风骨》，《孔子研究》，2012年第4期，第108—117页。二文后经修订，收入彭华：《印川集：蜀学散论》，北京：中国社会科学出版社，2020年。

[②]　王国维：《论近年之学术界》，见谢维扬、房鑫亮主编：《王国维全集》第一卷，杭州·广州：浙江教育出版社·广东教育出版社，2009年，第121页；彭华选编：《王国维儒学论集》，成都：四川大学出版社，2010年，第328页。

贺麟、唐君毅、萧萐父诸人，便是个中显例①。

当然，"会通"不是目的而是手段，不是指归而是途径。诚如刘咸炘所特意强调的那样，蜀学有"深玄之风"，而"蜀学复兴，必收兹广博以辅深玄"②。易言之，即经由"博通"与"会通"，达于"集成"与"创新"。以哲学为例，贺麟曾经旗帜鲜明地指出，"今后中国哲学的新发展，有赖于对于西洋哲学的吸收与融会"③；所谓"吸收与融会"，亦即"华化"或"儒化"西洋哲学。

因此，笔者以为，未来蜀学之发展，自然不能无视蜀学先贤之仪轨与范型，且当接续往圣之令绪与馨香，并合理借鉴大师巨匠之努力与追求，即在"打通古今""融通三教""会通中西"十二字上用力④。诚如贺麟所说，"凡在文化领域里努力的人，他的工作和使命，应不是全盘接受西化，亦不在残缺地保守固有文

---

① 在笔者所撰以下五文中，均有介绍贺麟、唐君毅"会通中西"的文字：(1)《贺麟的文化史观》，《湖南科学学院学报》，2006年第3期。(2)《"同情的理解"略说——以陈寅恪、贺麟为考察中心》，《儒藏论坛》第五辑，成都：四川文艺出版社，2010年；又载陈勇、谢维扬主编：《中国传统学术的近代转型》，上海：上海人民出版社，2011年。(3)《唐君毅的中国哲学史研究——关于方法论的讨论与比较》，《宜宾学院学报》，2001年第1期。(4)《贺麟与唐君毅——人生经历、社会交往与学术思想》，《宜宾学院学报》，2006年第8期。(5)《蜀学之形神与风骨综论——以文史哲或经史子集为考察对象》，《殷都学刊》，2014年第3期。

② 刘咸炘：《蜀诵·绪论》，《刘咸炘论史学》，上海：上海科学技术文献出版社，2008年，第267页。

③ 贺麟：《中国哲学与西洋哲学》，《哲学与哲学史论文集》，北京：商务印书馆，1990年，第127页。

④ 笔者此论，尝形诸《苏轼与禅师的交往及其影响——兼论苏氏蜀学与三教会通》(《宋代文化研究》第十八辑，成都：四川文艺出版社，2010年12月)、《博求"三通"：苏氏蜀学的形神与风骨》(《孔子研究》，2012年第4期)。另外，在《宋育仁与近代蜀学》(《蜀学》第五辑，成都：巴蜀书社，2010年12月)、《蜀学之形神与风骨综论——以文史哲或经史子集为考察对象》(《殷都学刊》，2014年第3期)中，笔者亦表达过部分相近的意思。

化,应该力求直接贡献于人类文化,也就是直接贡献于文化本身"①。如此,巴蜀文化(或中华文化)未来之发展与辉煌,或可待矣!

---

① 贺麟:《文化的体与用》(1940 年),《近代唯心论简释》,上海:上海人民出版社,2009 年,第 202 页。

第七章 新文化建设：思考与建议

在贺麟看来，"所谓文化，乃是人文化，即是人类精神的活动所影响、所支配、所产生的。又可说文化即是理性化，就是以理性来处理任何事，从理性中产生的，即谓之文化"①。换句话说，文化是人类与动物相区别的标志②。

贺麟进一步指出，人是有使命的动物，人应当自觉地完成使命；而使命的大宗之一，即文化使命；正是文化使命的完成，才成就了人的文化人格。

贺麟明确指出，人格存在于人的使命之中，"进一步说，人没有人的使命，人就没有人格，不能算是真正在做人"。人的使命是什么？"人的使命，在某种意义下，即是人生的目的"，"人的使命或天职，也可以叫做人生的理想"。就个人来讲，"个人的使命，就是个人的终生事业或终身工作"。进而言之，"人与禽兽不同，也许就是因为人有自觉的使命而禽兽没有自觉的使命"；因此，"去寻求一个自觉的正大的人的使命，乃是人特有的功能，理性动物特有的功能"。"总结起来，一个人要认真生活，认真做人，就需要有自觉的

---

① 贺麟：《文化、武化与工商化》(1946年)，《文化与人生》，北京：商务印书馆，1988年，第280页。

② 详细论述，请参看本书第二章第一节。

正大的使命，这样生活才有意义与价值。"①

贺麟认为，"中国近百年来的危机，根本上是一个文化的危机"，"儒家思想在中国文化生活上失掉了自主权，丧失了新生命，才是中华民族的最大危机"②；因此，贺麟孜孜以求的是"儒家思想的新开展"，"儒家思想的新开展，是在西洋文化大规模的输入后，要求一自主的文化，文化的自主，也就是要求收复文化上的失地，争取文化上的独立与自主"③。贺麟的这些思想与主张，就字面而言，所针对的是"儒家""儒家思想的新开展"，但实则具有一般的、普遍的意义。

贺麟指出，"儒家思想的新开展"必须"循艺术化、宗教化、哲学化的方向开展"，这是"就文化学术方面，指出新儒家思想所须取的途径"④。就生活修养而言，贺麟提出了"新式儒者"的培养、"儒者气象"的养成，"新儒家思想目的在于使每个中国人都具有典型的中国人气味，都能代表一点纯粹的中国文化，也就是希望每个人都有一点儒者气象"⑤。换句话说，凡是具备"儒者气象"的人，便可谓之为"新式儒者"。

一、培养新式儒者，养成儒者气象

追根溯源，早在贺麟之前，就已经有人提出了"儒者气象"。明

---

① 本段引文，均出自贺麟：《论人的使命》(1941 年)，《文化与人生》，北京：商务印书馆，1988 年，第 80—86 页。

② 贺麟：《儒家思想的新开展》(1941 年)，《文化与人生》，北京：商务印书馆，1988 年，第 5 页。

③ 贺麟：《儒家思想的新开展》(1941 年)，《文化与人生》，北京：商务印书馆，1988 年，第 7 页。

④ 贺麟：《儒家思想的新开展》(1941 年)，《文化与人生》，北京：商务印书馆，1988 年，第 11 页。

⑤ 贺麟：《儒家思想的新开展》(1941 年)，《文化与人生》，北京：商务印书馆，1988 年，第 11 页。

儒胡居仁(1434—1484)有言："处事不用智计，只循天理，便是儒者气象。"(《明儒学案》卷二)胡居仁高扬的大旗是"天理"，认为只有先具备了对儒家天理道德的觉悟，然后才能显现"儒者气象"。胡居仁之说，尚不够完备。虽然说"天理"是养成"儒者气象"的必要条件，但并不是唯一条件。换句话说，具备了"天理"，但未必就能显现"儒者气象"。

从"新心学"的理论出发，贺麟对"儒者""儒者气象"作了自己的规范。贺麟说[1]：

> 何谓"儒者"？何谓"儒者气象"？须识者自己去体会，殊难确切下一定义，其实也不必呆板说定。最概括简单地说，凡有学问技能而又具有道德修养的人，即是儒者。儒者就是品学兼优的人。我们说，在工业化的社会中，须有多数的儒商、儒工以作柱石，就是希望今后新社会中的工人、商人，皆成为品学兼优之士。亦希望品学兼优之士，参加工商业的建设，使商人和工人的道德水准和知识水平皆大加提高，庶可进而造成现代化、工业化的新文明社会。
>
> 又就意味或气象来讲，则凡具有诗礼风度者，皆可谓之有儒者气象。凡趣味低下，志在名利肉欲，不知美的欣赏，即是缺乏诗意。凡粗暴鲁莽，扰乱秩序，内无和悦的心情，外无整齐的品节，即是缺乏礼意。无诗意是丑俗，无礼意是暴乱。
>
> 总之，以诗礼表达儒者气象是甚为切当的。如谓工商化、民主化的近代社会缺乏诗礼意味，无有儒者气象，则未免把儒家的诗教、礼教看得太呆板、太狭隘了。

---

[1] 贺麟：《儒家思想的新开展》(1941年)，《文化与人生》，北京：商务印书馆，1988年，第11—12页。

　　贺麟对"儒者"作了最广泛的解释，"凡有学问技能而又具有道德修养的人，即是儒者"。在贺麟看来，"儒者"应该是一种高尚的道德形象，是一种品学兼优、德才兼备的理想人格。贺麟所说的"儒者"，与今人所说的"知识分子"（intellectual），实则异曲同工。因为知识分子"有学问技能"，也"具有道德修养"——具有社会良知①。

　　所谓"儒者气象"，是一种高洁的、儒雅的具有诗礼风度的君子形象，"凡具有诗礼风度者，皆可谓之有儒者气象"。"诗"表达美，"礼"呈现善，新儒者的人格气象应该是既善且美的。但是，新儒者所具有的风度自然不是古贵族式的"诗礼"，而是在继承传统诗礼的优秀传统的同时，又吸收了西方近代优秀的艺术和宗教精华所创造出来的"新的诗礼"。其中，"诗"既包括传统儒家的诗教，又以音乐、绘画、舞蹈等现代的艺术元素来充实；"礼"既内含着传统的尊老爱幼、上下有序、和睦共处，又具有平等民主、忠于职守、博爱万物等现代精神。所以虽然同为诗礼风度，但内涵却完全不同。新的儒工、儒商在现代公共生活中，在各自的领域之内，遵循各自的规则，莫不有法；在社会公共生活中，各自的行为规范莫不有序；各个领域相互监督相互制衡，莫不有节。有法、有序、有节，是为民主社会的礼的风度。同时，新的儒工、儒商在各自的私人生活中，都可以发展自己的爱好，而社会为此应该尽可能多地提供相应的公共设施，如图书馆、音乐厅、博物馆等，使个人生活富于诗意。总之，贺麟认为以诗、礼表达新儒者的人格非常贴切②。

　　与只知道顽固保守、食古不化的腐儒不同，贺麟所说的"儒者"要注意与时俱进，要积极关怀现实，要投身社会建设。这是贺麟心

---

　　① 相关论述，可参看余英时：《士与中国文化》，上海：上海人民出版社，1987年。

　　② 本段文字，参考了徐建勇：《论贺麟的新儒者人格》，《孔子研究》，2011年第5期。

目中理想的"新式儒者"。因为贺麟清醒地认识到，当时的中国社会正处于转型时期，即由传统农业社会转型为现代工商业社会。随着社会环境的变化，儒者人格内涵也应当随之变化。换句话说，"新式儒者并不是觉解天地境界的抽象的圣人，而应当是适应现实社会需要的理想人格"①。总之，有如此"品学兼优之士"投身社会建设，"庶可进而造成现代化、工业化的新文明社会"。

　　贺麟所构拟的理想的"新式儒者"，应当具备"合理性""合时代""合人情"三个特征，"就作事的态度言，每作一事，皆须求其合理性、合时代、合人情，即可谓为儒家的态度"②。其具体内容，详见本章第二节。

　　作为现代新儒家的代表，贺麟对孔子十分尊重；但是，他并没有把孔子重塑成新儒者的楷模。在贺麟的心目中，新儒者的楷模应当是孙中山先生(1866—1925)。贺麟说③：

> 　　至于在中国，孙中山先生则无疑是有儒者气象而又具耶稣式品格的先行者。今后新儒家思想的发挥，自必尊仰之为理想人格，一如孔子之推崇周公。他的民权主义，即可以说是最能代表儒家精神的民主政治思想。三民主义中的民生主义最根本，于将来最关重要。以民族主义于抗战建国，推翻异族，打倒帝国主义，影响最大。以民权主义体系最完整，思想最精颖，表现其生平学问经验与见解最多。他对于权与能的分别，对于自由平等的真意义的注释，皆一扫西洋消极的民主主义和道家的自由放任的自然主义的弊病，而建立了符合儒

---

① 宋志明：《现代新儒学的走向》，北京：北京师范大学出版社，2009年，第169页。
② 贺麟：《儒家思想的新开展》(1941年)，《文化与人生》，北京：商务印书馆，1988年，第13页。
③ 贺麟：《儒家思想的新开展》(1941年)，《文化与人生》，北京：商务印书馆，1988年，第15—16页。

家精神,足以为开国建国大法的民权主义。而且,他在创立主义、实行革命原则中,亦以合理性、合人情、合时代为标准,处处皆代表典型中国人的精神,符合儒家的规范。在《孙文学说》"有志竟成"一章,他说:"夫事有顺乎天理,应乎人情,适乎世界之潮流,合乎人群之需要,而先知先觉者所决志行之,则断无不成者也。此古今之革命维新、兴邦建国之事业是也。""顺乎天理"即是合理性,"应乎人情"即是合人情,"适乎世界潮流,合乎人群需要"即是合时代。足见他革命建国的事业,是符合儒家合理、合情、合时的态度的,而他所创立的主义亦是能站在儒家的立场而作出的能应付民族需要和世界局势的新解答。

在贺麟看来,孙中山不但是"新儒者的楷模",也是"我们的新哲学当然的理想人物"。贺麟说①:

> 以哲学来讲任何哲学,都有一个理想的政治人物为其哲学思想所欲培养的人品准绳。易言之,每个哲学家都创造了他理想的人物。……我们的新哲学当然亦有理想人物作为向往的目标,这无疑地便是积四十年之革命、百折不回、创制民国的孙中山先生了。

在 1938 年完稿的《知行合一新论》一文中②,贺麟对孙中山予以高度评价。由此看来,这绝非偶然,因为孙中山是"有儒者气象而又具耶稣式品格的先行者",是新儒者理想人格的楷模,"代表典

---

① 贺麟:《五十年来的中国哲学》,沈阳:辽宁教育出版社,1989 年,第 76 页。
② 《知行合一新论》一文,1938 年 12 月完稿于昆明。该文后作为"国立北京大学四十周年纪念文集"之一,于 1940 年 1 月在昆明出版单行本(抽印本)。后来,又相继收入《近代唯心论简释》和《当代中国哲学》。

型中国人的精神，符合儒家的规范"。

　　其实，贺麟对孙中山的推崇与敬重，可以追溯至其青年求学时期。1929 年 5 月 19 日，留学美国的贺麟在其日记中写道①：

> 今日将 Linebarger《孙中山与中华民国》一书看毕。中山一生艰苦卓绝之精神，实令贪夫廉，懦夫立。此书之长处在写中山幼年生活及个人日常逸事，颇饶兴趣。其写中山人格，亦多中肯语。写中山言足以兴，默足以容，及其宽仁大度亦颇生动。

　　宋儒声称，诸葛孔明"有儒者气象"。贺麟对此表示认同，但又认为诸葛亮（181—234）尚不能称之为严格意义的新儒者。

　　贺麟认为，中国儒家所尊崇的政治家大约不外两型：一为伊周型（伊尹、周公），一为萧曹型（萧何、曹参）。伊周型的政治家，"同时即是圣贤，道德文章兼备，言行均可为世法则，治平之业，好像只是他们学问道德文章的副产"。可惜的是，自三代以下，这一类型的政治家甚为没落，惟有那"伯仲之间见伊吕"、被宋儒称为"有儒者气象"的诸葛孔明，比较接近此一类型。"伊周类型的政治家当然要行王道，实现大同之治"，"代表政治上的理想主义"②。具有这种理念与追求的诸葛亮，确实具备"儒者气象"，故贺麟对此表示认同。

　　在《法治的类型》一文中③，贺麟将古今中外的法治概括为三

　　① 贺麟：《哈佛日记》，载姜文闵编著：《哈佛大学》，长沙：湖南教育出版社，1988年，第 137—138 页。
　　② 贺麟：《王安石的哲学思想》（1947 年），《文化与人生》，北京：商务印书馆，1988年，第 285 页。
　　③ 贺麟：《法治的类型》（1938 年），《文化与人生》，北京：商务印书馆，1988 年，第 45—50 页。

大类型：第一类为"申韩式的法治，亦即基于功利的法治"（"西方当时所称谓的那种法西斯式的法治"①）；第二类为"诸葛式的法治，或基于道德的法治"（"诸葛亮式的或有儒者气象的法治"）；第三类为"近代民主式的法治，亦即基于学术的法治"（"近代民主或现代化的法治"，即"英美两院制那样的法治"）。贺麟强调，"必基于道德学术的法治，才是人类文化中正统的真正的法治"。贺麟当时的设想是，"第一，训政时期应该施行诸葛式的法治，政府应当负起教育、训练、组织人民的责任，强迫人民自由。如是，庶第二到了宪政时期，我们即可达到基于学术的近代民主式的法治"，"如是庶中国多年来在民权主义下，在灌输西洋民主思想的努力下所培养的一点法治根苗，自有发荣滋长之望，而我们伟大的抗战建国事业，亦可有坚实不拔的基础"。也就是说，第二种类型的法治有发展为第三种类型的法治的必要。

回到本题，诸葛亮确实有"儒者气象"，确实可以称之为"儒者"，但诸葛亮尚不是严格意义的"新儒者"，因为他没有接受"西学"（如"西洋民主思想"）的洗礼。

贺麟在承接儒家道德理想主义的同时，一方面注意到天理与人欲的协调，另一方面又注意到传统与现代的沟通，力图对儒家的传统观念加以改铸发挥，移入现代中国社会之中。他所设想的"新式儒者"人格在中国没有变为现实，但他提出的如何促使传统向现代转化的思路，对于我们今天处理传统文化与现代化的关系，仍然可以引为借鉴②。

贺麟站在现代西方的立场上来反观儒学的未来发展，将新儒家的开展、新文化的发展、新社会的建设，寄托在"新儒者"理想人

---

① 括号内引号中的文字，出自贺麟：《新版序言》(1987 年)，《文化与人生》，北京：商务印书馆，1988 年，第 1 页。

② 宋志明：《贺麟新儒学思想研究》，天津：天津人民出版社，1998 年，第 302 页。宋志明：《贺麟对新儒者的定位》，《中国矿业大学学报（社会科学版）》，2005 年第 1 期。

格的培养上。毫无疑问，这具有重要的启迪意义。众所周知，一切问题的解决都要从"人"开始，以"新人"结束。贺麟所提倡和构拟的拥有"儒者气象"的新儒者人格，至今依然散发着熠熠光辉。

二、新文化的建设：三个价值方向

贺麟所说"合理性""合时代""合人情"，是就"新儒者"作事的态度而言，"就作事的态度言，每作一事，皆须求其合理性、合时代、合人情，即可谓为儒家的态度"①。其实，这也是新文化建设的三个价值方向，并且是密不可分的三个价值方向。

（一）合理性

"合理性"，即作事要合乎理念、合乎理性、合乎理想、合乎道德。用贺麟的话说，"合理性"即所谓"揆诸天理而顺"②。

"合理性"的理性，指的是价值理性而不是工具理性。在儒家那里，天理是伦理道德的形上根据，合乎道德的就是合乎天理的。正是在这个意义上，贺麟充分肯定儒家三纲五常说的现代性意义③，并且用理念的绝对性证明三纲的绝对性、权威性。

贺麟指出，"三纲说认君为臣纲，是说君这个共相、君之理是为臣这个职位的纲纪。说君不仁臣不可以不忠，就是说为臣者或居于臣的职分的人，须尊重君之理、君之名，亦即是忠于事、忠于其自己的职分的意思。完全是对名分、对理念尽忠，不是作暴君个人的奴隶。唯有人人都能在他位分内，片面的尽他自己绝对的义务，才

---

① 贺麟：《儒家思想的新开展》（1941 年），《文化与人生》，北京：商务印书馆，1988年，第 13 页。

② 贺麟：《儒家思想的新开展》（1941 年），《文化与人生》，北京：商务印书馆，1988年，第 13 页。

③ 有兴趣的读者，不妨参看彭华：《人伦大经："五行"与"五常"》，《孔学堂》，2017年第 3 期。

可以维持社会人群的纲常"①。这种"绝对的义务"，就是康德所说的"绝对道德命令"。贺麟经过对中西伦理思想的比较与研究，竟然惊异地发现，"在这中国特有的最陈腐、最为世所诟病的旧礼教核心三纲说中"，居然有"与西洋正宗的高深的伦理思想和与西洋向前进展向外扩充的近代精神相符合的地方"；具体而言，"就三纲说之注重尽忠于永恒的理念或常德，而不是奴役于无常的个人言，包含有柏拉图的思想。就三纲说之注重实践个人的片面的纯道德义务，不顾经验中的偶然情境言，包含有康德的道德思想"②。也就是说，三纲合乎植根于人类理性的伦理准则，"三纲就是把'道德本身就是目的，不是手段'、'道德即是道德自身的报酬'等伦理识度，加以权威化制度化，而成为礼教的信条"③。因此，三纲不但具有绝对性、权威性，而且具有普遍性、有效性。

　　所谓"合理性"，也表现为合乎理性的精神。在论述"合时代"与"合人性"（"合人情"）时，贺麟尖锐而深刻地指出，"只求合时代而不合理性，是为时髦"，"只求合人性而不合理性及时代，即流为'妇人之仁'、'感情用事'或主观的直觉"④。这都会偏离儒者的价值取向。总之，对于现代儒者而言，"合理性"是最根本、最重要的，"合时代"与"合人情"都应以"合理性"为准绳。

　　所谓"合理性"，也表现为"合理想"。贺麟指出，"因为理想基于人类的本性"，"理想出于理性，人类是理性的动物，理想是构成

---

①　贺麟：《五伦观念的新检讨》（1940 年），《文化与人生》，北京：商务印书馆，1988 年，第 60 页。

②　贺麟：《五伦观念的新检讨》（1940 年），《文化与人生》，北京：商务印书馆，1988 年，第 60—61 页。

③　贺麟：《五伦观念的新检讨》（1940 年），《文化与人生》，北京：商务印书馆，1988 年，第 61 页。

④　贺麟：《儒家思想的新开展》（1941 年），《文化与人生》，北京：商务印书馆，1988 年，第 13 页。

人格的要素，人类所以异于禽兽，伟人所以异于常人，全看理想的有无和高下"①。一个人立足于理性，追求理想，改造现实生活中不符合理想的地方，才能提升人格的品位。就理论而言，"理想为主，现实为从，理想为体，现实为用"②，人类任何有意义、有价值的建树，都是理想与现实有机结合的结果。在贺麟看来，"合理性""合理想"是新式儒者首要的价值定位。"只有选择了明确的价值目标，才会自觉地追求真、善、美，成就理想人格。"③

毋庸讳言，贺麟提出的"合理性"原则，带有较为浓厚的权威主义色彩，表现出明显的理性专制主义的倾向，但他并不是有意地维护封建主义道德。我们应该看到，贺麟是在抗日战争时期这一特定的历史条件下提出此说的，是站在唯心主义的哲学立场上，对恪守伦理规范的必要性所作的一种理论论证，意在提高道德责任感和自觉性，这在当时具有维护民族群体的积极意义④。

（二）合时代

"合时代"，即作事要合乎时代的要求。用贺麟的话说，"合时代"就是"审时度势、因应得宜"，包含有"时中"之意、"权变"之意⑤。同时，贺麟又特别强调，"合时代不是漫无主宰，随波逐流"⑥。

---

① 贺麟：《理想与现实》（1941 年），《文化与人生》，北京：商务印书馆，1988 年，第103 页。

② 贺麟：《理想与现实》（1941 年），《文化与人生》，北京：商务印书馆，1988 年，第104 页。

③ 宋志明：《现代新儒学的走向》，北京：北京师范大学出版社，2009 年，第 171 页。

④ 宋志明：《贺麟新儒学思想研究》，天津：天津人民出版社，1998 年，第 289 页。宋志明：《贺麟对新儒者的定位》，《中国矿业大学学报（社会科学版）》，2005 年第 1 期。宋志明：《现代新儒学的走向》，北京：北京师范大学出版社，2009 年，第 173 页。

⑤ 贺麟：《儒家思想的新开展》（1941 年），《文化与人生》，北京：商务印书馆，1988 年，第 13 页。

⑥ 贺麟：《儒家思想的新开展》（1941 年），《文化与人生》，北京：商务印书馆，1988 年，第 13 页。

　　举例来说，儒家的创始人孔子，就深谙"时中"之道、"权变"之道①。孔子说："君子中庸，小人反中庸。君子之中庸也，君子而时中；小人之中庸也，小人而无忌惮也。"（《礼记·中庸》）孔子说："可与共学，未可与适道；可与适道，未可与立；可与立，未可与权。"（《论语·子罕》）也就是说，只要能做到"时中"，便可谓"中庸"。孔子所说的"权"，其基本含义与"时中"相似，即通达权变、随机应变；也就是说，凡事要审时度势，讲究灵活性。但权变不是无原则的权变，而是坚持原则的权变；孔子坚持的原则是仁义礼，这就是"经"。程颐（1033—1107）说："可与权，谓能权轻重，使合义也。"（《论语集注·子罕》引）正因如此，孔子被孟子称誉为"圣之时者"（《孟子·万章下》）。

　　再举一例。"礼"在中国源远流长（至少可以上溯至传说时期的尧舜时代、新石器时代的龙山文化时期），而礼乐制度的形成是中国进入文明时代的一项标志，并最终形成了独具特色的"礼乐文化"②。《礼记·礼器》云："礼，时为大。"金景芳（1902—2001）对此加以剖析，"这就是说，礼是随时代而转移，不是一成不变的。即古代有古代的礼，今日有今日的礼。以为学了孔子的礼，就一定是丧礼实行皋复饭含，食礼用簠簋笾豆，那只是食古不化，不是真正懂得孔子的礼"③。比如说，"今日冠、婚、丧、祭可继续行用，只是在仪节方面必须大大改正。朝聘则今与古大不相同了。但国际间外交往来及国内上下级相见，亦应有仪节规定。射在今日则可用足球代替。乡则属于民间聚会"④。

---

　　① 关于"时中""权变"更详细的论述，请参看拙著《忠恕与礼让——儒家的和谐世界》，成都：四川大学出版社，2008年，第57—65、182—193页。

　　② 彭华：《古礼探源——多维视角的综合考察》，《吉林大学社会科学学报》，2016年第1期。

　　③ 金景芳：《谈礼》，《金景芳晚年自选集》，长春：吉林大学出版社，2000年，第42页。

　　④ 金景芳：《谈礼》，《金景芳晚年自选集》，长春：吉林大学出版社，2000年，第48页。

对于新旧观念，贺麟曾经提出过一般性的看法，"我们对于传统的旧观念，必须取批评修正或重新解释的态度，对于符合新时代的新观念，也要取一种勿囿于成见的虚怀态度，加以明白的承受，合理的解释，如是亦可达到思想与时代的谐和"①。贺麟所云"达到思想与时代的谐和"，是合乎本小节所说"合时代"原则的。

新儒者之所以不同于先前的儒者，其中一个主要因素就是新儒者能因应时代的改变，能"审时度势、因应得宜"，能实行时代转换。比如说，新儒者要能容纳商业意识，扩大儒者的外延；再比如，新儒者要发扬民主精神，养成现代的诗礼风度；又比如，新儒者要重新认识五伦观念，使之与西方近代的人本主义精神融会贯通。贺麟从"合时代"原则出发所构想的新儒者人格，是市场经济在价值观中的体现，同以自然经济为基础的旧观念相比，无疑具有进步意义②。

（三）合人情

所谓"合人情"，用贺麟的话说，就是求其"反诸吾心而安"，"不仅求己心之独安，亦所以设身处地，求人心之共安"③。

要达到这样的目的，在处理人与人之间的关系时，就应该"以己体大""以己度人"。用时下的流行语说，就是要进行换位思考。而所谓"换位思考"，实际上就是传统儒家所推崇的"忠恕之道"。所谓"忠恕之道"，就是推己及人，"己欲立而立人，己欲达而达人"

① 贺麟：《宣传与教育》(1942 年)，《文化与人生》，上海：上海人民出版社，2011年，第 213 页。说明：贺麟在《文化与人生》此文之末所括注的写作时间和写作地点是"1944 年写于昆明"，恐系记忆之误。换言之，此文之写作时间当为 1942 年初或 1941年底，而以 1942 年初为上。

② 本段写作，参考了宋志明：《贺麟对新儒者的定位》，《中国矿业大学学报(社会科学版)》，2005 年第 1 期。

③ 贺麟：《儒家思想的新开展》(1941 年)，《文化与人生》，北京：商务印书馆，1988年，第 13 页。

（忠），"己所不欲，勿施于人"（恕）（《论语·卫灵公》）①。"推己及人"以两个原则为前提，一是人道（仁爱）原则，即肯定人的尊严，主张人和人之间要互相尊重，建立爱和信任的关系；二是理性原则，即肯定人同此心，每个人的理性都能判断是非、善恶，所以能够将心比心（"能近取譬"）②。在孔子的学生曾子看来，孔子孜孜追求的、"一以贯之"的"道"，无非就是"忠恕而已"（对自己真诚、对别人宽厚），"夫子之道，忠恕而已矣"（《论语·里仁》）。可见，忠恕是一种道德原则，是一种加强自身修养的道德原则；同时，忠恕又强调以忠诚待己待人、待事待物，坚持推己及人③。

贺麟提出"合人情"原则，在一定程度上是针对传统儒学的"重义轻利"（或"崇义贬利"）之说、宋明理学的"存天理，灭人欲"之说而发的。

董仲舒明言，"正其谊（义）不谋其利，明其道不计其功"（《汉书·董仲舒传》）④，将"利"暂时"悬置"于一边而不顾。程子亦云，"不论利害，惟看义当为不当为"（《程子遗书》卷十七），将"利"置于与"义"完全对立的地步而全然不顾。随后，朱熹、王阳明更是大倡"存天理，灭人欲"（《朱子语类》卷十二），"去人欲而存天理"（《传习录上》），地地道道走向了宗教禁欲主义。贺麟认为，"存天理，灭人欲"之说过分强调抽象化了的天理，极力排斥现实的人欲，最终陷于"以理杀人""以主义杀人"。这是极其不近人情的，必须对这种

---

① 朱熹注："尽己之谓忠，推己之谓恕。"（《论语集注·里仁》）

② 冯契：《中国古代哲学的逻辑发展》（上册），上海：上海人民出版社，1983年，第87—89页。

③ 更详细的论述，请参看拙著《忠恕与礼让——儒家的和谐世界》，成都：四川大学出版社，2008年，第120—126页。

④《春秋繁露·对胶西王越大夫不得为仁》作"仁人者正其道不谋其利，修其理不急其功"，二者含义相距甚远。张岱年怀疑《春秋繁露》所载是董仲舒原文，《汉书》所载"乃经班固修润者"（张岱年：《中国哲学大纲》，北京：中国社会科学出版社，1985年，第393页）。

观念加以纠正。

依据"合人情"原则，贺麟重新审视了道德价值（义）与功利价值（利）的关系。在贺麟看来，道德与功利非但不是对立，反而是相辅相成的，"功利与非功利（道德的）不是根本对立的，是主与从的关系。非功利是体，功利是用"，"所以功利与非功利不但不相反，实在是相成的"①。贺麟进一步指出，"近代伦理思想上有了一大的转变，早已超出了中古僧侣式的灭人欲、存天理、绝私济公的道德信条，而趋向于一方面求人欲与天理的调合、求公与私的共济，而一方面又更进一步去设法假人欲以行天理，假自私以济大公"②。

依据这种看法，贺麟不再坚持理欲对立、义利对立的观点，坦然承认人欲、功利的正当性，强调理欲、义利的相容性和共济性。在贺麟看来，如果恰当地看待人欲，人欲可以成为促使天理实现的积极因素，乃至不可缺少的前提条件。如果道德生活完全脱离了人的欲望、需求，这必然陷入空虚、贫乏和不近人情。不过，贺麟并没有放弃儒家道德至上（义以为上）的原则。在他看来，道德依旧是体，功利仍旧是用，功利是围绕着道德的轴心转的。作为现代新儒家，他不想全部推翻儒家的价值观念体系和伦理思想体系，而是谋求传统与现代的沟通与衔接。通过这样一番转换，他把由商品经济升华来的功利取向充实到儒家思想之中③。

---

① 贺麟：《功利主义的新评价》(1944年)，《文化与人生》，北京：商务印书馆，1988年，第209页。

② 贺麟：《论假私济公》(1941年)，《文化与人生》，北京：商务印书馆，1988年，第66页。

③ 宋志明：《贺麟对新儒者的定位》，《中国矿业大学学报（社会科学版）》，2005年第1期。参看宋志明：《现代新儒学的走向》，北京：北京师范大学出版社，2009年，第174页。

谨以贺麟以下数语，结束本节①：

　　凡事皆能精研详究，以求合理、合时、合情，便可谓为"曲践乎仁义"，"从容乎中道"，足以代表儒家的态度了。

---

①　贺麟：《儒家思想的新开展》(1941 年)，《文化与人生》，北京：商务印书馆，1988 年，第 13 页。

结　语

在本结语部分，拟以贺麟为叙述中心，同时结合其他诸人，较为集中地谈论三个问题（三点启示）：一是贺麟文化生命的启示，二是贺麟治学方法的启示，三是贺麟文化自信的启示。

（一）贺麟文化生命的启示

众所周知，诸葛亮（字孔明，181—234）的"淡泊明志，宁静致远"之教，早已是传颂千古的至理名言。作为杰出学人与高明哲人的贺麟，对此二语深表认同①：

> 我们认为孔明淡泊宁静之教，不惟道出了儒道两家的共同之点，且亦道出了千古学人应有的生活态度，所谓"平淡的生活与高远的思想"（Plain living and high thinking）实中外学人应有之风致。

在贺麟看来，所谓"淡泊明志，宁静致远"、所谓"平淡的生活与高远的思想"②，不仅是"儒道两家的共同之点"，而且是"千古学人应有的生活态度"，甚至是"中外学人应有之风致"。在贺麟眼里，

---

① 贺麟：《诸葛亮与道家》（1943 年），《文化与人生》，北京：商务印书馆，1988 年，第 168 页。

② 按：所谓"平淡的生活与高远的思想"，实为英国浪漫主义诗人华兹华斯（William Wordsworth，1770—1850）之名言，原文即作"Plain living and high　（转下页）

能够做到"淡泊明志，宁静致远"、能够践履"平淡的生活与高远的思想"的人物，在中国有诸葛孔明等，在西方有斯宾诺莎（Baruch de Spinoza，1632—1677）等。在世人看来，这其实就是贺麟所追求的目标，就是贺麟所景仰的境界。反观贺麟，在他漫长的学术生涯中，他确实做到了以此为则，并且身体力行。

贺麟的弟子张祥龙、张祥平说，贺麟本人的志趣是"平淡的生活，高尚的思想，在一架书里走遍古今中外"①，立志成为一位博古通今、勤于思考的哲人。

贺麟的学生汪子嵩（1921—2018）说，"贺先生是黑格尔专家，但熟识他的人却以为斯宾诺莎的生平和思想对他的影响可能更大。他喜欢引用哲学史家文德尔班纪念斯宾诺莎的那句话：'为真理而死难，为真理而生更难。'对斯宾诺莎一再遭受放逐，过着磨镜片的贫苦生活，仍孜孜不倦地研究哲学的精神赞不绝口"②，"为真理而几次遭受放逐，以磨镜片度生的斯宾诺莎，是贺先生的理想人格化身"③。贺麟的弟子洪汉鼎说，"多年和贺师的接触，我深感他对黑格尔是一种理智上的理解，而对斯宾诺莎则是一种情感上的共鸣"④。

贺麟不仅以此要求自己，而且也以此教导他人（比如学生）。贺麟的学生陈修斋（1921—1993）回忆⑤：

———————

（接上页）thinking"。贺麟求学清华时的老师吴宓，即颇喜此语，见吴宓著、吴学昭整理：《吴宓日记》第二册，北京：生活·读书·新知三联书店，1998年，第135页。

① 张祥平、张祥龙：《从唯心论"大师"到信仰唯物主义的革命者》，《人物》，1987年第6期，第84页。

② 汪子嵩：《漫忆西南联大哲学系的教授》，《书摘》，2007年第10期，第17页。

③ 张建安：《汪子嵩先生访谈录》，《江淮文史》，2014年第2期。

④ 洪汉鼎：《贺师与斯宾诺莎》，《客居忆往：哲学人生问答录》，北京：中国人民大学出版社，2016年，第366页。

⑤ 陈修斋：《哲学生涯杂记》，《哲学人生：陈修斋先生90周年诞辰纪念文集》，北京：人民出版社，2011年，第150页。

　　从听贺先生讲哲学课中，我领悟到学哲学主要不只是为学到一些知识，而是要懂得关于宇宙人生的大道理，提高自己的精神境界，以求得精神上的"安身立命"之所。我至今还清晰地记得贺先生在那战时筑泥为墙、茅草盖顶的简陋教室里，教我们不要多计较物质享受而要追求一种"精神生活"的道理时的神情。

　　贺麟如此自我期许，如此教导他人，有其深远的启示意义与深厚的文化价值。贺麟曾经语重心长地指出，"就个人言，如一个人能自由自主，有理性、有精神，他便能以自己的人格为主体，以中外古今的文化为用具，以发挥其本性，扩展其人格"①。这样的人，才能更好地贡献于文化建设。

　　这是贺麟文化生命的启示！

（二）贺麟治学方法的启示

　　1993 年，宋祖良、范进所编《会通集：贺麟生平与学术》由生活·读书·新知三联书店出版。书名中的"会通"二字，极好地概括了贺麟的治学方法和学术境界。

　　在治学方法上，贺麟特别注重"中西比较""融会贯通"；在学术境界上，贺麟完全达到"学贯中西""博古通今"。这是有目共睹的事实，也是举世公认的事实。

　　1930 年 8 月，贺麟完成了其学术生涯中具有里程碑意义的论文《朱熹与黑格尔太极说之比较观》。这是他开始从事中西哲学比较的标志。贺麟坦然相陈，"我是想从对勘比较朱熹的太极和黑格尔的绝对理念的异同，来阐发两家的学说。这篇文章表现了我的

---

　　① 贺麟：《儒家思想的新开展》(1941 年)，《文化与人生》，北京：商务印书馆，1988年，第 6 页。

一个研究方向或特点，就是要走中西哲学比较参证、融会贯通的道路"①。于此，今人有语云，"用这样的中西比较的方法研究以黑格尔为具体对象的德国哲学，这是现代中国研究西方哲学的学术史上的创获"②。

贺麟不仅以身作则、光辉示范，而且著书撰文、大力呼吁。在《中国哲学与西洋哲学》一文中，贺麟郑重其事地写道："今后中国哲学的新发展，有赖于对于西洋哲学的吸收与融会，同时中国哲学家也有复兴中国文化、发扬中国哲学，以贡献于全世界人类的责任自不待言。……无论中国哲学，甚或印度哲学，都是整个哲学的一支，代表整个哲学的一方面，我们都应该把它们视为人类的公共精神产业，我们都应该以同样虚心客观的态度去承受，去理会，去撷英咀华，去融会贯通，去发扬光大。"③直至晚年，贺麟依然坚持这一理念，"我非常强调贯通二字。新文化的建设要中外贯通，古今融会"④。

后人对贺麟治学方法和学术境界的评价，也多措意于此。钟肇鹏(1925—2014)曾经说："余尝谓川籍学人，唯蒙文通先生会通今古，贺自昭先生学贯中西，皆卓然成一家言。"⑤张祥龙说："总之，作为一位以学术救国、救民族文化为己任的学者，贺麟的治学方法表现出他在思想上沟通中西的卓越努力，亦表明中华文化在

---

① 贺麟：《五十年来的中国哲学》，沈阳：辽宁教育出版社，1989年，第119页。

② 李鹏程：《简论贺麟师新心学中的中西文化融通》，载岑庆祺主编：《濠江哲学文集》，保定：河北大学出版社，2002年，第335页。

③ 贺麟：《中国哲学与西洋哲学》，《哲学与哲学史论文集》，北京：商务印书馆，1990年，第127页。

④ 孙尚扬：《文化哲学与新文化的建设——访贺麟先生》，载景海峰主编：《国学集刊》(第4辑)，北京：商务印书馆，2018年，第178页。

⑤ 钟肇鹏：《序》，载蔡方鹿、刘兴淑：《蒙文通经学与理学思想研究》，成都：巴蜀书社，2007年。

千摧百折的困境中仍然涌动的生命力。"①而李景源在贺麟先生百年诞辰纪念会上的开幕辞,则带有"盖棺论定"性质,"在他的学术生涯中,中西哲学形影不离,相得益彰。一方面致力于西方哲学的中国化,一方面致力于中国哲学的世界化,为推进中西文化交流作出了奠基性的工作"②。王志捷在总结贺麟文化理论的特点及其启示时,亦尝专门揭示这一点,"贺麟的文化理论融会中西、综合创新,具有宽阔的心胸、开放的视野和恢宏的识度,它为我们继承民族传统文化的优秀遗产,广泛吸收人类文化的优秀成果,建立综合创新的新文化提供了宝贵的历史经验"③。

其实,贺麟所坚守的治学理念,与王国维(1877—1927)可谓不谋而合、异曲同工。王国维曾经断言,"异日发明光大我国之学术者,必在兼通世界学术之人,而不在一孔之陋儒,固可决也"④,"余谓中西二学,盛则俱盛,衰则俱衰。风气既开,互相推助。且居今日之世,讲今日之学,未有西学不兴而中学能兴者,亦未有中学不兴而西学能兴者"⑤。

先贤之仪轨,岂可熟视无睹? 俊杰之令绪,岂可置若罔闻? 师法先贤之仪轨,接续俊杰之令绪;华夏子孙,与有责焉!

这是贺麟治学方法的启示!

---

① 张祥龙:《贺麟的治学之道》,《哲学研究》,1992 年第 11 期。后收入胡军编:《观澜集》,北京:北京大学出版社,2004 年。

② 李景源:《纪念贺麟先生百年诞辰座谈会上的开幕辞》,《贺麟先生百年诞辰纪念文集》,北京:中国社会科学出版社,2009 年,第 4 页。

③ 王志捷:《贺麟文化理论研究》,北京:首都师范大学出版社,2007 年,第 253—254 页。

④ 王国维:《奏定经学科大学文学科大学章程书后》(1906 年),《静庵文集续编》,《王国维遗书》第五册,上海:上海古籍书店,1983 年(据商务印书馆 1940 年版《海宁王静安先生遗书》影印)。

⑤ 王国维:《国学丛刊序》(1911 年),《观堂别集》卷四,《王国维遗书》第四册,上海:上海古籍书店,1983 年(据商务印书馆 1940 年版《海宁王静安先生遗书》影印)。

（三）贺麟文化自信的启示

通观贺麟整个的文化生命、学术精神与价值理念，我们可以发现：贺麟力求沟通传统与现代、会通中学与西学，用西方的近代精神来重新诠释中国的传统国学（尤其是陆王之学），使其焕发出勃勃生机，从而形成足以建立自我、完善人格、恢复民族自信心（尤其是文化自信）的新的民族文化。这就是贺麟所说的"学术建国"的文化使命①，也是贺麟自觉担当的历史任务。

诚如王伟光所说，"以贺麟先生为代表的那一代学者具有自己鲜明的特点，一方面，他们具有深厚的学术积累，开阔的学术视野，高超的学术造诣，在中西会通方面作出了突出贡献；另一方面，他们又具有一种强烈持久的家国情怀，对中华民族怀有深厚的感情，对民族精神高度敏感，对时代问题深度关切，同时自觉把个人的学术研究与国家前途和民族命运紧密结合起来，为构建中华民族自己的哲学理论不懈奋斗。这一点对当代中国哲学工作者来说，尤其可贵"②。换句话说，文化自信既关涉个体自我，也关涉民族和国家，并且是三位一体的统一体。

对于中国文化之未来，我们不应当丢掉"自信力"（借用鲁迅语），而应当满怀信心。不仅要有理论自信，更要有文化自信。这是贺麟的也是诸多有识之士的文化自信。

诚如陈寅恪（1890—1969）所说："华夏民族之文化，历数千载之演进，造极于赵宋之世，后渐衰微，终必复振。譬诸冬季之树木，虽已凋落，而本根未死，阳春气暖，萌芽日长，及至盛夏，枝叶扶疏，

---

① 具体内容，详见贺麟：《抗战建国与学术建国》(1938年)，《文化与人生》，北京：商务印书馆，1988年，第18—23页。

② 王伟光：《开启新时代中国哲学繁荣发展的新征——在中国青年哲学论坛(2017)暨首届贺麟青年哲学奖评审会议上的讲话》，《哲学研究》，2018年第1期。

亭亭如车盖,又可庇荫百十人矣。"①

　　再如贺麟(1902—1992)所说:"如果无论政治、社会、文化、学术上各项问题的解决,都能契合儒家精神,都能代表中国人的真意思、真态度,同时又能善于吸收西洋文化的精华,从哲学、科学、宗教、道德、艺术、技术各方面加以发扬和改进,我们相信,儒家思想的前途是光明的,中国文化的前途也是光明的。"②

　　又如张岱年(1909—2004)所说:"二十一世纪将是中国文化复兴的世纪,中国文化必将赶上西方的步伐,而且独放异彩。"③

　　我们相信,中国文化将来一定会大放光彩。

---

　　① 陈寅恪:《邓广铭宋史职官志考证序》(1943 年),《金明馆丛稿二编》,北京:生活·读书·新知三联书店,2001 年,第 245 页。
　　② 贺麟:《儒家思想的新开展》(1941 年),《文化与人生》,北京:商务印书馆,1988 年,第 17 页。
　　③ 张岱年:《中国文化的改造与复兴》,《南京社会科学》,1991 年第 5 期;《文化与价值》,北京:新华出版社,2004 年,第 252 页。

附录一 贺麟学行年表

1902—1908 年（光绪二十八年至三十四年） 0—7 岁

贺麟，又名光瑞，字自昭，清光绪二十八年八月十九日（1902 年 9 月 20 日）出生于四川省金堂县（位于成都市东北部）五凤溪（今五凤镇）杨柳沟村一个乡绅家庭。

贺氏，其先为庆氏，起源于姜姓。据贺氏宗谱记载，贺氏祖籍湖南洞口县。贺氏家族第六十六代子龙公，是蜀中贺氏家族的始祖。清康熙、雍正年间，子龙公只身由湘入川，落籍于金堂县五凤溪梅子岭（现名红字岭）。

曾祖父贺道四，字震知，贺氏第七十二代，清道光年间贡生。祖父贺学从（1852—1939），字克武，贺氏第七十三代，清咸丰年间监生。贺麟后来回忆说，他受益于祖父甚多。父亲贺明真（1880—1937），字松云，晚清庠生（秀才），卒业于尊经书院，曾主持乡里和县里的财政、教育事务——当过金堂县财政科长、邑高小校长。居家期间，贺松云常教贺麟读《朱子语类》和《传习录》。母亲陈氏（1885—1938），育有五子。

贺麟兄弟五人，贺麟居长。二弟光煜，三弟光菊，四弟光璧，五弟光瑀。四弟光璧（字蕴章），1917 年 3 月生于五凤溪，1942 年西南联合大学毕业后参加抗战，1949 年随国民党空军司令部迁往台湾，空军少将军衔。2013 年 11 月 10 日，病逝于台湾。

1909 年（宣统元年） 8 岁

本年，贺麟按规矩进入私塾读书，不久随姑太到镇上读小学。虽然所学仍不外乎四书五经，且重在记诵而轻乎理解，但幼年贺麟却凭其聪慧，亦稍能领悟儒家思想之奥义而深受其熏陶，尤其是对宋明理学，虽只是一知半解、浅知粗义，但却特别感兴趣，这为他后来研习国学打下了基础。贺麟后来回忆说,"我从小深受儒家熏陶,特别感兴趣的是宋明理学,我认为治哲学应以义理之学为本,词章经济之学为用,哲学应当与文化陶养、生活体验结合"①。

1914—1916 年(民国三年至五年)　13—15 岁

贺麟 13 岁小学毕业,但因身材矮小、身体瘦弱,父母不放心他独自到外地读书,遂命贺麟仍在小学进修。书籍为贺麟打开了一扇超越时空的窗口,他暗暗立下志愿,"我要读世界上最好的书,以古人为友,领会最好的思想"。

1917—1918 年(民国六年至七年)　16—17 岁

本年,贺麟考入省立成(都)属联中——石室中学。贺麟的普通科目成绩平平,但国文课却锋芒大露,是"全校能把文章写通的两个人之一"(国文老师语)②。

1919 年(民国八年)　18 岁

本年秋,贺麟以优秀成绩考入北京清华学校(原名"清华学堂",清华大学的前身),属中等科二年级,开始接受长达七年的正规高等教育。初入清华的贺麟,对洋化的环境很不适应,这使他常常感到孤寂,有时甚至有被人欺侮之感。不过,一些受人欺负的小同学也因此愿意与他同住一室。贺麟后来还曾经被选为班长,四年级时一度被选为级长。

在清华读书期间,贺麟在思想上受到梁启超(1873—1929)、梁漱溟(1893—1988)、吴宓(1894—1978)等人的影响。

1920 年(民国九年)　19 岁

春,梁启超应聘到清华讲"国学小史"。贺麟善始善终,坚持听完该课程。

暑假,贺麟随学校组织的消夏团到北京西山卧佛寺开展集体活动。贺麟接触到大自然的泉溪山林,还撰写了一首自由体小诗《荷花池诗人们》。

本年,校内服务性的《清华周刊》选编辑,贺麟被选中。

1921 年(民国十年)　20 岁

本年,贺麟仍在清华学校学习。

在清华学校学习期间,贺麟听过梁启超讲授的"中国文学"。

---

① 贺麟:《康德黑格尔哲学东渐记》,《中国哲学》第二辑,北京:生活·读书·新知三联书店,1980 年,第 376 页。贺麟:《五十年来的中国哲学》,沈阳:辽宁教育出版社,1989 年,第 117 页。

② 张祥龙:《贺麟传略》,《晋阳学刊》,1985 年第 6 期,第 52 页。

1922 年(民国十一年)　21 岁

10 月,德国哲学家杜里舒(Hans Driesch,1867—1941)继杜威(John Dewey,1859—1952)、罗素(Bertrand Russell,1872—1970)之后来中国讲学。贺麟说,"他到中国后,在张东荪和张君劢的支持下,大量贩卖柏格森以来的进化论和生机论学说"①。

本年,发表文章二篇《中等科学生睡觉的时间问题》《清华烟台消夏团纪事》,分别载《清华周刊》第 247、251 期。

1923 年(民国十二年)　22 岁

贺麟先后听梁启超所开几门关于中国学术思想史的课程,对学术研究产生浓厚兴趣。有一天,贺麟拿着一张书单冒昧造访梁启超,请他指导。梁启超建议贺麟读清人戴震(字东原,1723—1777)的书,并将焦循(字理堂,1763—1820)的《雕菰楼文集》借给贺麟。(贺麟在清华毕业时,还请梁启超写了一幅对联赠给父亲。贺麟又引证孔子讲仁勇的话,专门写成一个横幅以为座右铭。)

在梁启超指导下,贺麟写成《戴东原研究指南》一文,发表于《晨报》副刊(1923 年 12 月 8—12 日),又在《清华周刊》发表《博大精深的焦理堂》。

本年,贺麟回老家与刘自芳(1901—1957)完婚。刘自芳,金堂县赵家渡人。婚后二十天,贺麟即外出求学,八年后始与刘自芳再次见面。期间,刘自芳接受了两年左右的中学教育,后曾担任两年左右的乡村小学校长。

本年,在《石室学报》发表文章一篇(《人类表现欲之研究》)、译作一篇(《文学批评》)。《石室学报》由旅外石室同学总会发行。

1924 年(民国十三年)　23 岁

本年,贺麟仍在清华学校学习。

某月,梁漱溟应邀来清华短期讲学,贺麟抓住这一良机,拜访梁漱溟几次。梁漱溟推崇王阳明(1472—1528),他对贺麟说,"只有王阳明的《传习录》与王心斋的书可读,别的都可不念"②。

---

① 贺麟:《五十年来的中国哲学》,沈阳:辽宁教育出版社,1989 年,第 87 页。

② 张祥龙:《贺麟传略》,《晋阳学刊》,1985 年第 6 期,第 52 页。张祥平、张祥龙:《从唯心论"大师"到信奉唯物主义的革命者——记翻译家、哲人贺麟》,《贺麟先生百年诞辰纪念文集》,北京:中国社会科学出版社,2009 年,第 193 页。

本年,张颐(1887—1969)回国主持北京大学哲学系,讲授康德和黑格尔哲学。至此,"西方古典哲学才开始真正进入了中国近代大学的哲学系","我们中国才开始有够得上近代大学标准的哲学系"①。

1925 年(民国十四年) 24 岁

5 月 30 日,震惊中外的"五卅惨案"发生(因血案发生于上海,故亦称"沪案")。随后,为支援上海人民的反帝爱国斗争,全国各大中城市相继成立了"沪案后援联合会"。贺麟被选为"沪案(五卅惨案)后援团"的两个宣讲人之一,于暑假公费到石家庄、太原、开封、洛阳、信阳等地宣传鼓动,宣传"三民主义"。贺麟在火车上一口气读完了孙中山(1866—1925)关于"三民主义"的讲演集,被深深地打动了,不禁断言:"中国的未来是属于三民主义的天下!"

5 月,在《石室学报》第 4 期发表译作一篇(《卜蒲之八不主义》)。

9 月,贺麟所撰《新同学新校风》刊于《清华周刊》第 24 卷第 2 期,文章提倡忠孝、仁爱、信义、和平等"中国固有之美德"和孔孟"忠恕之道"。

9 月,贺麟任《清华周刊》总编辑;张荫麟主持《书报介绍副刊》,陈铨主持《文艺副刊》。三人把《清华周刊》办得活泼丰富,学术气味十足。

2 月,清华国学研究院筹备委员会成立,吴宓被任命为筹备委员会主任。9 月 14 日,清华国学研究院正式成立。吴宓在担任清华国学研究院主任期间,没有为研究院学生开课,仅为旧制留美预备部高年级学生开设选修课"翻译"(外文翻译),讲授翻译的原理和技巧,并辅之以翻译练习。当时仅有贺麟、张荫麟(1905—1942)、陈铨(1905—1969)、杨昌龄几个学生选修此课,而贺麟、张荫麟、陈铨最为认真,三人后被称为"吴门三杰"。

在吴宓的悉心指导下,贺麟的翻译水平迅速提高。贺麟开始翻译英文诗歌和散文,阅读严复的译作。后撰成《严复的翻译》一文,发表于《东方杂志》第 22 卷第 21 期(1925 年 11 月)。该文从选择翻译对象、厘定翻译标准、产生

---

① 贺麟:《五十年来的中国哲学》,沈阳:辽宁教育出版社,1989 年,第 96、25 页。按:贺麟两处文字均云 1923 年,实属记忆之误。张颐于 1924 年 4 月回国,7 月就任北京大学哲学系教授,详见张文达:《张颐年谱》,附录于侯成亚、张桂权、张文达编译:《张颐论黑格尔》,成都:四川大学出版社,2000 年,第 256—257 页。

翻译的副产品三方面讨论了严复的贡献以及值得借鉴的地方。自从严复（1854—1921）去世后，这是系统讨论其翻译的第一篇研究论文。它在很大程度上体现了贺麟的学术理想，"预示了他今后也像吴宓介绍西方古典文学那样走介绍西方古典哲学的道路"①。

在吴宓的影响下，贺麟打算"步吴宓先生介绍西方古典文学的后尘，以介绍和传播西方古典哲学为自己终身的'志业'"②。

本年，基督教大同盟在北平举行会议。12月，贺麟代表《清华周刊》，在本刊第365期发表《论研究宗教是反对外来宗教传播的正当方法》，表明他对外来宗教所持有的理性的同情态度。他认为，"反对外来宗教传播最公平、最公正、最有效的根本办法厥为研究基督教"，强调"对于外国的学说、主义、宗教，亦须用科学眼光重新估定价值，精研而慎择之"，主张"重新估定耶教在中国的价值"。

1926年（民国十五年）　25岁

夏（7月），贺麟毕业于清华学校。多年的求学生涯使他深刻地认识到，"一个没有学问的民族，也是要被别的民族轻视的"③。为此，他决定远涉重洋，赴美求学。8月，贺麟乘一艘美国客轮离开祖国，踏上了"西天取经"之路。9月，贺麟插班进入俄亥俄州的奥柏林大学（Oberlin College）哲学系三年级学习，希望学得西方古典哲学这个西方文化的正宗，并把它介绍到中国，借以帮助解决中国的根本问题。

在奥柏林大学，贺麟学习了拉丁文、心理学、哲学史、宗教哲学、伦理学以及圣经等课程，并听过英国著名哲学家罗素的两次演讲。

在奥柏林大学学习期间，贺麟先后撰写了《神话的本质和理论》《魔术》《村社制度研究》《结婚、离婚的历史和伦理》《论述吉伍勒的伦理思想》等论文，诸文后皆收入《哲学与哲学史论文集》。

---

①　张祥龙：《贺麟传略》，《晋阳学刊》，1985年第6期，第53页。

②　贺麟：《康德黑格尔哲学东渐记》，《中国哲学》第二辑，北京：生活·读书·新知三联书店，1980年，第376页。贺麟：《五十年来的中国哲学》，沈阳：辽宁教育出版社，1989年，第117页。

③　张祥龙：《贺麟传略》，《晋阳学刊》，1985年第6期，第53页。齐家莹编撰，孙敦恒审校：《清华人文学科年谱》，北京：清华大学出版社，1999年，第37页。

奥柏林大学的一切都使贺麟感到振奋不已，情不自禁地挥笔写下小诗一首①：

> 七级书楼破万卷，礼拜厅里悔过愆。
> 彼得院中受经纬，光芒火蕴冲霄汉。

本年，在《清华周刊》1926年纪念号增刊发表《林纾严复时期的翻译》。

1927年（民国十六年）　26岁

为纪念斯宾诺莎（Baruch de Spinoza，1632—1677）逝世250周年，耶顿夫人（Mrs. Yeaton）在家举办课外读书会，贺麟是该读书会的七位成员之一。耶顿夫人教授伦理学，但在课外还给贺麟等几位同学讲黑格尔的《精神现象学》和斯宾诺莎哲学，"由于她的启发，奠定了我后来研究黑格尔和斯宾诺莎哲学的方向和基础，所以她是我永生难忘、终身受益的老师"②。

暑假，贺麟路过芝加哥，和几位朋友乘车前往威斯康星州拉辛市（Rachine）的泰勒沙龙（Taylor Hall），自此加入东方学生会。

北伐胜利挺进的消息传至美国，贺麟极其兴奋，在"东方学生会"举办的学术会议上宣读论文《中国革命的哲学基础》。所谓"中国革命"，指的就是广东革命军挥师北伐。该文后发表于《清华年刊》英文版。

10月10日，发表《西洋机械人生观最近之论战》，《东方杂志》第24卷第19期。该文后收入《近代唯心论简释》，又收入《哲学与哲学史论文集》。

1928年（民国十七年）　27岁

2月，贺麟修满学分，以优异成绩从奥柏林大学毕业（提前半年），获文学士学位。贺麟的学士论文是《斯宾诺莎哲学的宗教方面》，该文后收入《哲学与哲学史论文集》。

3月，贺麟转入芝加哥大学专攻哲学。在芝加哥大学，贺麟选习了米德（George Herbert Mead，1863—1931）教授的"黑格尔精神现象学""柏格森生命哲学"课程，斯密士（Thomas Vernor Smith，1890—1964）教授的"格林、布

---

① 贺麟：《我学习〈精神现象学〉的经过》，《贺麟先生百年诞辰纪念文集》，北京：中国社会科学出版社，2009年，第7页。

② 贺麟：《哲学与哲学史论文集·序言》，北京：商务印书馆，1990年，第2页。

拉德雷、西吉微克、摩尔的伦理学"课程以及塔尔兹的"政治伦理"课程。贺麟十分推崇格林(Thomas Hill Green,1836—1882)哲学,并开始接受新黑格尔主义思想,写成《托玛斯·希尔·格林》一文。另外,在《芝加哥道德论坛》上发表《中国革命胜利的主导思想》。

1929 年(民国十八年)　28 岁

9 月,贺麟因"不满于芝加哥大学偶尔碰见的那种在课上空谈经验的实用主义者",遂于 1929 年下半年(9 月)转入哈佛大学,"目的在进一步学习古典哲学家的哲学"①。哈佛大学是美国名牌大学,极重西方古典哲学,这很合一向注重义理的贺麟的兴趣。贺麟在哈佛大学选听"康德哲学""黑格尔哲学""斯宾诺莎哲学"等课,以及哲学家怀特海教授的"自然哲学"课。有一次,贺麟、沈有鼎(1908—1989)、谢幼伟(1905—1976)三人曾和怀特海(Alfred North Whitehead,1861—1947)交谈中国哲学问题。

秋,至康果瞻仰爱默生(Ralph Waldo Emerson,1803—1882)陵墓。

本年,贺麟在听霍金(William Ernest Hocking,1873—1966)教授"形而上学"课后,写成论文《斯宾诺莎身心平行论的意义及其批评者》。霍金教授认为论文有创新思想,给以满分。随后,贺麟根据霍金教授的意见对论文又加以补充、修改。该文后刊于《哲学研究》1985 年第 11 期,又收入《哲学与哲学史论文集》。

本年,贺麟用英语写了一篇论文,题为《基督教和中国的民族主义运动》。该文后收入《文化与人生》,贺麟在文末有"附释"。

本年,贺麟毕业于哈佛大学,获哲学硕士学位。贺麟完成两篇论文,即《道德价值与美学价值》《论自然的目的论》。二文后收入《哲学与哲学史论文集》。

在美国期间,贺麟曾经听过罗素(Bertrand Russell,1872—1970)的三次演讲。

1930 年(民国十九年)　29 岁

夏,为了真正掌握黑格尔哲学的精髓,贺麟婉言谢绝了乌尔夫森教授(Harry Austryn Wolfson,1887—1974)要他继续攻读博士学位的挽留,离开

---

① 贺麟:《现代西方哲学讲演集》,上海:上海人民出版社,1984 年,第 161 页。

美国赴德国柏林大学专攻德国古典哲学。

在柏林大学，贺麟选修了迈尔（Heinrich Meier, ?—1934）的"哲学史"课、著名哲学家哈特曼（Nicolai Hartmann, 1882—1950）的"历史哲学"课，研读了有关黑格尔生平及其学说的德文论著，如克朗纳（Richard Kroner, 1884—1974）的《从康德到黑格尔》、格罗克纳（Hermann Glockner, 1896—?）的《黑格尔》、哈特曼（Nicolai Hartmann, 1882—1950）的《德国唯心主义哲学》、狄尔泰（Wilhelm Dilthey, 1833—1911）的《青年黑格尔的历史》。其中，哈特曼对贺麟的影响最大，他使贺麟认识到辩证法在黑格尔哲学体系中的核心作用。

8 月，贺麟完成了其学说生涯中具有里程碑意义的论文《朱熹与黑格尔太极说之比较观》。贺麟试图把儒家传统哲学同西方哲学融合起来，以推进儒家哲学的现代化，这是他开始从事中西哲学比较的标志。该文后刊于《大公报·文学副刊》第 147 期（1930 年 11 月 3 日），后又作为附录收入《黑格尔学述》一书（1936 年），又收入《黑格尔哲学讲演集》（1986 年）。贺麟说，"我是想从对勘比较朱熹的太极和黑格尔的绝对理念的异同，来阐发两家的学说。这篇文章表现了我的一个研究方向或特点，就是要走中西哲学比较参证、融会贯通的道路"①。

本年，贺麟担任过一届东方学生会主席。

1931 年（民国二十年）　30 岁

在德国留学期间，结识著名的斯宾诺莎专家、《斯宾诺莎全集》的编辑者格希哈特（Carl Gebhardt，犹太人），被邀请到法兰克福附近的"金溪村舍"做客。由格希哈特介绍，贺麟加入国际斯宾诺莎学会（Societas Spinozana）。

8 月，贺麟结束了五年的欧美求学生涯，自柏林出发经欧亚铁路回到祖国。8 月 28 日，抵达北京。同路回国的，有贺麟在清华上学时的老师吴宓教授②。

9 月，经北京大学数学系主任杨武之（1896—1973）教授推荐，贺麟受聘为北京大学哲学系讲师，主讲"哲学问题""西方现代哲学""伦理学"等

---

① 贺麟：《五十年来的中国哲学》，沈阳：辽宁教育出版社，1989 年，第 119 页。
② 吴宓著，吴学昭整理：《吴宓日记》第五册，北京：生活·读书·新知三联书店，1998 年，第 425—427 页。

课程。

9月初，在吴宓陪同下，贺麟拜访了时任清华大学文学院院长兼哲学系主任的冯友兰(1895—1990)教授。冯友兰邀请贺麟在清华大学开课，讲授"西洋哲学史""斯宾诺莎哲学"两门课程，每周四小时。他讲课的最大特点是"情理交融"。他的讲课深入浅出，语言生动，如行云流水，引人入胜，深受学生的欢迎。

"九一八"事变后，贺麟接受《大公报·文学副刊》编辑吴宓的邀请，作长篇论文《德国三大伟人处国难时之态度》，分7期连载于《大公报》。该文以拿破仑(Napoléon Bonaparte, 1769—1821)入侵德国时，德国三大哲人歌德(Johann Wolfgang von Goethe, 1749—1832)、黑格尔(Georg Wilhelm Friedrich Hegel, 1770—1831)、费希特(Johann Gottlieb Fichte, 1762—1814)何以自处的事迹警策国人，借此宣传爱国主义，鼓舞抗战士气。《德国三大伟人处国难时之态度》刊出后，收到了很好的宣传效果。

1932年(民国二十一年)　31岁

3月25日，应北京燕京大学学生会代表许宝騄(1909—2001)的邀请，作题为《论意志自由》的演讲，在座者有张君劢(1887—1969)、容庚(1894—1983)等。这是贺麟回国后的初次讲演。演讲词后以《我之意志自由观》为名，刊于《大公报·现代思潮》第36、38期，1932年5月28日、1932年6月1日。收入《近代唯心论简释》《哲学与哲学史论文集》时，改题为《论意志自由》。

夏，贺麟路过南京，与柳诒徵(1880—1956)、郭斌龢(1900—1987)、范存忠(1903—1987)、景昌极(1903—1982)、缪培林诸人聚餐。次日，贺麟由景昌极陪同，至支那内学院拜见欧阳竟无(1871—1943)，"受到亲切的接见，并愉快地谈了约两个小时"①。

7月，为纪念黑格尔逝世100周年，贺麟完成《黑格尔学述》译序，发表在《国风》半月刊第2卷第5、6号上。

11月14日，发表译作《斯宾诺莎与奥登堡论学书札》，《大公报·文学副刊》第254期，1932年11月14日。

---

① 贺麟：《唐君毅先生早期哲学思想》，《哲学与哲学史论文集》，北京：商务印书馆，1990年，第201页。

11月21日,发表《斯宾诺莎的生平及其学说大旨》,《大公报·文学副刊》第255期,1932年11月21日。此文为"大哲学家斯宾诺莎诞辰三百年纪念"而作,后曾作为1943年商务印书馆初版《致知篇》一书的译者导言,又收入《近代唯心论简释》《哲学与哲学史论文集》。

11月21日,为纪念斯宾诺莎诞辰300周年,发表《斯宾诺莎像赞》,《大公报·文学副刊》第255期,1932年11月21日。

本年,被北京大学聘为副教授,兼任清华大学讲师。

1933年(民国二十二年)　32岁

在张荫麟陪同下,贺麟前往清华大学访问了哲学系教师张岱年(1909—2004)。后来张岱年与冯让兰举行婚礼,贺麟还临时充当了证婚人(证婚人本来是梅贻琦)。

春,《华北日报》主编邀请贺麟担任该报"哲学副刊"编者,贺麟为其撰《〈华北日报〉哲学副刊发刊词》。发刊词说:"哲学是一种学养。哲学的探究是一种以学术培养品格,以真理指导行为的努力。哲学之真与艺术之美、道德之善同是一种文化,一种价值,一种精神活动,一种使人生高洁而有意义所不可缺的要素。"[1]

又,贺麟本年在《华北日报》"哲学副刊"发表过《杂文三则》——《真理与真情》《文化与文明》《论人禽异同》,后收入《哲学与哲学史论文集》。

1月,发表《斯宾诺莎的生平及其学说概要》,《大公报·文学副刊》第264期,1933年1月23日。该文后曾作为1943年商务印书馆初版《致知篇》一书的译者导言,又收入《近代唯心论简释》。

3月,发表《黑格尔之为人及其学说概要》,《大陆杂志》第1卷第9期。这是《黑格尔学述》的第一章。

7月,翻译鲁一士(Josiah Royce,1855—1916)所著《黑格尔的精神现象学》,译文刊于《哲学评论》第5卷第1期。

1934年(民国二十三年)　33岁

元旦下午,张荫麟偕伦明(1875—1944)之女伦慧珠和容庚(1894—1983)之儿女至贺麟寓所访谈,这是二人阔别七年以来的首次见面。

---

[1] 贺麟:《〈华北日报〉哲学副刊发刊词》(1933年),《哲学与哲学史论文集》,北京:商务印书馆,1990年,第120页。

3月，《近代唯心论简释》发表于《大公报·现代思潮》周刊。《近代唯心论简释》是贺麟"哲学思想的宣言"，"此后的许多文章，都是此文所阐述的基本思想的扩充与引申"①。《近代唯心论简释》的发表，标志着贺麟草创"新心学"的开端。

4月23日，发表《黑格尔印象记》（何陀原著，贺麟译），《清华周刊》第41卷第5期。

7月，《德国三大伟人处国难时之态度》由大学出版社出版单行本。

10月，贺麟、金岳霖（1895—1984）、冯友兰（1895—1990）、黄子通（1887—1979）受同行委托，筹备召开哲学年会。

11月，发表《从叔本华到尼采——评赵懋华著〈叔本华学派的伦理学〉》，《大公报·文学副刊》第305期，1934年11月6日。

12月，发表《道德进化问题》，《清华学报》第9卷第1期，1934年3月。该文收入《近代唯心论简释》时，改题为《论道德进化》；收入《哲学与哲学史论文集》时，保持原题《道德进化问题》。

1935年（民国二十四年）　34岁

1月，翻译亨利希·迈尔《五十年来的德国哲学》并加附释，文章以《最近五十年之西洋哲学》为题，刊于《新民》第1卷第1期。该文后被编入冯至（1905—1993）编校的《五十年来的德国学术》（商务印书馆）一书中，又作为附录收入《西方现代哲学讲演集》。

春，发表《怎样研究逻辑》（上、下），《出版周刊》新第163、164期。该文后收入《近代唯心论简释》。

4月，汤用彤（1893—1964）、冯友兰、金岳霖等哲学界同仁发起成立"中国哲学会"，并在北京大学举行中国哲学会第一届年会（4月13—14日）。在第一届年会上，贺麟当选为理事兼秘书。

本年，撰写《经济与道德》，该文后于1936年发表于《国闻周报》第13卷第3期。该文后收入《文化与人生》。

1936年（民国二十五年）　35岁

本年，升任北京大学教授，兼任清华大学讲师。

---

① 《贺麟选集·前言》，长春：吉林人民出版社，2005年，第4页。《前言》未署名，而《贺麟选集》的编者是张学智，据此推测：《前言》的作者当为张学智。

1月和9月,《宋儒的思想方法》分别刊于《东方杂志》第33卷第2期和《哲学评论》第7卷第1期。评论说,"《宋儒的思想方法》是贺麟讨论哲学方法最深入的一篇文章"①。

3月,贺麟所译开尔德(Edward Caird,1835—1908)《黑格尔》由(上海)商务印书馆出版,系"汉译世界名著"丛书(王云五主编)之一。其后,有1943年渝1版,1945年渝再版。

4月4—5日,参加在北京大学举行的中国哲学会第二届年会。会上,中国哲学会正式成立,并选出第一届理事会、编辑委员会,贺麟当选为学会理事兼秘书。中国哲学会的宗旨是"本合作精神以促进哲学研究,推广哲学知识"。第一届理事会由黄建中、方东美、宗白华、张君劢、范寿康、林志钧、胡适、冯友兰、金岳霖(兼会计)、汤用彤、贺麟、祝百英12人组成(其中冯友兰、汤用彤、金岳霖、祝百英、宗白华5人为常务理事),编辑委员会由汤用彤、冯友兰、张东荪、瞿世英、黄子通、宗白华、黄建中、许衡如、范寿康9人组成。会议决定《哲学评论》改由中国哲学会主办(冯友兰任主编),正式成为中国哲学会的会刊。

5月,发表《"黑格尔"译序》,《出版周刊》新第182期。

7月,《评康宁汉〈哲学问题〉》作为温公颐编译《哲学概论》一书的序言发表。该文后作为附录,收入《现代西方哲学讲演集》。

9月,发表《康德译名的商榷》,《东方杂志》第33卷第17号。该文后收入《哲学与哲学史论文集》,改名为《康德名词的解释和学说的概要》;又收入《近代唯心论简释》,改名为《康德名词的解释和学说的大旨》。

11月8日,作《彭基相著〈谈真〉序》。该文后收入《哲学与哲学史论文集》。

12月,发表《文化的类型》,《哲学评论》第7卷第2期。

有人评价说,"从1931年回国后到1937年抗日战争爆发前,是贺麟学术思想的勃发期",而"八年抗战,是贺麟生命最为昂扬,思想最为活跃,因而也收获最为丰厚的时期"②。

1937年(民国二十六年) 36岁

1月7日(丙子年冬月二十五日),贺松云因病医治无效去世。此前,贺麟

---

① 张学智:《贺麟选集·前言》,长春:吉林人民出版社,2005年,第5页。
② 张学智:《贺麟选集·前言》,长春:吉林人民出版社,2005年,第4页。

因父亲病重返川。适逢贺氏准备重修族谱（贺氏原有同治年间族谱），贺麟为此撰写了《重修贺氏族谱序》。

1月24日，中国哲学会第三届年会在南京开幕。1月27日，选举第二届理事会。贺麟参加中国哲学会第三届年会，当选为学会常务理事（共五人），与另外两位常务理事金岳霖、冯友兰共同主持学会日常工作。另外，贺麟还兼任中国哲学会西洋哲学名著编译委员会主任。

3月，金岳霖与贺麟等人发起组织逻辑学研究会。

7月7日，"卢沟桥事变"发生，抗日战争全面爆发。北京大学、清华大学、南开大学迁往长沙，组成"国立长沙临时大学"。10月26日，长沙临时大学举行开学典礼。11月1日，开始上课。文学院设在南岳衡山脚下的圣经书院。

双十节过后，贺麟、汤用彤、钱穆（1895—1990）三人同行，在天津小住数日，后取海道至香港。小港住近旬，又北上广州，晤谢幼伟。11月底，抵达长沙，宿三宵。因北京大学文学院已迁至南岳（在南岳圣经书院旧址），遂又南下①。

12月，女儿贺美英出生。贺美英，1956年考入清华大学电机系，1962年毕业后留校工作，曾任校团委学习劳动部部长、校团委副书记。1978年后任自动化系党总支副书记、书记，校党委常委。1986年7月任清华大学校党委副书记，1988年兼任副校长。1993年，兼任校工会主席及校党委组织部长。1993年，当选中共北京市第七届委员会委员。1995年9月，任清华大学校党委书记、校务委员会主任。先后当选十五、十六大代表，十五届中纪委委员，十届全国政协委员；后任清华大学教育基金会理事长，校务委员会副主任，清华校友总会常务副会长等。2006年，退居二线。

1938年（民国二十七年）　37岁

2月，临时大学继续南迁，4月到达昆明，改名为"西南联合大学"。5月4日正式开学。贺麟随文学院迁至离昆明三百多公里的蒙自县，执教于哲学心理学系，与汤用彤（系主任）、冯友兰、金岳霖、沈有鼎、郑昕、陈康等哲学家共事。与汤用彤、吴宓、浦江清合住一室。同年10月，到重庆"中央"政治学校任教。一年后仍回西南联合大学。

---

① 钱穆：《八十忆双亲·师友杂忆》，北京：生活·读书·新知三联书店，1998年，第208页。此处之行程，本自该书。

5月,发表《新道德的动向》,《新动向》第1卷第1期。

5月,发表《抗战建国与学术建国》,《新动向》第1卷第3期。

7月9日,贺麟于日记云:"我读《重光杂志》中唐君毅的文章,觉得唐君毅的文字明晰,见解弘通,于中西哲学皆有一定的研究。其治学态度、述学方法、所研究之问题,均与余相近似,是基于'人同此心,心同此理'的原则。"[①]

8月1日,贺麟与张荫麟通信辩论宋儒太极说之转变,后以《与张荫麟先生辩宋儒太极说之转变》为题,发表于《新动向》第1卷第4期。该文后易名为《与张荫麟兄辩宋儒太极说之转变》,收入《哲学与哲学史论文集》。

8月,在《云南日报》发表《法治的类型》。

12月,代表贺麟知行观的重要文章《知行合一新论》完稿于昆明。该文后作为"国立北京大学四十周年纪念文集"之一,于1940年1月在昆明出版单行本(抽印本)。后来,又相继收入《近代唯心论简释》和《当代中国哲学》。

1939年(民国二十八年) 38岁

春,马一浮(1883—1967)过重庆,贺麟数见访。

本年,回西南联合大学执教。

1940年(民国二十九年) 39岁

1月,发表《物质建设现代化与思想道德现代化》,《今日评论》第3卷第1期。

3月,发表《论翻译》,《今日评论》第4卷第9期。《论翻译》之节录本,后收入罗新璋、陈应年编:《翻译论集》(修订本),北京:商务印书馆,2009年第2版。

3月,《德国三大哲人处国难时之态度》(根据张荫麟的建议,将"三大伟人"改为"三大哲人")由重庆独立出版社出版,1943年再版。作者认为歌德、黑格尔、费希特的性格分别为"诗的""散文的""戏剧的",并分析他们在国家危难时的不同态度。书中附参考书目及《抗战建国的精神基础》《抗战建国与学术建国》《法治的类型》《新道德的动向》《经济与道德》《物质建设现代化与思想道德现代化》6篇论文。书前有作者引言,书末附作者的后语。

春,写作《文化的体与用》,后刊于《今日评论》第3卷第16期。《文化的

---

① 贺麟:《唐君毅先生早期哲学思想》,《哲学与哲学史论文集》,北京:商务印书馆,1990年,第202页。

体与用》是贺麟集中讨论文化哲学的文字，代表了贺麟新心学的文化观。该文后收入《近代唯心论简释》，又收入《哲学与哲学史论文集》。

5月1日，发表《五伦观念的新检讨》(《战国策》第3期)，开始提出"新心学"的基本思想。该文后以《五伦新解》为名收入《时代之波——战国策论文集》，重庆：在创出版社，1944年6月。

8月29—31日，出席在昆明云南大学会泽院第一教室举行的中国哲学会第四届年会。会上，贺麟当选为学会常务理事。年会通过议案：设立西洋哲学名著编译委员会，由贺麟任主任委员；设立中国哲学研究委员会，由冯友兰任主任委员。

11月30日，发表《时空与超时空》，《哲学评论》第7卷第4期。该文后收入《近代唯心论简释》《哲学与哲学史论文集》。

本年，经北京大学校长蒋梦麟(1886—1964)同意，贺麟借调到"中央"政治学校讲学半年。期满后，贺麟再度回到昆明西南联合大学。

年底，蒋介石(1887—1975)让秘书发电报约见贺麟，贺麟接电报后如约飞往重庆。1941年初，贺麟由陈布雷(1890—1948)陪同，在黄山别墅见到了蒋介石。贺麟借此机会向蒋介石提出"西洋哲学名著翻译委员会"的经费问题，蒋介石答应拨款；蒋介石邀请贺麟留在"中央"政治学校任教，被贺麟婉言谢绝。自贺麟回国至1948年，蒋介石曾经至少两次约见贺麟。诚如周辅成(1911—2009)所言，"贺先生与蒋介石之间的个人关系也无可指摘，他从未做过其他说不出来的事"①。

1941年(民国三十年)　40岁

1月15日，蒋介石在重庆郊外的黄山别墅宴请贺麟，并"与贺麟谈哲学"②。

2月11日，蒋介石"与贺麟谈《三民主义辩证法大纲》，彼颇有见地"，"下午会客，校阅贺麟著《三民主义辩证法大纲》"③。

---

① 宋祖良、范进编：《会通集：贺麟生平与学术》，北京：生活·读书·新知三联书店，1993年，第406页。

② 转引自黄克武：《蒋介石与贺麟》，《"中央"研究院近代史研究所集刊》第67期，2010年3月，第31页。

③ 转引自黄克武：《蒋介石与贺麟》，《"中央"研究院近代史研究所集刊》第67期，2010年3月，第31页。

从本年春天开始,贺麟着手翻译黑格尔的重要著作《小逻辑》。

5 月,中国哲学会西洋哲学名著编译委员会在昆明成立。委员有贺麟、汤用彤、冯友兰、宗白华、张颐,贺麟被推选为主任委员。

7 月 20 日,发表《英雄崇拜与人格教育》,《战国策》第 17 期。该文后收入论文集《时代之波——战国策论文集》(重庆:在创出版社,1944 年 6 月)。收入《文化与人生》时,改名为《论英雄崇拜》。

8 月 1 日,代表贺麟"新儒学"思想的重要文章《儒家思想的新开展》,发表于《思想与时代》第 1 期。该文后收入《文化与人生》,被誉为"现代新儒家的宣言书"。贺麟在文中说:"在我们看来,只要能对儒家思想加以善意同情的理解,得其真精神与真意义所在,许多现代生活上、政治上、文化上的重要问题,均不难得到合理、合情、合时的解答。"①

秋,为西南联合大学学生开设公共必修课"哲学概论",选修者有经济系学生张世英。

9 月 1 日,发表《爱智的意义》,《思想与时代》第 2 期。

10 月,发表《论知难行易》,《新认识》第 3 卷第 5 期。

12 月,发表《自然与人生——"回到自然去"》,《思想与时代》第 5 期。

本年和次年,贺麟在《三民主义周刊》发表三篇文章《对知难行易说诸批评的检讨》《知难行易说的绎理》《知难行易说与知行合一说》,分别刊于第 2 卷第 11、13、24 期。

本年发表的文章,还有《理想与现实》《乐观与悲观》等。

1942 年(民国三十一年) 41 岁

2 月 1 日,发表《宣传与教育》,《思想与时代》第 7 期。

6 月,《近代唯心论简释》由(重庆)独立出版社出版(初版)。《近代唯心

① 贺麟:《儒家思想的新开展》(1941 年),《文化与人生》,北京:商务印书馆,1988年,第 17 页。于此之分析与阐释,可参看彭华:《"同情的理解"略说——以陈寅恪、贺麟为考察中心》,初稿载《"中国传统学术的近代转型"国际学术研讨会论文集》,上海,2009 年 10 月,第 436—446 页。修订稿载《儒藏论坛》第五辑,成都:四川文艺出版社,2010 年 12 月,第 32—58 页;《中国传统学术的近代转型》,上海:上海人民出版社,2011年 2 月,第 333—346 页。压缩稿载《善道》创刊号,四川成都,2010 年 7 月,第 15—20 页。

论简释》收论文 15 篇，书末附录《最近五十年来的西洋哲学》。这是贺麟的第一本论文集，也是反映他"新心学"思想的代表作之一。"这本哲学论文集出版后，贺麟在哲学界的地位基本确立。"①

6 月，《人文科学学报》创刊，由中国人文科学社出版。该社为纯学术团体，由西南联合大学、云南大学教授同一些研究所研究员组成，编委会成员有雷海宗、贺麟等。该学报每年出版 2 期②。

8 月 13 日，贺麟特意取道公路，至贵州遵义文庙街五号探视好友张荫麟。没有料到的是，这竟是他们二人"最末一次的晤谈"。10 月 24 日，张荫麟逝世于贵州遵义，年仅 37 岁。

11 月，发表《现代思潮批判》，《文化先锋》第 1 卷第 11 期。

本年，发表《论人的使命》，《中央周刊》第 37 期。

本年，发表《读书方法》，《今日青年》第 13 期，1941 年。

1943 年（民国三十二年）　42 岁

1942 年 10 月 24 日，贺麟好友张荫麟在贵州遵义病逝。12 月，贺麟写成《我所认识的荫麟》。1943 年 3 月 1 日，贺麟发表《我所认识的荫麟》，《思想与时代》第 20 期。贺麟说："在学术钻研方面，他（按：即张荫麟）博学不厌，勤勉奋发，从未稍懈，他立志作第一等人，终能在史学界取得第一流的地位。他的《中国史纲》，虽仅部分完成，是他人格学问思想文章的最高表现和具体结晶。书中有真挚感人的热情，有促进社会福利的理想，有简洁优美的文字，有渊博专精的学问，有透彻通达的思想与识见。"③

1942 年 9 月 21 日，胡绳以笔名"沈友谷"发表《一个唯心论者的文化观——评贺麟先生著〈近代唯心论简释〉》④，针对《近代唯心论简释》一书若

---

①　张学智：《贺麟思想研究》，北京：人民出版社，2016 年，第 25 页。

②　齐家莹编撰，孙敦恒审校：《清华人文学科年谱》，北京：清华大学出版社，1999年，第 267 页。

③　周忱选编：《张荫麟先生纪念文集》，上海：汉语大词典出版社，2002 年，第200 页。

④　该文初刊于重庆《新华日报》（1942 年 9 月 21 日第四版），后收入：（1）胡绳：《理性与自由——文化思想批评论文集》，上海：华夏书店，1946 年 6 月，第 10—16 页。（2）胡绳：《胡绳文集（1935—1948）》，重庆：重庆出版社，1990 年，第 134—140 页。

干观点提出批评意见。1942 年,徐梵澄发表《〈近代唯心论简释〉述评》①,谢幼伟发表《何谓唯心论——兼评贺麟著〈近代唯心论简释〉》②。

4 月 14 日,贺麟作《答谢幼伟兄批评三点》(《思想与时代》第 22 期,1943 年 5 月 1 日),对谢幼伟提出的三个问题做了回答。

5 月 1 日,发表《学术通讯:答谢幼伟兄批评三点》,《思想与时代》第 22 期。

7 月 1 日,发表《德国文学与哲学的交互影响》,《思想与时代》第 24 期。

7 月,重庆独立出版社发行《近代唯心论简释》第二版。

8 月,斯宾诺莎著、贺麟译并序《致知篇》出版,重庆:商务印书馆,1943 年初版。

秋,在重庆小温泉给全体新生讲课,讲稿为《读书方法与思想方法》。该文后收入《文化与人生》。

10 月 1 日,发表《论翻译的性质和意义》,《思想与时代》第 27 期。

11 月,发表《费希特哲学简述》,《哲学评论》第 8 卷第 4 期。

12 月 1 日,发表《基督教与政治》,《思想与时代》第 29 期。后收入《文化与人生》。

12 月,《知难行易说与知行合一说》由(重庆)青年书店出版。书中,贺麟对孙中山的知难行易学说、蒋介石的力行哲学与王阳明的知行合一学说进行考察。

本年,发表《西洋伦理学名著选辑序》,《读书通讯》第 77 期。

本年,在西南联合大学讲授“黑格尔理则学”。所谓“理则学”,通常译作“逻辑学”,贺麟采用的是孙中山的译法。

本年,由朱家骅(1893—1963)介绍加入国民党。后来,曾任三青团“中央”评议员、国大代表。

1944 年(民国三十三年) 43 岁

春,在重庆“中央”政治学校教授“伦理学”,听课学生有孙霄舫等。

3 月,发表《谢林哲学简述》,《哲学评论》第 8 卷第 6 期。

---

① 《图书月刊》,第 2 卷第 8 期,1942 年,重庆“中央”图书馆编印。

② 《思想与时代》第 21 期,1943 年。

5月1日，发表《宋儒的评价》，《思想与时代》第34期。收入《文化与人生》时，改名为《宋儒的新评价》。

6月1日，发表《论时空（答石峻君书）》，《思想与时代》第35期。

秋，贺麟在西南联合大学讲授"黑格尔哲学"课。

11月1日，发表《功利主义的新评价》，《思想与时代》第37期。

11月11日，出席中国哲学会昆明分会第二次讨论会。

12月，发表《杨墨的新评价》，《建国导报》第1卷第14期。

本年，发表《战争与道德》，《军事与政治》第6卷第2—3期。

抗战时期（四十年代初），唐君毅（1909—1978）在重庆"中央"大学任教，贺麟与唐君毅多次会晤。

根据侯外庐（1903—1987）回忆，20世纪40年代，周恩来（1898—1976）曾经在一次读书会上制止了马克思主义阵营哲学家对于冯友兰、贺麟的批判①。

1945年（民国三十四年）　44岁

4月9日，参加三民主义青年团"中央"团部评议会，被聘为评议员。

4月，发表《陆王之学的新开展——介绍熊十力及马一浮二先生的思想》，《建国导报》第1卷第17期。

5月24日，贺麟、冯友兰、汤用彤三人联名致函胡适。

8月30日，在昆明为《当代中国哲学》作序。

9月21日，贺麟致函胡适（1891—1962）。信中表示盼复早归，以主持北京大学复员工作，并在信末发表自己对时局的看法②。

12月，斯宾诺莎著、贺麟译并序《致知篇》出版，重庆：商务印书馆，1945年三版。

本年，贺麟在《五十年来的中国哲学》一文的基础上，写成《当代中国哲学》一书，将《五十年来的中国哲学》作为第一章，题目改为《中国哲学的调整与发扬》。11月初，《当代中国哲学》由（重庆）胜利出版社出版。

本年，撰写《陆象山与王安石》。贺麟撰写此文之机缘，可以上溯至华莱

---

① 侯外庐：《韧的追求》，北京：人民出版社，2015年，第114—115页。

② 中国社会科学院近代史研究所民国史组编：《胡适来往书信选》（中），北京：中华书局，1979年，第39—41页。

士的一席话。1944年夏,美国副总统华莱士访问中国,"发表了不少有深远意义的宏论","最有兴味的一点是他特别赞扬我国宋代厉行新法的大政治家王安石"①。

1946年(民国三十五年) 45岁

1月,发表《〈当代中国哲学〉序言》,《三民主义半月刊》第8卷第1期。

1月,发表《民治篇:民治主义的哲学背景》,《三民主义半月刊》第9卷第1期。

1月,发表《纳粹毁灭与德国文化》,《远东》创刊号。

5月,西南联合大学哲学心理学系主任汤用彤因公离校,贺麟暂行代理其职务,直到联大结束。

7月,闻一多(1899—1946)在昆明被暗杀,西南联合大学成立"闻一多丧葬抚恤委员会",贺麟被推选为委员。

西南联合大学战时的使命完成,北大、清华、南开三校决定迁回原址。7月25日,常委会议决:成立三校联合迁委员会,推定贺麟、孙云铸(北大)、沈履(清华)、黄钰生、冯文潜(南开)为委员,负责处理各项迁移事宜,并保管核定各项账目。9月2日,离开昆明北上。10月,随北大返回北平。

9月2日,在昆明作《文化与人生·序言》。

10月,发表《王船山的历史哲学》,《哲学评论》第10卷第1期。贺麟素来尊崇王夫之(1619—1692),认为"王船山是王阳明以后第一人"。全文约二万字,所依据的资料主要是王夫之的《读通鉴论》和《宋论》二书。

11月,国民政府召开"国民大会",贺麟是国民大会代表。11月11日,贺麟与胡适同机到南京参加会议。

11月,反映战国策派思想的论文集《时代之波》由大东书局出版,该集收入了贺麟的《五伦新解》《英雄崇拜与人格教育》两篇文章。

本年度发表的论文,还有《文化、武化与工商化》《树木与树人》《学术与政治》等。诸文后收入《文化与人生》。

1947年(民国三十六年) 46岁

1月1日,发表《王安石的心学》,《思想与时代》第41期。3月1日,发表

① 贺麟:《陆象山与王安石》(1945年),《文化与人生》,北京:商务印书馆,1988年,第229页。

《王安石的性论》，《思想与时代》第 43 期。贺麟后将二文合并为《王安石的哲学思想》，收入《文化与人生》。但所注年份是 1941 年而不是 1947 年，实属记忆之误。

1 月，发表《民治论》，《三民主义半月刊》第 9 卷第 1 期。

2 月，发表《认识西洋文化的新努力》，《读书通讯》第 126 期。

3 月，被聘为宪政实施促进委员会常委。

3 月 30 日，中国哲学会在北平的成员 20 余人，在北京大学蔡子民纪念堂聚会。汤用彤主持会议，贺麟报告中国哲学研究委员会与西洋哲学名著编译委员会的工作和经费状况，并为《哲学评论》约稿。

3 月，发表《儒家的性善论》（贺麟讲、杜万荣记），《五华》第 3 期。

9 月，西南联合大学"三民主义教学委员会"主席、北京大学训导长陈雪屏（1901—1999），因荣升青年部长而离校，贺麟代理北京大学训导长职务。贺麟在代理北京大学训导长时，从未迎合上司的意思而干迫害进步学生的事，多次顶住国民政府教育部长朱家骅（1893—1963）施加的压力，没有开除进步学生。对于一些特务学生开来的黑名单，贺麟也一律扣下不报。他还多次出面保释被捕的学生，暗中保护进步教师。如樊弘（1900—1988）等思想进步的教授，也都因得到贺麟的掩护，才躲过国民党警方的追捕。

10 月 1 日，发表《对黑格尔哲学系统的看法》，《思想与时代》第 48 期。

10 月，发表《西洋近代人生哲学之趋势》，《读书通讯》第 126 期。后改题为《西洋近代人生哲学的趋势》，收入《文化与人生》。

大约在本年冬天，贺麟应邀至南京，给戡乱训练班和励志社的学员作学术讲演，演讲的是"三民主义与辩证法"问题。这次南京之行，贺麟还见到了蒋介石。

本年，贺麟出版了两本关于"新心学"哲学思想的重要著作：一本是《当代中国哲学》（南京：胜利出版公司，1947 年 1 月），一本是《文化与人生》（上海：商务印书馆，1947 年 11 月）。《当代中国哲学》《文化与人生》和 1942 年出版的《近代唯心论简释》，成为贺麟"新心学"思想体系的三大代表作①。

---

① 关于三书的基本情况，可参看彭华：《贺麟代表作三种提要》，《善道》"贺麟诞辰 110 周年纪念特刊"（总第八期），四川成都，2012 年 9 月。该文后经修订，收入彭华：《印川集：蜀学散论》，北京：中国社会科学出版社，2020 年。

1948 年（民国三十七年）　47 岁

1 月 16 日，发表《天下一家与两个世界：苏联往那里去?》，《周论》创刊号。

2 月，发表《论党派退出学校》，《周论》第 1 卷第 7 期。

3 月，发表《此时行宪应有的根本认识和重点所在》，《周论》第 1 卷第 12 期。

6 月，发表《论反动》，《周论》第 2 卷第 1 期；发表《自由主义与学术》，《周论》第 2 卷第 4 期。

9 月，发表《论向青年学习》，《周论》第 2 卷第 11 期。该文后收入《文化与人生》。

12 月，发表《论哲学纷无定论》，《周论》第 2 卷第 18 期。

12 月 25 日，北京大学举行 50 周年校庆。学生特送锦旗一面给贺麟，上绣"我们的保姆"字样，以表示对他的感谢与爱戴。

本年，（重庆）正中书局出版《儒家思想新论》。该论文集收有贺麟的《儒家思想的新开展》一文。

从 1947 年下半年开始，贺麟为学生讲授"现代西方哲学"课程，课程于 1948 年上半年结束。肖辉楷认真聆听了贺麟的这门课程，并做了详细的笔记，他将记录稿整理好后交给贺麟，贺麟将其保存于匣箧中 30 余年。1978 年召开全国西方哲学史会议，上海人民出版社编辑与贺麟约定刊印此稿。贺麟对记录稿重新审阅并做修改，于 1984 年作为《现代西方哲学讲演集》的上篇由上海人民出版社出版。

1943 年，贺麟为学生讲授"黑格尔理则学"课程。本年，贺麟根据樊星南所做记录整理成单行本，书名定为《黑格尔理则学简述》，作为"国立北京大学五十周年纪念论文集"之一，由北京大学出版部出版。

1949 年　48 岁

北京解放前夕，汪子嵩代表中共地下党做贺麟的工作，希望他不要到台湾去；进步教授袁翰青（1905—1994）也与贺麟谈了三次，宣传共产党的知识分子政策。在中共地下党有关人员的帮助下，贺麟明确了自己的选择。在围城期间，南京方面三次派飞机至北平接请贺麟，但都被贺麟拒绝，贺麟表示不再同国民党往来，"我的女儿不能做'白俄'"。

从 1941 年春起，贺麟就开始翻译黑格尔的《小逻辑》，"但因外务纷扰、工作不集中"(《小逻辑·译者引言》)，直至北平解放时止，仅译了全书的一半，约十一二万字；至 1949 年国庆时，才将全书翻译完毕，以此"作为对新中国的诞生的献礼"①。《小逻辑》中译本的问世，可以说是贺麟成为"新中国黑格尔哲学研究一代宗师的一个永放光芒的标志"②。

1950 年　49 岁

在 1949—1950 学年内，贺麟在北京大学讲授"黑格尔哲学研究"，上学期研读黑格尔的《小逻辑》，下学期研读列宁的《黑格尔〈逻辑学〉一书摘要》。班上同学有杨宪邦、张岂之、杨祖陶、陈世夫、梅德愚等，前来参加的还有王太庆、徐家昌③。

5 月 22 日，贺麟等与梁漱溟交谈。

10 月 5 日，贺麟、洪谦往访梁漱溟。

10 月，贺麟所译《黑格尔的小逻辑》由（上海）商务印书馆出版。

年底，贺麟随北京大学土改团到陕西省长安县参加土地改革工作一个月。

1951 年　50 岁

1 月 4 日，在《光明日报》发表《讲授唯心主义课程的一些体会》。

1 月 21 日，《人民日报》发表《北京大学教授贺麟译述的"黑格尔的小逻辑"》。

1 月 28 日上午，参加"新哲学研究会"举行座谈会，讨论毛泽东的《实践论》。

1 月，发表《答复庄本生先生》，《新建设》第 3 卷第 4 期。

4 月 2 日，在《光明日报》发表《参加土改变了我的思想——启发了我对辩证唯物论的新理解和对唯心论的批判》一文，公开表示赞同唯物论，并批判了唯心论的错误观点，其哲学信仰开始转变。他在文章中谈到，只有通过社会实践的锤炼，思想才会有力量；从概念到概念的思想是贫乏无力的。该文随后被收入五十年代出版社出版的《我们参观土地改革以后》一书中，贺麟后来又将其收入《哲学与哲学史论文集》。

---

① 贺麟：《五十年来的中国哲学》，沈阳：辽宁教育出版社，1989 年，第 126 页。

② 杨祖陶：《一代宗师的赤子之心——忆贺师》，《贺麟先生百年诞辰纪念文集》，北京：中国社会科学出版社，2009 年，第 184 页。

③ 贺麟：《小逻辑·译者引言》，北京：商务印书馆，1980 年第 2 版，第 xi 页。

从本年 10 月至次年春,贺麟到江西省泰和县参加土改半年。

1952 年　51 岁

春,仍在江西省泰和县参加土改。

5 月,贺麟从江西回到北京,投入思想改造运动,并在北京大学做检讨。

1953 年　52 岁

本年,加入中国民主同盟。贺麟曾任民盟北京市委员会委员,第一、二届民盟中央参议委员会常委,第四、五届民盟中央委员,第四、五、六届全国政协委员。

1954 年　53 岁

2 月 8 日,撰毕《小逻辑·译者引言》。

5 月,中国哲学会在北京大学临湖轩举行座谈会,听取和讨论贺先生以"从黑格尔到马克思"为题,附带批评自己过去的错误观点的读书报告。

6、7 月间,北京大学哲学系举行第三次比较大规模的对资产阶级哲学批判的讨论会——贺麟的"黑格尔哲学批判"。

7 月,所译黑格尔《小逻辑》由(上海)三联书店出版,贺麟专门为译本加了长序。

11 月,发表译作《黑格尔辩证法和哲学的批判》(马克思著),《新建设》第 11 期。

12 月 2 日,中国科学院院务委员会和作协主席团会议联合举行,决定召开批判胡适思想的讨论会。会后,全国文化界、思想界便有组织、有领导地积极展开了批判运动。贺麟积极参加 50 年代初对唯心主义的批判,先后写出《两点批判,一点反省》《批判胡适的思想方法》《批判梁漱溟的直觉主义》等文章。

本年,写成《我同意克列同志的说法的思想斗争过程》一文。该文未正式发表,后收入《哲学与哲学史论文集》。

本年,在北京大学讲授"黑格尔哲学"课程。讲稿后以《黑格尔哲学讲稿》为题,收入《黑格尔哲学讲演集》。

1955 年　54 岁

1 月 7 日,参加中国科学院胡适思想批判第二次会议,并在会上发言。

1 月 19 日,《人民日报》第三版公开发表了贺麟写的《两点批判,一点反省》一文,在社会上引起强烈反响。贺麟在文中不但批判了胡适和梁漱溟的唯心主义思想，还对自己的思想进行了无情的揭露和批判，充分表现了贺麟敢于深刻地解剖、批判自己，并从根本上改变自己以前的思想观点的勇气。贺麟诚恳地说，"批判从前曾经从不同方面，在不同方式下影响过我的思想的胡适和梁漱溟先生"，"也就是自己要和自己过去的反动唯心论思想划清界限"。贺麟在"唯心论"前冠以"反动"二字，足见其同唯心论一刀两断的决心。此文在当时受到普遍的赞扬，现在看来，反映了当时的知识分子在思想改造运动中，自觉或不自觉地在某种程度上受到"左"的思想的影响。

《为解放台湾给在台湾的教育界旧友一封公开的信》《两点批判，一点反省》发表后，贺麟曾将二文随函寄示吴宓。2月5日，吴宓阅毕，即寄还贺麟，并以自己所撰《对我自己〈红楼梦〉研究的批判》寄示贺麟，"以答其意，虚与敷衍周旋而已"①。

2月25日，吴宓收到贺麟的信函。贺麟在信函中告诉吴宓，汤用彤"十一月半由批判胡适座谈会归来，患脑溢血，不省人事者一月，后渐清醒，肢体略能动，今仍在协和医院"。吴宓感叹，"宓深惧彤年来趋承操劳，恐即此次溘逝，而兔死狐悲，朝露空华，宓辞世之期当亦不在远"②。

3月，发表《批判胡适的思想方法》，《新建设》第3期。

春，贺麟给党的报刊杂志工作者介绍黑格尔哲学。讲演笔记稿后经整理，以《黑格尔哲学介绍》为题，收入《黑格尔哲学讲演集》。

7月，发表《论反映——学习辩证唯物主义认识论的一些体会》，《新建设》第6期。这是贺麟学习列宁《反映论》以后所写的一篇体会。

8月，发表《批判梁漱溟的直觉主义》，《新建设》第8期。该文又载《新华月报》第9期，1955年9月。

9月，贺麟由北京大学调入中国科学院哲学社会科学部哲学研究所（今中国社会科学院哲学研究所），任一级研究员，直至去世。先后担任西方哲学史研究组组长，西方哲学史研究室主任，中国社会科学院哲学研究所学术委员会副主任、主任。

---

① 吴宓著，吴学昭整理：《吴宓日记续编》第二册，北京：生活·读书·新知三联书店，2006年，第118页。

② 吴宓著，吴学昭整理：《吴宓日记续编》第二册，北京：生活·读书·新知三联书店，2006年，第131页。

10月15日下午,参加中国科学院批判梁漱溟的会议。

11月,所译马克思《黑格尔辩证法和哲学一般的批判》一书,由人民出版社出版。其后,又撰《学习马克思的〈黑格尔辩证法和哲学一般的批判〉》一文(刊于《哲学与哲学史论文集》)。

冬,贺麟应师哲(1905—1998)的邀请,在中共中央编译局讲授《小逻辑》和《法哲学原理》,给翻译马克思早期著作者传授基础知识。

本年,在中国科学院社会科学部举行的胡适思想批判讨论会上发言,发言稿题目为《读艾思奇同志〈批判胡适的实用主义〉的一些启发和意见》,发言稿后收入《现代西方哲学讲演集》。

本年,在中国人民大学做了五次关于"黑格尔的自然哲学"讲演,讲稿后收入《黑格尔哲学讲演集》,改名为《运动是空间和时间的相互过渡》。

1956年　55岁

2月,发表《知识分子怎样循着自己专业的途径走向社会主义?》,《新建设》,1956年第2期。这也是贺麟学习列宁著作以后所写的心得体会。

2月,参加《文艺报》召开的小型座谈会,会后写成《朱光潜文艺思想的哲学根源》。稿子写成后,贺麟先后请外国文学研究所蔡仪(1906—1992)、冯至(1905—1993)提意见。稿子经修改,即送《文艺报》发表。稿子最后又经胡乔木提意见,首先发表于《人民日报》(1956年7月9日第七版),随即被《新华半月刊》转载(1956年第17期)。随后,又被收入《美学问题讨论集》(《文艺报》编辑部编,作家出版社,1957年5月)。

春夏之交,贺麟应朱天顺(1919—2002)的邀请,在北京大学哲学系研究生班讲授《小逻辑》。

6月,发表《为什么要有宣传唯心主义的自由?——对"百家争鸣"政策的一些体会》(署名贺麟、陈修斋),《哲学研究》第3期。这是贺麟5月26日在北京怀仁堂听取当时中宣部部长陆定一(1906—1996)代表党中央作关于"百花齐放,百家争鸣"报告后的一些体会。陈修斋(1921—1993)回忆说,该文以他们二人的名义发表,虽是我执笔,但主要观点是贺先生的;即使在我执笔撰写时加了一些自己的想法,也是贺先生看后同意的①。

---

① 宋祖良、范进编:《会通集:贺麟生平与学术》,北京:生活·读书·新知三联书店,1993年,第302—303页。

6月，发表《黑格尔著〈哲学史〉评介》，《哲学研究》第3期。该文后收入《资产阶级学术思想批判参考资料》第五集，又收入贺麟《黑格尔哲学讲演集》。

7月，发表《"百家争鸣"和哲学》，《学习》第7期。

8月，发表《黑格尔关于辩证逻辑与形式逻辑的关系的理论》（署名贺麟、张世英），《新建设》第8期。

11月，写作《介绍黑格尔哲学的两难——回答一位受了黑格尔哲学影响的读者的来信》。该文原载《争鸣》第11期，后收入《黑格尔哲学讲演集》。

12月，发表《温德尔班著〈哲学史教本〉及罗素著〈西洋哲学史〉简评》，《新建设》第12期。

1956年秋到1957年春，贺麟在中国人民大学讲授黑格尔《小逻辑》。后收入《黑格尔哲学讲演集》一书的《黑格尔小逻辑讲演笔记》，就是根据当年学生的听课笔记整理而成。

1957年　56岁

1月4日，贺麟根据在中国人民大学讲授黑格尔唯心主义哲学的教学实践，写成《讲授唯心主义课程的一些体会》，发表于1月4日的《光明日报》。

1月5日，贺麟致函吴宓，邀请吴宓翻译古希腊作家第欧根尼·拉尔修（Diogenes Laertius）的《名哲言行录》。1月10日，吴宓复信，谓愿译此书①。

1月22日至26日，北京大学哲学系召开大型学术讨论会——"中国哲学史座谈会"，100多人与会。座谈会讨论的重心集中在两个方面：如何对待唯心主义，怎样继承哲学遗产。其中引人注目的，也是讨论至为激烈的两个问题是：唯心主义有没有好东西，哲学命题的"抽象意义"可否继承。在"中国哲学史座谈会"上，贺麟作了题为《对于哲学史研究中两个争论问题的意见》的系统发言。发言记录稿《对于哲学史研究中两个争论问题的意见》，刊于《人民日报》（1957年1月30日第七版）和《新华半月刊》（1957年第5号）。其后，针对关锋（1919—2005）的批评（《关于哲学史上唯物主义和唯心主义的斗争问题》），贺麟又作了反批评，题为《关于对哲学史上唯心主义的评价问题》。7月，二文被收入《中国哲学史问题讨论专辑》，《中国哲学》编辑部编，

---

① 吴宓著，吴学昭整理：《吴宓日记续编》第三册，北京：生活·读书·新知三联书店，2006年，第6页。

北京：科学出版社，1957 年 7 月。

1 月，发表《斯宾诺莎哲学简述》，《哲学研究》第 1 期，1957 年 1 月。

2 月，贺麟随中国哲学代表团访问苏联。团长是冯至（1905—1993），团员还有金岳霖、任继愈（1916—2009）、潘梓年（1893—1972）。

3 月 27 日，原配刘自芳因患乳腺癌去世。

4 月 11 日上午，毛泽东（1893—1976）在中南海丰泽园接见周谷城（1898—1996）、胡绳（1918—2000）、金岳霖、冯友兰、贺麟、郑昕（1905—1974）、费孝通（1910—2005）、黄顺基、王方名等十人，并共进午餐，饭后又谈到三点多钟。"毛主席的接见给贺（麟）很大的鼓舞和启发。"①

4 月，发表《必须集中反对教条主义》，《人民日报》，1957 年 4 月 24 日第七版笔谈"百花齐放百家争鸣"栏目。贺麟说，《必须集中反对教条主义》是"按照我所了解的当时毛主席谈话的精神而写的一篇文章，但这篇文章在 1957 年 4 月 24 日《人民日报》发表后，遭到了不少人的反对"②。

5 月 10 日至 14 日，中国科学院哲学研究所、北京大学中国哲学史研究室、中国人民大学哲学史教研室在北京大学临湖轩联合召开中国哲学史工作会议。会议就中国哲学史研究的方法论问题、中国哲学史目前进行研究的问题、中国哲学史资料问题展开讨论，贺麟在会上就唯物主义与唯心主义的关系发表了意见。

评论说，自"反右"开始，"贺麟的学术重点放在翻译和'客观介绍'上，学术锋芒逐渐消磨"③。

10 月，贺麟在哲学所内开始讲授黑格尔《精神现象学》，历时三个月。

12 月，北京大学校长马寅初（1882—1982）为刘自芳教授纪念册题写书名——"妇女工作者刘自芳同志纪念册"。该书于 1959 年出版。

1958 年　57 岁

7 月 28 日，贺麟与第二任夫人黄人道结婚。黄人道，1917 年 8 月 23 日生，四川江安人。1944 年毕业于四川大学化学系，毕业后任教于北京师范大学化学系，后评为副教授。

---

① 张祥龙：《贺麟传略》，《晋阳学刊》，1985 年第 6 期，第 62 页。
② 贺麟：《哲学与哲学史论文集·序言》，北京：商务印书馆，1990 年，第 9 页。
③ 张学智：《贺麟选集·前言》，长春：吉林人民出版社，2005 年，第 13 页。

9月，作《伦理学·译后记》。

9月，所译斯宾诺莎《伦理学》由（北京）商务印书馆出版（1981年4月重印）。

该年，贺麟同中国科学院哲学研究所中国哲学史组、西方哲学史组和逻辑组同志一起到河南新乡七里营劳动、学习。姜丕之说："他在劳动中总是不甘落后，抢着干。我因病提前回北京住院治疗，他一直坚持到底，为期两三个月。"①

本年，对罗素的两本著作进行简评。一本是《科学对于社会的冲击》（*The Impact of Science on Society*，London，1952），一本是《从伦理学和政治学来看人类社会》（*Human Society in Ethics and Politics*，London，1954）。

1959年   58岁

4月，中国科学院哲学研究所资料室编的《资产阶级学术思想批判参考资料》第四集由商务印书馆出版，收入贺麟的《近代唯心论简释》等。

4月，中国科学院哲学研究所资料室编的《资产阶级学术思想批判参考资料》第五集由商务印书馆出版，收入贺麟的《当代中国哲学》和论文26篇。

5月7—8日，出席在北京大学举行的中国哲学会组织的中国哲学史讨论会，讨论哲学遗产的继承问题、老子哲学思想问题。

9月22日，发表《十年来西方哲学的翻译工作》，《文汇报》，1959年9月22日。

9月，写作《知性改进论·译后记》。

9月，所译黑格尔《小逻辑》由（北京）商务印书馆出版，此乃1959年新1版。与王太庆合译黑格尔《哲学史讲演录》（第一卷）由北京商务印书馆出版，此乃1959年新1版。同年，《哲学史讲演录》（第三卷）亦由商务印书馆出版发行。

本年，为庆泽彭所译布拉德雷《逻辑原理》上册作序。

1960年   59岁

1月，发表《贯彻"厚今薄古"的方针是世界观的改造问题》，《科学通报》，1960年第1期。

---

① 姜丕之：《序》，《现代西方哲学讲演集》，上海：上海人民出版社，1984年，第8页。

5 月,发表《批判黑格尔论思维与存在的统一》,《哲学研究》第 4—5 期,
1960 年 5 月。

7 月,发表《新黑格尔主义批判》,《新建设》第 7 期,1960 年 7 月。

与王太庆合译黑格尔《哲学史讲演录》(第二卷)由北京商务印书馆出版,
此乃 1960 年新 1 版。

又,所译荷兰斯宾诺莎《知性改进论》(《致知篇》的新版)由北京商务印书
馆出版(1986 年 6 月重印)。在准备重新出版时,贺麟对原译著作了很多修
订。新版同样保留了《译者序言——斯宾诺莎的方法论和认识论评介》,并增
加了《译后记》(作于 1959 年 9 月)。

1961 年　60 岁

1 月,发表《论唯物主义与唯心主义的斗争和转化》,《哲学研究》第 1 期。

1 月,发表《加强对西方资产阶级哲学的研究》,《新建设》第 1 期。

3 月 18 日下午,参加中国科学院哲学社会科学部会议,讨论百家争鸣等
问题。

3 月 26 日,在《人民日报》发表《从克朗纳的论著看新黑格尔主义的晚近
趋势》。

4 月 6 日,中国科学院哲学所召开纪念弗兰西斯·培根(Francis Bacon,
1561—1626)诞生 400 周年学术座谈会。西方哲学史组和逻辑组全体研究人
员参加了会议,在会上发言的有温锡增、沈有鼎、叶秀山、余丽嫦、姜丕之、汪
奠基、贺麟等。

4 月,为范扬、张企泰所译黑格尔《法哲学原理》作代序。该文后经修订,
以《黑格尔著〈法哲学原理〉一书述评》为题,收入《黑格尔哲学讲演集》。

5 月 5 日,在《人民日报》发表《克朗纳》。该文后收入《现代西方哲学讲
演集》。

5 月 5 日,在《文汇报》发表《关于唯物主义与唯心主义斗争和转化的问
题——答严北溟先生》。

5 月,写作《博士论文(德谟克里特的自然哲学与伊壁鸠鲁的自然哲学的
差别)·译后记》。

9 月上旬,吴宓至京,会见贺麟、李赋宁、季羡林等清华同事、弟子。

11 月,所译马克思《博士论文(德谟克里特的自然哲学与伊壁鸠鲁的自然
哲学的差别)》由(北京)人民出版社出版。该译作后收入《马克思恩格斯全集》。

本年，撰写《关于研究培根的几个问题》，该文收入《培根哲学思想——培根诞生四百周年纪念文集》，北京：商务印书馆，1961年。

本年，在中国人民大学讲演黑格尔的《小逻辑》。以陈小川为首的一个小组，对讲演进行了记录、整理。

1962 年　61 岁

1月，发表《关于黑格尔的〈精神现象学〉》，《哲学研究》第1期。

4月，《哲学译丛》第4期刊出《论黑格尔的〈精神现象学〉的历史意义》，此文系［苏］Г.А.库尔沙诺夫著，涂纪亮译，贺麟校。

本年春，在中国哲学学会北京分会于中国人民大学举行的大会上作题为《胡克反马克思主义的实用主义剖析》的演讲。后经整理，收入《现代西方哲学讲演集》。

7月，黑格尔著、贺麟译《康德哲学论述》由（北京）商务印书馆出版。

本年，黑格尔著、贺麟与王玖兴合译《精神现象学》由（北京）商务印书馆出版。

1963 年　62 岁

本年，在中国科学院哲学社会科学学部第三次学部委员扩大会议上作题为《关于黑格尔自然哲学的评价问题》的报告。此文后发表于《新建设》1964年第5—6期。

本年，贺麟在北京外文书店买到一册诺克斯和克朗纳合译的黑格尔著《早期神学著作》的英译本。

1964 年　63 岁

7月31日，中国科学院院长郭沫若签发聘书（干聘字第0750号），聘请贺麟为中国科学院哲学研究所学术委员会委员。

本年，贺麟当选为政协第四届全国委员会委员，后又连续当选为第五、六届全国政协委员。

1965 年　64 岁

本年11月左右，贺麟参加全国政协组织的参观学习团，至江西丰城县参观、学习，还参观了南昌起义纪念馆，并拜谒井冈山革命圣地。路过上海之时，贺麟还顺便看望了周谷城和姜丕之①。

①　周谷城：《序》，《现代西方哲学讲演集》，上海：上海人民出版社，2012年，第6页；姜丕之：《序》，《现代西方哲学讲演集》，上海：上海人民出版社，2012年，第10页。

"文化大革命"前,贺麟草成《缪尔》一文。后经整理,在《现代西方哲学讲演集》首次刊出。

1966 年　65 岁

1月,发表《关于"清官"问题的座谈:从知识分子世界观的改造方面来看"清官"》,《新建设》,1966 年第 1—2 期。

5月,"文化大革命"(1966—1976)开始。由于贺麟的特殊经历与特殊地位,他被戴上"反动学术权威""反共老手"帽子,批斗多次,抄家数次,游街数次,房屋被占,财产丢失,被关进"牛棚"一年多,甚至被诬为"特务"而惨遭毒打。后来,还以"劳动锻炼"的名义被遣送到河南农村干校改造两年。研究工作全部中断。对于这一切,贺麟以一个哲人独具的冷静与超然态度默默地忍受着,"相信目前这种遭遇一定不会长久"。

1969 年　68 岁

本年,贺麟被打成"反共老手",受到隔离审查。

1970 年　69 岁

夏,贺麟被下放到河南息县"五七干校",参加农业体力劳动。

1971 年　70 岁

本年,(台湾嘉义)西部出版社出版贺麟《当代中国哲学》。

1972 年　71 岁

夏,在周恩来总理(1898—1976)的关怀下,贺麟与中国科学院哲学社会科学部的一批老年学者一起返回北京。

1973 年　72 岁

本年,(台北)地平线出版社印行了《文化与人生》的新版。

1975 年　74 岁

国庆节前夕(9 月 30 日),尚未"解放"的贺麟接到周恩来总理签署的国宴请柬,到人民大会堂参加了国庆招待会,心情十分激动。

1976 年　75 岁

到本年下半年,完成黑格尔《耶稣传》译稿。

1977 年　76 岁

12 月 2 日,参加《哲学研究》编辑部组织的座谈会。

1978 年　77 岁

1 月 17 日,吴宓在陕西泾阳逝世。在吴宓逝世前一日,贺麟曾经梦见吴宓。

4月，中国社会科学院成立，哲学所是中国社会科学院下属的一个研究所。

秋，洪汉鼎考入中国社会科学院哲学研究所，被录取为贺麟的研究生。入学后，洪汉鼎既是研究生同时又是贺麟的助手（从1978年末到1983年）。

10月16日至27日，在芜湖召开的"全国西方哲学史讨论会"上，作了题为《黑格尔哲学体系与方法的一些问题》的讲话，讲稿收入《黑格尔哲学讲演集》。

冬，在《安徽劳动大学学报》发表《黑格尔的哲学体系》。

年底，经过贺麟的联系，徐梵澄回到大陆，服务于中国社会科学院宗教研究所。某日，贺麟与洪汉鼎至中国社会科学院招待所看望徐梵澄。

本年，贺麟、王太庆所译黑格尔《哲学史讲演录》（第四卷）由北京商务印书馆出版。

本年，发表《黑格尔与歌德、席勒》，《哲学研究》，1978年增刊。

本年，《黑格尔的时代》发表于《外国哲学史研究集刊》第一辑（中国社会科学院哲学研究所西方哲学史研究室编），上海：上海人民出版社，1978年。该文后收入《黑格尔哲学讲演集》，为第一篇。

1979年　78岁

5月，发表《费希特的爱国主义和民主思想》，《哲学研究》，1979年第5期。

5月，贺麟的硕士研究生洪汉鼎提前毕业。

6月，贺麟作为中国社会科学院访日代表团的一名成员去日本作学术访问，访问了关西大学、京都大学、东京大学、金泽大学。在西方哲学座谈会上，贺麟两次对斯宾诺莎身心平行论思想（psycho-physical parallelism）做了择要讲述，"日本友人颇感兴趣"。论文《斯宾诺莎身心平行论的意义及其批评者》后发表于《哲学研究》1985年第11期，又收入《哲学与哲学史论文集》。在日本访问期间，与当年同在美国求学的同学竹内爱二重逢。

8月27日至9月1日，贺麟作为中国代表团的团长，率团参加在南斯拉夫贝尔格莱德大学举行的第十三届国际黑格尔大会，作了题为《黑格尔的同一、差别和矛盾诸逻辑范畴的辩证发展》的发言。发言稿后刊于《哲学研究》1979年第12期，并以英文载入1979年《黑格尔年鉴》。

秋,贺麟在中国科学院研究生院讲《小逻辑》,但因体力不济,仅讲了一次,只好请助手梁存秀(梁志学,1931—2018)完成。

12月,发表《黑格尔的同一、差别和矛盾诸逻辑范畴的辩证发展》,《哲学研究》,1979年第12期。

1980年　79岁

1月,撰写《小逻辑·新版序言》。

春,贺麟应广东哲学学会之邀,同广州地区部分哲学工作者举行座谈会。会上,贺麟介绍了访问日本、出席国际黑格尔哲学协会第十三次会议(在南斯拉夫举行)的情况。

2月,杜任之主编《现代西方著名哲学家述评》(北京:生活·读书·新知三联书店,1980年)出版,收入贺麟所撰《布兰德·布兰夏尔德》。

3月,发表《康德黑格尔哲学东渐记》,《中国哲学》第二辑,北京:生活·读书·新知三联书店,1980年。文章标题中"东渐记"三字,"系来自美籍中国学者容闳(1828—1912)所著《西学东渐记》一书"①。该文后略加修订,作为附录收入《五十年来的中国哲学》一书。

3月,发表《实用主义是导致折衷主义和诡辩论的思想根源》,《学术研究》第3期,1980年。这是一篇批判胡适的文章。

本年,北京商务印书馆印行贺麟所译黑格尔《小逻辑》,此乃新2版。贺麟《小逻辑·新版序言》说:"这次修改《小逻辑》的旧译本虽从一九七三年就已开始,但当时为了要先修改出版黑格尔《哲学史讲演录》第4卷和《精神现象学》下卷,便将《小逻辑》放下了,直到一九七九年春才最后修改完毕。"

12月30日,徐复观(1903—1982)收到"贺麟先生寄来贺节片","至可感念"。

1981年　80岁

1月18日,徐复观之子徐武军将至北京,徐复观嘱其子将自己所写十册书带给贺麟转中国社会科学院哲学研究所。

1月27日,徐武军由北京返回香港。在北京之时,徐武军会见了贺麟等人。1月29日,徐武军向徐复观转述会见情况。

---

① 贺麟:《五十年来的中国哲学》,沈阳:辽宁教育出版社,1989年,第129页。

3月，作《现代西方哲学讲演集·自序》。

6月4日，中华全国外国哲学史学会正式成立并召开第一届第一次理事会议，贺麟被选为名誉会长。贺麟出席大会并讲话，讲话摘要《我对哲学的态度》（王树人整理）刊于《哲学与哲学史论文集》。

8月12日，《黑格尔全集》编辑委员会成立，贺麟任名誉主任委员。

8月，发表《休谟的怀疑论和启蒙思想》，《外国哲学史研究集刊》第五辑，上海：上海人民出版社，1982年。

9月9—12日，中华全国外国哲学史学会和中国社会科学院哲学研究所共同主办的纪念康德《纯粹理性批判》出版200周年和黑格尔逝世150周年学术讨论会在北京举行。会议邀请了国际康德学会主席冯克（Gerhard Funke）、国际黑格尔协会主席柏耶尔（R. Beyer，一译贝耶尔）和国际黑格尔联合会主席亨利希（Dieter Henrich）三位德国友人参加。贺麟在会上讲话，讲话的主要内容是康德和黑格尔哲学对世界的文化和哲学的意义。讲话稿《在纪念康德、黑格尔学术讨论会开幕式上的讲话》刊于《国内哲学动态》1981年第10期（题名《贺麟教授在纪念康德、黑格尔学术讨论会开幕式上的讲话（摘要）》），后收入《哲学与哲学史论文集》。

10月8日，国务院学位委员会下达第一批博士、硕士学位授权学科专业名单，贺麟为中国社会科学院研究生院外国哲学史专业博士生导师。

10月15—21日，由中国哲学史学会、浙江省社会科学院哲学研究所联合主办的"全国宋明理学讨论会"在杭州召开。贺麟参加讨论会并发言。

11月，在杭州召开全国中外哲学史比较讨论会。贺麟参加讨论会并发言。

年底，贺麟又向党组织递交了入党申请书。

本年，台北市大易出版社出版黑格尔《哲学史讲演录》，署名贺自昭译。

1982年　81岁

5月，钟离蒙、杨凤麟主编《中国现代哲学史资料汇编》出版，其第三集第五册为《新心学批判》（沈阳：辽宁大学哲学系，1982年），收录贺麟中华人民共和国成立前发表的文章33篇。

6月，发表《费希特的唯心主义和辩证法思想述评》，《学术月刊》，1982年第6期。

10月11日，金岳霖同志从事哲学、逻辑学教学和研究工作56周年庆在北京举行。贺麟参加了庆祝会,并在会上发言。收入《金岳霖的回忆与回忆金岳霖》一书的文章《金老的道德文章》(标题是整理者拟的),系乐逸鸥根据记录整理而成。

10月12日至16日,由北京大学哲学系和中国社会科学院哲学研究所联合发起的十八世纪法国哲学讨论会在北京举行,中华全国外国哲学史学会名誉会长贺麟出席了开幕式并讲了话。

10月,发表《黑格尔的艺术哲学》,《学习与思考》1982年第5期。该文又载《中国社会科学院研究生院学报》1982年第5期、《美学》1982年第5期。

11月3日,已届耄耋之年的贺麟被批准加入中国共产党,"这位历尽坎坷的哲学家终于找到了光明的归宿"①,"他一生的理想和追求有了一个光明的归宿"②。11月4日,《人民日报》专门报道此事③。

本年,发表《斯宾诺莎哲学简述》,《外国哲学》第二辑。

本年,新竹市仰哲出版社出版斯宾诺莎《伦理学》,署名贺自昭译。

本年,新竹市仰哲出版社出版黑格尔《精神现象学》,署名贺自昭译。

1983 年　82 岁

1月,发表《黑格尔的〈法哲学原理〉》,《福建论坛》第1期,1983年。该文是贺麟1955年在中国人民大学讲授《黑格尔哲学》的笔记稿,后于1982年冬整理。

3月9日至14日,《中国大百科全书·哲学》编辑委员会成立暨撰稿人大会在北京酒仙饭店召开。贺麟作为哲学卷编辑委员会顾问,在会上发了言。

6月4日—22日,中国人民政治协商会议第六届全国委员会第一次会议在北京召开。贺麟出席会议,并合影留念。

6月15日,作《现代西方哲学讲演集·作者后记》。

6月,发表《亨利·柏格森的哲学》,《中国社会科学院研究生院学报》1983年第3期,又载《学习与思考》1983年第3期。

9月,发表《黑格尔的早期思想》,《哲学研究》第9期,1983年9月。

---

① 方克立、李锦全主编:《现代新儒家学案》(中册),北京:中国社会科学出版社,1995年,第225页。

② 张祥龙:《贺麟传略》,《晋阳学刊》,1985年第6期,第64页。

③ 李洪启:《著名哲学家贺麟入党》,《人民日报》,1982年11月4日第四版。

　　10月至11月，贺麟应香港中文大学新亚书院之邀至港讲学一月。10月21日，贺麟作为"新亚书院龚雪因先生访问学人"，偕夫人抵达书院①。10月27日晚，金耀基院长在云起轩设宴款待贺麟伉俪。11月2日下午，主讲"我近来对于黑格尔哲学的新理解"；11月7日下午，主讲"知行合一问题"②。11月15日，贺麟夫妇离开香港，飞返北京③。讲学内容包括黑格尔哲学、宋明理学，讲稿发表于《求索》1985年第1期。在港讲学期间，唐君毅夫人谢廷光女士（1916—2000）邀请贺麟前去府上瞻仰唐君毅的遗物，并在九龙设宴款待，由唐君毅的入室弟子李杜、唐端正、陈特及霍韬晦等作陪。李杜等均以著作相赠，谢廷光并以唐君毅的主要著作《生命存在与心灵境界》一套相赠（后谢廷光又曾两度前往北京，贺麟和周辅成予以热情接待）④。回来后，贺麟撰写了《唐君毅先生早期哲学思想》一文（后收入《哲学与哲学史论文集》），谈论唐君毅的早期思想以及他们二人在思想上、精神上相契合之处，以为纪念。

　　本年，贺麟为马克思逝世百周年纪念而写《马克思的早期哲学思想》，这是民盟中央机关报《中央盟讯》的约稿。该文后经修改补充，收入《哲学与哲学史论文集》。

　　本年，发表《黑格尔论自然现象的辩证发展》，《外国哲学》第三辑。

　　本年，贺麟、王玖兴合译的《精神现象学》（上下卷）荣获中国社会科学院优秀科研成果一等奖。

1984年　83岁

　　3月，贺麟被聘为《西方著名哲学家评传》学术顾问。贺麟所撰《黑格尔》被列入《西方著名哲学家评传》丛书第六卷。

　　8月，《现代西方哲学讲演集》由上海人民出版社出版，周谷城、姜丕之为之作序。全书分为上下篇，上篇收集中华人民共和国成立前在北京大学讲授

---

　　①《本院大事记》，《新亚生活月刊》（香港）第十一卷第三期，1983年11月15日，第15页。

　　②《"龚氏访问学人"贺麟教授访问本院》，《新亚生活月刊》（香港）第十一卷第四期，1983年12月15日，第4页。

　　③《本院大事记》，《新亚生活月刊》（香港）第十一卷第四期，1983年12月15日，第15页。

　　④ 贺麟：《唐君毅先生早期哲学思想》，《哲学与哲学史论文集》，北京：商务印书馆，1990年，第201页。

"现代西方哲学"课程的讲演 13 篇,下篇收集中华人民共和国成立后文章 15 篇。该书上篇的底稿是 1947 年下半年至 1948 年上半年在北京大学开设的现代西方哲学课程的讲课笔记,记录者是班上的肖辉楷同学,后经贺麟重新审阅和修改而成。贺麟说,"这是我建国以来所付印的第一部勉强可说是专著的讲演集"。

8 月,参加在山西太原召开的傅山学术讨论会。所提交论文《傅山哲学思想的主要倾向及开展傅山研究的重要性》,后刊于《晋阳学刊》第 6 期,1984 年 12 月。

9 月 28 日上午,至民族文化宫,出席中国哲学史学会为纪念孔子诞生 2535 周年举行的座谈会。

10 月,《黑格尔自然哲学的发展观》,《社会科学》(兰州),1984 年第 5 期。

12 月 21 日至 26 日,由上海社会科学院发起的全国东西方文化比较研究讨论会在上海召开。贺麟在夫人黄人道陪同下,出席了讨论会。

本年,为纪念费希特逝世 180 周年,贺麟完成《费希特的爱国主义和民主思想》,该文刊于《哲学与哲学史论文集》。

本年,台北市里仁书局出版黑格尔《精神现象学》,署名贺自昭、王玖兴译。

本年,黑格尔《法哲学原理》(范扬、张企泰译,贺麟序)由台湾新竹市仰哲出版社出版。

1985 年　84 岁

1 月,发表《关于知行合一问题——由朱熹、王阳明、王船山、孙中山到〈实践论〉》,《求索》,1985 年第 1 期。该文后经改订,以《知行合一问题——由朱熹、王阳明、王船山、孙中山到〈实践论〉》为题,收入《五十年来的中国哲学》一书,为该书第三章。

3 月 9 日,写作《黑格尔早期神学著作·译者序言》。

4 月,贺麟携夫人黄人道回四川金堂老家探亲,并在老房院坝与贺氏族人合影(4 月 25 日);同时,将多年积蓄的稿费 15 000 元,捐赠给金堂淮口中学和五凤小学,作为奖学金。期间,贺麟应邀至四川大学哲学系、西南师范学院、武汉大学哲学系讲学。

5 月、6 月,发表《黑格尔对"形而上学思想"的批评》《黑格尔对"形而上学思想"的批评(续)》,《群言》第 5、6 期。

6 月 10 日上午,中国老年历史研究会孔子研究所成立大会暨第一届学术讨论会在北京孔庙大成殿召开。贺麟出席讨论会并发言。

6 月 29 日,罗蒂(Richard Rorty,1931—2007)应邀到中国社会科学院哲学所做了题为"非还原的物理主义"的演讲。演讲后,罗蒂和夫人冒着倾盆大雨到贺麟家做客。

6 月,发表《黑格尔〈自然哲学〉提纲——特别强调其中的辩证法》,《晋阳学刊》第 3 期,1985 年 6 月。

8 月 27 日,写作《黑格尔哲学讲演集·序言》。

11 月,发表《斯宾诺莎身心平行论及其批评者》,《哲学研究》第 11 期。

12 月 4 日,出席在北京大学勺园举行的冯友兰九十寿辰庆祝会。

1986 年　85 岁

4 月 6 日,写《〈马克思恩格斯论哲学史〉序言》;9 月,刊于《人文杂志》第 4 期,1986 年 9 月。

4 月,被聘为《康德与黑格尔研究》顾问。

4 月,发表《论自然的目的论》,《中国社会科学院研究生院学报》第 2 期,1986 年 4 月。

4 月,发表《斯宾诺莎主义的宗教方面》,《中国社会科学院研究生院学报》第 2 期,1986 年 4 月。

4 月,发表《唐君毅先生的早期哲学思想》,《鹅湖月刊》第 130 期,1986 年。

4 月,山西省孔子学术研究会颁发聘书(第 26 号),聘请贺麟为学术顾问。

4 月,中国翻译工作者协会颁发聘书,聘请贺麟为第二届理事会名誉理事。

6 月,被聘为《世界哲学年鉴》顾问。

7 月,论文集《黑格尔哲学讲演集》由上海人民出版社出版。评论说,"这是迄今为止黑格尔研究方面最为深广、最为全面、最有影响的成果"①。

7 月,为《德国三大哲人歌德、黑格尔、费希特的爱国主义》作《新版序》。该书后于 1989 年 7 月由商务印书馆出版。

---

① 张学智：《贺麟选集·前言》,长春：吉林人民出版社,2005 年,第 11 页。

8月10日,中国社会科学院院长胡绳签发聘书(研聘字4005号),聘请贺麟为中国社会科学院研究生院教授,担任博士指导教师。

9月,发表《我和胡适的交往》,《文史资料选编》第28辑。

10月,发表《怀念梁启超和吴宓两位老师》,《清华校友通讯》复14期。

10月9日至11日,为纪念贺麟从事教学、研究、翻译工作55周年,中国社会科学院哲学研究所、北京大学哲学系、民盟中央、中华全国外国哲学史学会联合在北京举行了"贺麟学术思想讨论会",国内外300余名专家、学者出席了开幕式。人大常委会副委员长周谷城、中国社会科学院副院长汝信、民盟中央副主席叶笃义、中国社会科学院哲学研究所所长邢贲思、北京大学哲学系党支书记朱德生、中华全国外国哲学史学会负责人王树人、美国北略诺拉多州立大学教授樊星南之子樊明等到会发言。与会者一方面对贺麟一生教书育人的学者生涯给予了极高的评价,另一方面也对他的哲学思想及翻译、研究进行了多方面的探讨和系统的总结,并作出了科学的评价和充分的肯定。贺麟出席会议,并在会上发言。

本年度,贺麟、汝信、王玖兴的《黑格尔全集》翻译获国家社会科学基金资助。

本年,贺麟感到行动不便。

1987年　86岁

3月12日,作《文化与人生》之"新版序言"。

5月4日,作《哲学与哲学史论文集》之"序言"。

7月15日,为马魁隆《论清初哲学之新潮》作序。该文后以《〈论清初哲学之新潮〉序》为题,刊于《哲学动态》1992年第1期。

9月10日至12日,"现代新儒家思潮研究"课题组在安徽省宣州市召开了首次全国现代新儒家思潮学术讨论会。课题组成员比较一致地同意以梁漱溟、熊十力、张君劢、冯友兰、钱穆、贺麟、方东美、牟宗三、唐君毅、徐复观10人作为现代新儒家的代表人物,亦即作为主要研究对象。

本年秋,贺麟的健康状况明显恶化。

国庆前夕,孙尚扬登门拜访贺麟,并做访谈。

12月,江苏省社会科学院、江苏省哲学史与科学史研究会等五家单位在南京市召开纪念《精神现象学》出版180周年学术讨论会,贺麟本拟赴会作专题讲演,后因身体等多种原因不能出席会议,但他专程派自己的两位博士生将《我学习〈精神现象学〉的经过》一文带至会上交流，并向大会寄去了贺信。《我学习〈精神现象学〉的经过》后刊于《社会科学》（兰州）1989 年第 1 期和《学海》（南京）1992 年第 5 期。

1987 年以来，贺麟为西方哲学史专业培养了 5 名硕士生、4 名博士生。

1988 年　87 岁

3 月，发表《辩证法和哲学的理想性》，《社会科学战线》，1988 年第 1 期。

3 月，发表《对有关辩证法几个问题的新理解》，《中国社会科学》，1988 年第 2 期。

4 月，发表《哲学的理想性》，《哲学动态》，1988 年第 4 期。

夏，贺麟指导的研究生宋祖良完成博士学位论文《青年黑格尔的哲学思想》，并进行论文答辩。次年，《青年黑格尔的哲学思想》由（长沙）湖南教育出版社出版。

夏，贺麟指导的研究生杨君游完成博士学位论文《黑格尔的国家理论》，并进行论文答辩。

夏，贺麟指导的研究生高全喜完成博士学位论文《〈精神现象学〉中的自我意识》，并进行论文答辩。

7 月，《黑格尔全集》编译委员会在北京昌平"爱智"山庄召开《黑格尔全集》翻译出版讨论会。贺麟参加了讨论会并讲话，对《黑格尔全集》的翻译工作提出了许多宝贵意见。

8 月，《文化与人生》由（北京）商务印书馆出版。与旧版相比，新版在内容和文章题目上均有变动。

8 月，贺麟等著《马克思人类学笔记研究论文集》由（北京）商务印书馆出版。

10 月 15 日至 19 日，中华全国外国哲学史学会第二届年会暨学术讨论会在武汉召开。贺麟因年事已高、行走不便未能出席年会，但发去了书面贺信。

12 月 21 日，"西洋哲学名著研究编译会"在北京成立，贺麟任名誉会长。

12 月，发表《评吕世伦著〈黑格尔法律思想研究〉一书》，《法律学习与研究》，1988 年第 6 期。

12 月，译著《黑格尔早期神学著作》由（北京）商务印书馆出版。

1989 年　88 岁

3 月，《五十年来的中国哲学》由（沈阳）辽宁教育出版社出版。此书系

《当代中国哲学》之再版本,不但改换了书名,而且"在不影响原书的体系及主要论点的前提下,作了适当的修改和补充"(《新版序》)。该书获"光明杯"优秀哲学社会科学著作荣誉奖。

夏,贺麟指导的研究生范建荣完成博士学位论文《康德的先验文化哲学》,并进行论文答辩。

7月,《德国三大哲人歌德、黑格尔、费希特的爱国主义》(原名《德国三大哲人处国难时之态度》)由北京商务印书馆出版。这次推出的新版,歌德一章有所增益,并且附录了作者为《西方著名哲学家评传》所写的黑格尔评传。贺麟在书中介绍了三大哲人的生平和思想,对他们的爱国主义思想和言论作了详细的叙述。

10月,《时代之波》作为"民国丛书"第一编第四十四册,由上海书店出版。

12月30日,贺麟为张岂之、周祖达主编《译名论集》作序。

1990 年　89 岁

6月,发表《谈谈翻译》,《中国社会科学院研究生院学报》,1990 年第3 期。

8月30日,钱穆在台北逝世。9月2日,贺麟发去唁电。

11月,《哲学与哲学史论文集》由(北京)商务印书馆出版。本书收集贺麟从 1926 至 1987 年六十余年间撰写的有关哲学和哲学史的论文 57 篇。论文按写作或发表时间为序,分为三部分。第一部分《留学期间(1926—1931)的文章》,第二部分《回国后至解放前(1931—1949)的文章》,第三部分《建国以后(1949—1987)的文章》。

12月5日,萧萐父等至北京出席"冯友兰思想国际会议"(12月4—6日)。会议之余,萧萐父等专程拜访了贺麟。

12月,发表《谈儒家精神——致朱熹诞辰 860 周年学术研讨会》,《哲学动态》,1990 年第 12 期。

12月,《文化与人生》作为"民国丛书"第二编第四十三册,由上海书店出版。

本年 7 月起,贺麟获国务院颁发的政府特殊津贴。

1991 年　90 岁

6月11日,贺麟为张颐《黑格尔的伦理学说》的中文译本作序。

10月1日,中华人民共和国国务院颁发证书[政府特殊津贴第(90)

492009 号]，决定从 1990 年 7 月起发给贺麟政府特殊津贴。

12 月，《近代唯心论简释》《当代中国哲学》作为"民国丛书"第三编第五册，由上海书店出版。

12 月，发表《弘扬朱子思想之真精神》，《朱子学新论——纪念朱熹诞辰 860 周年国际学术会议论文集》，上海：上海三联书店，1991 年 12 月。

1992 年　91 岁

9 月 22—24 日，为纪念贺麟教授九十寿辰，中国社会科学院哲学所、中华全国西方哲学史学会、民盟中央等单位在北京联合举行"贺麟学术思想讨论会"。与会专家、学者共 200 余人，就贺麟的哲学体系、学术贡献、治学方法、品格风范、人生道路等问题进行了广泛、热烈的讨论①。

9 月 23 日上午 8 时 30 分，一代宗师贺麟溘然逝世于北京医院，享年 90 岁。10 月 6 日，贺麟遗体告别仪式在八宝山革命公墓举行。《人民日报》专门报道了此事②。

本年 7 月，张学智所著《贺麟》作为"世界哲学家"丛书之一，由台北东大图书公司出版。这是国内外系统研究贺麟思想的第一部专著，详细介绍了贺麟各个阶段的思想及其演变，并且分别进行了深入考察。书后附有学术年表和重要名词索引。

本年 12 月，贺麟等著《儒家思想新论》作为"民国丛书"第四编第二册，由上海书店出版。

谱后（附录）

1993 年

1 月，发表《辩证法的发挥——列宁〈黑格尔"逻辑学"一书摘要〉研究》序，《新华文摘》，1993 年第 1 期。

10 月，《会通集：贺麟生平与学术》（宋祖良、范进编）由（北京）生活·读书·新知三联书店出版。宋祖良（1946—1995）是贺麟的助手。

---

① 范进、杨君游：《贺麟学术思想讨论会综述》，《哲学动态》，1992 年第 12 期，第 7—10 页。

② 《贺麟同志逝世》，《人民日报》，1992 年 10 月 10 日第四版。

1995 年

11 月,王思隽、李肃东《贺麟评传》由(南昌)百花洲文艺出版社出版。

本年,《儒家思想的新开展——贺麟新儒学论著辑要》(宋志明编)由(北京)中国广播电视出版社出版。该书是"现代新儒学研究丛书"之一。

早在 1986 年 11 月,"现代新儒学思潮研究"就被确立为国家社科基金"七五"规划重点课题;1992 年初,又被列为"八五"规划重点课题;1995 年,由方克立教授和李锦全教授主持的课题组在中国社会科学出版社出版了《现代新儒家学案》,全书三巨册,有梁漱溟、张君劢、熊十力等 11 人的学案,其中《贺麟学案》由宋志明执笔。

1997 年

12 月,黑格尔著、贺麟等译《黑格尔早期著作集》由(北京)商务印书馆出版。

1998 年

4 月,宋志明《贺麟新儒学思想研究》由天津人民出版社出版。该书是"现代新儒学研究丛书"之一。

本年,(台北)台湾商务印书馆出版贺麟译《小逻辑》。

1999 年

8 月 29 日至 31 日,"贺麟思想与西方哲学引进研讨会"在澳门举行。会议由澳门中国哲学会主办,中国社会科学院哲学研究所协办。这次研讨会,是继 1986 年、1992 年之后的第三次全国性研讨会。来自中国大陆和港澳的专家学者共 30 人与会,会议收到论文 22 篇。澳门中国哲学会会长岑庆祺致开幕词,澳门新华分社宣传文体部顾问冼为铿、中国社会科学院原副院长汝信、中国社会科学院哲学所副所长李鹏程也在开幕式上致词。

2001 年

1 月,《文化与人生》由上海文艺出版社出版。该书系故事会图书馆文库学者讲坛系列之一。

2 月,张茂泽《贺麟学术思想述论》由(西安)陕西人民出版社出版。该书系"西部开发与人文学术丛书"之一。

2002 年

1 月,[德] 黑格尔著、贺麟译、张世英选编《小逻辑》(节选本)由(北京)商务印书馆出版。

11月，岑庆祺主编《濠江哲学文集》由（保定）河北大学出版社出版。该文集分为三大部分，第三部分即1999年8月"贺麟思想与西方哲学引进"研讨会论文。

12月10日，中国社会科学院哲学研究所隆重集会，纪念贺麟先生百年诞辰。哲学界的专家学者共百余人参加了会议。会议由哲学所所长李景源主持，中国社会科学院原副院长汝信，国家图书馆馆长、中国哲学史家任继愈，西方哲学史家张世英、汪子嵩，北京大学教授黄楠森、张祥龙以及贺麟先生的女儿贺美英等分别做了发言，对贺麟先生在西方哲学研究和翻译方面的贡献、其思想的主要内容及特点、其治学方法，以及他在中国现代学术史上的地位和影响等作出高度评价。《人民日报》专门报道了此事①。

12月，《五十年来的中国哲学》由（北京）商务印书馆出版，系"贺麟著作集"之一。

2004年

11月，贺麟的骨灰归葬故里。

2005年

1月，《文化与人生》由（北京）商务印书馆出版，系"中国文库"丛书之一。

4月7日，中国社会科学院哲学研究所推荐已故研究员贺麟和沈有鼎入选"中国社会科学院学者文库"。

5月，《贺麟选集》（"北大哲学门经典文萃"之一，陈来主编、张学智编）由（长春）吉林人民出版社出版。

2006年

11月，中国社会科学院科研局组织编选《贺麟集》（"中国社会科学院学者文选"之一），由（北京）商务印书馆出版。该文集收入的绝大部分文章，是贺麟对黑格尔哲学的系统介绍和研究，以及对当代西方一些哲学流派诸如新黑格尔主义等的评析。书前有汝信所作《前言》。

2007年

9月，王志捷《贺麟文化理论研究》由（北京）首都师范大学出版社出版。

---

① 彭国华：《首都学术界纪念贺麟诞辰百周年》，《人民日报》，2002年12月11日第四版。

2008 年

4 月，杜小安《贺麟》由(昆明)云南教育出版社出版。该书系"大家精要"丛书之一。(说明：版权页标明版次为 2008 年 4 月，但实际出版日期是 2009 年 1 月。)

2009 年

4 月，中国社会科学院哲学研究所西方哲学史研究室编《贺麟先生百年诞辰纪念文集》由(北京)中国社会科学出版社出版。(说明：版权页标明版次为 2008 年 4 月，但实际出版日期是 2009 年 4 月。)

8 月，《近代唯心论简释》由上海人民出版社出版。该书系《贺麟全集》之一。此次出版的新本，以上海书店"民国丛书"影印的 1944 年 7 月再版本为底本，参考《资产阶级学术思想批判参考资料》第四集(商务印书馆 1959 年版)、《现代西方哲学讲演集》(上海人民出版社 1984 年版)、《哲学与哲学史论文集》(商务印书馆 1990 年版)的相关资料整理而成，并增补了"代序""自述"及相关评论，作为附录二、三。

8 月，《小逻辑》由上海人民出版社出版。该书系《贺麟全集》之一。根据商务印书馆 1980 年 7 月第二版《小逻辑》整理，个别文字并据贺麟自存本校改。

年初，"成都贺麟教育基金会"在四川成立。

2010 年

3 月，北京大学出版社出版贺麟《西方六大师》。该书系"北大大课堂"丛书之一。全书 12.8 万字，191 页，介绍了斯宾诺莎、格林、黑格尔、柏格森、杜威、怀特海等欧美六位大师的人生历程及学术思想。

3 月，王思隽、李肃东《贺麟评传》由(南昌)百花洲文艺出版社出版第二版。

2011 年

1 月，《文化与人生》由上海人民出版社出版。该书系《贺麟全集》之一。此次整理以商务印书馆 1988 年新版为底本，参校 1947 年初版本及部分文章初次发表时的报刊，个别文字并据贺麟自用本校改。

春节前(1 月底)，中国社会科学院哲学研究所领导走访慰问贺麟的遗孀黄人道。

3 月，《黑格尔哲学讲演集》由上海人民出版社出版。该书系《贺麟全集》

之一。

4月，何仁富《贺麟与唐君毅理想唯心论研究》由（郑州）河南人民出版社出版。

6月，代发君《贺麟西方古典哲学译介研究》由（郑州）河南人民出版社出版。

12月，《近代唯心论简释》由（北京）商务印书馆出版。该书系"中华现代学术名著丛书"第三辑之一。

2012年

2月，教育部人文社会科学研究规划基金项目公布，其中之一即"会通与建设：贺麟文化思想研究"。项目批准号：12YJAZH099。项目负责人：彭华。工作单位：四川大学。

6月，《五十年来的中国哲学》由上海人民出版社出版。该书系《贺麟全集》之一，以商务印书馆2002年第1版为底本，参照胜利出版公司1945年初版，并以编者注形式标示文字差异较大且有参考价值者。

6月，《现代西方哲学讲演集》由上海人民出版社出版。该书系《贺麟全集》之一。据上海人民出版社1984年8月第一版整理。

10月，《守望智慧的记忆》（王中江编，"北大哲学系百年系庆丛书"之一）由（北京）商务印书馆出版。该书收入贺麟论文两篇，即《文化的体与用》《近代唯心论简释》。

12月，《黑格尔早期神学著作》由上海人民出版社出版。该书系《贺麟全集》之一。据商务印书馆1988年12月第一版整理，参校商务印书馆1997年12月第一版贺麟等译《黑格尔早期著作集》（上卷）。

12月，《黑格尔　黑格尔学述》由上海人民出版社出版。该书系《贺麟全集》之一。《黑格尔》据商务印书馆1936年3月初版本整理，《黑格尔学述》据1943年8月渝第一版整理。

12月，《马克思博士论文　黑格尔辩证法和哲学一般的批判》由上海人民出版社出版。该书系《贺麟全集》之一。

2013年

8月，《哲学史讲演录》（［德］黑格尔著，贺麟、王太庆译）由上海人民出版社出版。该书系《贺麟全集》之一。

12月，《精神现象学》（［德］黑格尔著，贺麟、王玖兴译）由上海人民出版社出版。该书系《贺麟全集》之一。

2014 年

7 月,《斯宾诺莎文集》第一卷由(北京)商务印书馆出版,该卷收入贺麟所译《知性改进论》。

7 月,《斯宾诺莎文集》第四卷由(北京)商务印书馆出版,该卷收入贺麟所译《伦理学》。

9 月,中国老教授协会主编《大师风范(人文社会科学卷)》(上下册),由(北京)高等教育出版社出版,收录了陈垣、马寅初、李达、郭沫若、范文澜、金岳霖、冯友兰、翦伯赞、王力、贺麟、侯外庐、吕叔湘、白寿彝、张岱年、夏鼐、费孝通、钱锺书、季羡林、何其芳、任继愈、夏书章等 31 位大师的小传。该书上册收录了梁存秀(梁志学)所撰《真诚、勤奋、执著的追求——贺麟先生的为人治学》。

11 月 10 日,贺麟故居纪念馆建成,被民盟中央正式授予"中国民主同盟盟员教育基地"。

11 月,高全喜编《中国近代思想家文库·贺麟卷》由(北京)中国人民大学出版社出版。该书重点收录了贺麟 1949 年之前发表的重要著作三十余篇,集中体现了贺麟学贯中西的治学精神和卓越超凡的思想成就。全书分为三编:第一编主要收录贺麟有关中国儒家思想的论述,其中尤其关注体现贺麟开启"新心学"一脉的诸篇文章;第二编收录贺麟 1949 年前关于西方哲学,尤其是有关黑格尔哲学的论述,黑格尔哲学是贺麟一辈子用功之所在;第三编所收录的大多是贺麟早年就读清华时有关论述翻译要旨的小文,体现了他对汇通中西之学的体认。

2015 年

6 月,陈永杰《现代新儒家直觉观考察:以梁漱溟、冯友兰、熊十力、贺麟为中心》由(上海)东方出版中心出版。

10 月,《文化与人生》由(北京)商务印书馆出版。该书系"中华现代学术名著丛书"第五辑之一。

2016 年

6 月,国家社会科学基金年度项目公布,其中之一即"基于美国所藏的贺麟档案研究新心学关键问题研究"。项目批准号:16BZX058。项目负责人:顾红亮。工作单位:华东师范大学。

8月，夫人黄人道（1917—2016）去世。

9月6日，贺麟先生物品捐赠仪式在成都贺麟故居纪念馆举行。贺麟先生位于北京中国社会科学院宿舍旧居的全部物品两千余件，运抵金堂五凤镇金箱村贺麟故居，并由贺氏亲属代表将其郑重移交给贺麟故居纪念馆。

11月12日，作为第十六届中国西部国际博览会专项活动之一，首个中德合作大型文化旅游项目——"中德文化交流示范园区"项目推介会暨意向合作协议签约仪式在成都举行。中德文化交流示范园区项目选址在金堂县五凤古镇，将以中国当代著名哲学家贺麟先生的五凤故居为核心区域进行打造。

11月13日，作为第十六届西博会专项活动之一，"中国哲学小镇"揭牌暨中德文化交流示范园区项目启动仪式在成都金堂县五凤镇举行。

11月，张学智《贺麟思想研究》由（北京）人民出版社出版。该书系"哲学史家文库"第二辑之一。

12月，成都市第七批历史建筑保护名录由成都市政府批准公布，贺麟故居等15处历史建筑列入保护名录。

2017 年

5月，杜小安《贺麟》由（西安）陕西师范大学出版社出版。该书系"大家精要"丛书之一。

8月，［荷］斯宾诺莎著、贺麟译《伦理学》出版，北京：商务印书馆，2017年。

11月18—19日上午，由中国社会科学院哲学研究所主办、金堂县人民政府和成都贺麟教育基金会承办的"中国青年哲学论坛（2017）暨首届贺麟青年哲学奖评审会议"在成都市金堂县举行。

11月18日，2017年度"纳通儒学奖学奖教金·优秀征文奖"评审结果公示，《贺麟文化思想研究》（彭华）荣获三等奖。

2018 年

1月，宋志明《贺麟评传》由（北京）中国青年出版社出版。《贺麟评传》系"新儒家评传书系"之一。

10月，（北京）商务印书馆出版《近代唯心论简释（120年纪念版）》。该书系"中华现代学术名著丛书"之一。

2019 年

1 月 11 日,2018 年度"纳通国际儒学奖·优秀征文奖"评审结果公示,《贺麟先生编年事辑》(彭华)荣获二等奖。

1 月,詹绪河、李德富编著《五凤溪》由(成都)四川民族出版社出版。

8 月,代发君《贺麟人生哲学研究》由(成都)西南交通大学出版社出版。

11 月 23—24 日,全国社科系统第三十届哲学大会暨第二届中国青年哲学论坛("第二届贺麟青年哲学奖"颁奖会)在成都市金堂县举行。

2020 年

2 月 2 日,贺麟的学生杨宪邦逝世,享年 98 岁。

9 月 10 日,贺麟的学生张世英逝世,享年 100 岁。

2021 年

2 月 2 日,2020 年国家社科基金中华学术外译项目立项名单公布,其中之一即贺麟《文化与人生》。项目主持人是浙江师范大学的刘映汐副教授,责任出版单位是商务印书馆,翻译文版是英文。

6 月,"浩旺党建教育基地"和"贺麟故居"被授予"成都市中共党史教育基地"的称号。

9 月 2 日,"坚持把马克思主义基本原理与中华优秀传统文化相结合暨贺麟哲学思想的当代价值"专家研讨会在贺麟的故乡——成都市金堂县五凤镇贺麟故居召开。

附录二　研究论著目录

说明：

（1）本目录所收录的文献，主要是与贺麟研究有关的著作（书）和文章（文）。

（2）本目录所收录的文献，上起 1942 年 9 月，下迄 2021 年 9 月。

（3）本目录将相关论著分为四大类别：著作、文章、学位论文、论文集。

（4）本目录所收录的文章，主要采自报纸、期刊、集刊以及论文集。至于研究著作中的相关章节，一般不予以收录。

（5）四大类别的论著，均以作者（或责任者）系联；排列顺序，均依姓名（拼音）；同一作者之论著，以发表时间为序。

一、著作

陈永杰：《现代新儒家直觉观考察：以梁漱溟、冯友兰、熊十力、贺麟为中心》，上海：东方出版中心，2015 年。

代发君：《贺麟西方古典哲学译介研究》，郑州：河南人民出版社，2011 年。

杜小安：《贺麟》，昆明：云南教育出版社，2008 年。（说明：版权页标明版次为 2008 年 4 月，但实际出版日期是 2009 年 1 月。）

何仁富：《贺麟与唐君毅理想唯心论研究》，郑州：河南人民出版社，2011 年。

宋志明：《贺麟新儒学思想研究》，天津：天津人民出版社，1998 年。

宋志明：《贺麟评传》，北京：中国青年出版社，2018 年。

宋祖良、范进编：《会通集：贺麟生平与学术》，北京：生活·读书·新知三联书店，1993 年。

王思隽、李肃东：《贺麟评传》，南昌：百花洲文艺出版社，1995 年。

王思隽、李肃东：《贺麟评传》，南昌：百花洲文艺出版社，2010 年第二版。

王志捷：《贺麟文化理论研究》，北京：首都师范大学出版社，2007 年。

张茂泽：《贺麟学术思想述论》，西安：陕西人民出版社，2001 年。

张学智：《贺麟》，台北：东大图书公司，1992 年。

张学智：《贺麟思想研究》，北京：人民出版社，2016 年。

二、文章

白玉良：《抗日战争时期贺麟学术抗战思想解读——以〈文化与人生〉为中心的考察》，《金卡工程》，2011 年第 4 期。

白欲晓：《贺麟〈儒家思想的新开展〉考论》，《哲学与文化》，第 45 卷第 6 期，2018 年。

白欲晓：《寻绎儒学现代开展的一条流脉——以贺麟纪念唐君毅文为线索》，《东南大学学报（哲学社会科学版）》，2020 年第 4 期。

柏友进：《现代新儒家与心学传统的近代衍化》，《青海师范大学学报（哲学社会科学版）》，2002 年第 3 期。

鲍超：《儒家思想的新开展：论贺麟信仰观》，《青年与社会》，2012 年第 4 期。

北京大学哲学系四年级唯心主义批判小组：《批判贺麟先生的知行论》，《新建设》，1959 年第 1 期。

毕汝谐：《名家系列之四：忆贺麟》，《新天地》，2010 年第 11 期。

蔡方鹿：《贺麟先生论失节》，《蜀学与中国哲学》，成都：四川文艺出版社，2013 年 7 月。

蔡后奇、洪晓楠：《论贺麟"新心学"对黑格尔辩证法的扬弃》，《大连理工大学学报（社会科学版）》，2013 年第 4 期。

蔡尚思：《贺麟的唯心论》，《中国传统思想总批判》，上海：棠棣出版社，1950 年 3 月。后收入《蔡尚思全集》第四册，上海：上海古籍出版社，2005 年。

蔡志栋：《走向近代的民主主义——贺麟政治哲学思想简论》，《儒道研究》第四辑，北京：社会科学文献出版社，2017 年。

柴文华、姜华：《贺麟的道德观片论》，《贵州社会科学》，1994 年第 3 期。

柴文华、蔡惠芳：《文化的形而上建构——梁漱溟和贺麟的文化哲学》，《齐齐哈尔师范学院学报（哲学社会科学版）》，1994 年第 4 期。

柴文华、郑莉：《真文化和真道德——贺麟的见解及其启示》，《理论探讨》，

1994 年第 5 期。

柴文华、马庆玲：《文化的超越与寻根——论贺麟的文化哲学体系》，《求是学刊》，2000 年第 1 期。

柴文华：《现代新儒学的主要类型和特征》，《学术交流》，2004 年第 1 期。

柴文华：《现代新儒家文化观的主要问题》，《淮阴师范学院学报（哲学社会科学版）》，2004 年第 4 期。

柴文华：《论中国现代哲学家的形上学情结》，《哲学研究》，2010 年第 5 期。

柴文华、张灵馨：《略论梁漱溟心学思想的主要特征——兼论早期现代新儒家的心学情结》，《哲学研究》，2018 年第 3 期。

长弓：《贺麟的〈文化与人生〉》，《瞭望》，1989 年第 20 期。

陈静：《浙江大学哲学系创建之际贺麟佚函一通》，《浙江大学学报（人文社会科学版）》，2017 年第 1 期。

陈鹏、马兰兰：《论贺麟对传统儒家"礼"观念的超越理解》，《金田》，2013 年第 12 期。

陈徒手：《贺麟：转型时代的落魄和幸运》，《文史参考》，2012 年第 10 期。后收入《故国人民有所思：1949 年后知识分子思想改造侧影》，北京：生活·读书·新知三联书店，2013 年。

陈先初、张晓燕：《从文化复兴到民族复兴——贺麟儒家思想新开展之精神取向》，《南京社会科学》，2021 年第 3 期。

陈修斋：《对贺麟先生为唯心论作辩护的若干论点的批判》，《武汉大学学报（人文科学版）》，1959 年第 9 期。

陈修斋：《愿他的精神永垂千古！——沉痛悼念敬爱的老师贺麟先生》，《哲学杂志》，1993 年第 1 期。后收入：（1）《贺麟先生百年诞辰纪念文集》，北京：中国社会科学出版社，2009 年；（2）《哲学人生：陈修斋先生 90 周年诞辰纪念文集》，北京：人民出版社，2011 年。

陈勇、兰永海：《贺麟与钱穆》，《宜宾学院学报》，2013 年第 10 期。

陈永杰：《贺麟的直觉观考察》，《社会科学家》，2007 年第 5 期。

陈永杰：《融通直觉与理智的先行探索——贺麟的哲学方法论考察》，《兰州大学学报（社会科学版）》，2015 年第 1 期。

陈赟：《儒学的现代开展与东西文化调和之检讨——论贺麟的文化观》，《学术界》，1997 年第 6 期。

陈赟：《儒学的现代开展与东西文化调和之检讨——论贺麟的文化观》,《中国文化研究》,2001 年春之卷。

陈赟：《儒学的现代开展与东西文化调和之检讨——论贺麟的文化观》,《哲学与文化》(台北),第 26 卷第 8 期,1999 年。

成守勇、陈赟：《新儒家为什么出入"佛老"——兼论儒学在现代开展的途径》,《孔子研究》,2001 年第 4 期。

程刚：《现代新儒家中西文化观概述》,《理论导刊》,2006 年第 12 期。

程龙：《贺麟新心学哲学视域下的文化观》,《鸭绿江》,2015 年第 10 期。

崔立锋：《贺麟先生对我国深入研究马克思哲学的杰出贡献》,《兰台世界》,2014 年第 4 期。

代发君：《贺麟论哲学及其基本功能》,《喀什师范学院学报》,2014 年第 4 期。

代发君：《贺麟论古典哲学及其时代价值》,《宜宾学院学报》,2014 年第 5 期。

代发君：《贺麟与陈康：人生经历、思想共识与学术分歧》,《连云港师范高等专科学校学报》,2015 年第 3 期。

代发君：《贺麟"严复译介思想研究"述论》,《西南交通大学学报(社会科学版)》,2016 年第 2 期。

代发君：《贺麟人生哲学的精神向度》,《平顶山学院学报》,2016 年第 3 期。

代发君：《贺麟人生哲学的精神向度》,《贵州师范学院学报》,2016 年第 4 期。

代发君：《21 世纪教育特征与走向——贺麟对教育变革的反思与展望》,《成都理工大学学报(社会科学版)》,2019 年第 6 期。

代发君：《论贺麟对儒学复兴方法、路径与标准的探究》,《齐齐哈尔大学学报(哲学社会科学版)》,2020 年第 5 期。

代发君：《儒学复兴的方法、路径与标准——对贺麟"三有""三化""三合"说的哲学解读》,《平顶山学院学报》,2020 年第 6 期。

代发君：《"新心学"人生哲学"体系"何以可能?——贺麟人生哲学的困境及其出路》,《喀什大学学报》,2021 年第 4 期。

代发君：《"新心学"人生哲学体系何以可能?——贺麟人生哲学的困境及其出路》,《平顶山学院学报》,2021 年第 4 期。

戴斌斌：《论贺麟新心学之文化哲学理论基础》,《湖南城市学院学报》,2004 年第 4 期。

邓君韬、王娜：《现代新儒家的"法治国"面向——以贺麟为例》,《四川省社会主义学院学报》，2013 年第 3 期。

邓君韬、李好：《从"儒法互释"到贺麟的法治类型学》，《宜宾学院学报》，2013 年第 9 期。

丁冬红：《精研慎择刻意求真　东西会通望塑华魂——"贺麟思想与西方哲学引进研讨会"纪要》，《哲学研究》，1999 年第 10 期。

董驹翔：《贺麟和〈小逻辑〉及哲学编译会》，《书与人》，1996 年第 4 期。

董元庆、曾爽：《贺麟与五伦观念》，《西南交通大学学报（社会科学版）》，2005 年第 3 期。

杜妮：《贺麟，从五凤溪走出的哲学宗师》，《中国西部》，2014 年第 42 期。

段德智：《中国的斯宾诺莎——贺麟人格刍议》，《哲学杂志》，1993 年第 1 期。

范进、杨君游：《贺麟学术思想讨论会综述》，《哲学动态》，1992 年第 12 期。

范进：《贺麟学术思想研讨会在京召开》，《哲学研究》，1992 年第 11 期。

范先明：《川籍翻译家贺麟翻译思想述评》，《乐山师范学院学报》，2014 年第 10 期。

范先明：《川籍翻译家贺麟翻译实践综述》，《乐山师范学院学报》，2015 年第 2 期。

范先明：《贺麟翻译思想对中国译论译史的价值》，《宜宾学院学报》，2015 年第 8 期。

范先明：《近代哲学翻译家贺麟：理论、实践及影响》，《上海翻译》，2016 年第 3 期。

范中英：《学贯中西的哲学翻译家贺麟》，《散文百家（理论）》，2021 年第 5 期。

方红姣：《现代新儒家视野中的船山学研究》，《光明日报》，2014 年 3 月 17 日第 16 版。

方红姣、孙国洋：《现代新儒家的船山学研究》，《衡阳师范学院学报》，2017 年第 1 期。

方仪力：《重审直译意译——以二十世纪二三十年代张东荪、贺麟西方哲学翻译思想为个案》，《中国翻译学学科建设高层论坛》，2013 年 10 月。

冯芬：《贺麟自然生态观探析》，《宜宾学院学报》，2016 年第 4 期。

冯芬：《论贺麟思想中的人文生态观》，《绵阳师范学院学报》，2018 年第 9 期。

傅国涌：《贺麟：学术独立和尊严》，《新世纪周刊》，2008 年第 35 期。

罡拉卓玛：《贺麟的新儒家思想及其当代意义》，《攀登》，2010 年第 5 期。

高力克：《儒化的现代性：贺麟论新文化运动》，《探索与争鸣》，2015 年第 11 期。

高全喜：《百年回首看贺麟》，《读书》，2014 年第 5 期。

高瑞泉：《探寻直觉——评〈现代新儒家直觉观考察〉》，《文汇报》，2016 年 3 月 14 日。

顾红亮：《贺麟的儒家思想现代性话语》，《上海交通大学学报（哲学社会科学版）》，2005 年第 3 期。

顾红亮：《技术人与道德人——论贺麟的儒者型个人观》，《上海交通大学学报（哲学社会科学版）》，2007 年第 3 期。

顾红亮、周屹：《作为方法的进化论——胡适与贺麟对杜威进化论的理解》，《福建论坛（人文社会科学版）》，2009 年第 1 期。

顾红亮：《杜威的进化思想与胡适、贺麟的阐发》，《"纪念达尔文诞辰 200 周年暨〈物种起源〉出版 150 周年"学术研讨会论文集》，2009 年。

顾红亮：《耶顿夫人对贺麟哲学兴趣的启发》，《文汇报》，2011 年 11 月 14 日第 11 版。

顾红亮：《哈佛教授为贺麟赴德留学写推荐信》，《文汇报》，2011 年 11 月 28 日第 11 版。

顾红亮：《西洋哲学名著编译的缘起与进展》，《文汇报》，2011 年 12 月 26 日第 15 版。

顾红亮：《基督教精神如何进入贺麟心学之思》，《华东师范大学学报（哲学社会科学版）》，2014 年第 5 期。

顾红亮：《贺麟知行合一观与认识论扩展》，《人文杂志》，2018 年第 6 期。

关锋：《关于哲学史上唯物主义和唯心主义的斗争问题》，《中国哲学史问题讨论专辑》，北京：科学出版社，1957 年。

关锋：《反对哲学史工作中的修正主义》，《哲学研究》，1958 年第 1 期。

关国煊：《贺麟（1902—1992）》，《传记文学》，第 413 期，1996 年。

郭建宁：《简论贺麟的中西文化观》，《青海社会科学》，2002 年第 1 期。

郭齐勇：《贺麟前期的中西文化观与理想唯心论试探》，《天津社会科学》，1988 年第 1 期。

郭齐勇：《贺麟前期的中西文化观与理想唯心论》，《哲学动态》，1988 年第 6 期。

郭齐勇：《熊冯金贺合论》，《哲学与文化》，第 18 卷第 7 期，1991 年。

郭勤：《贺麟思辨精神与其哲学翻译》，《长春师范大学学报》，2016 年第 5 期。

郭晓东：《文化传统与现代精神——试评贺麟关于儒家思想的新开展》，《南京社会科学》，1999 年第 8 期。

韩潮：《纲常名教与柏拉图主义——对陈寅恪、贺麟的"纲常理念说"的初步检讨》，《云南大学学报（社会科学版）》，2012 年第 6 期。

韩立坤：《论现代哲学对传统伦理的分析性诠释》，《云南社会科学》，2010 年第 6 期。

韩强：《贺麟新心学的文化哲学理论述评》，《南开学报（哲学社会科学版）》，1993 年第 2 期。

韩强：《直觉的辩证法——中国哲学思维的特征》，《南开学报（哲学社会科学版）》，2004 年第 5 期。

韩柱：《贺麟文化观的多维解读——以〈文化与人生〉为例》，《山东科技大学学报（社会科学版）》，2008 年第 5 期。

韩柱、邵宪梅：《贺麟的文化观及其当代价值——以〈文化与人生〉为例》，《新疆社会科学》，2008 年第 5 期。

郝海燕：《儒家文化与中国科学——现代新儒家的见解》，《自然辩证法研究》，2004 年第 11 期。

何仁富：《贺麟与唐君毅研究的比较视野——从贺麟"唐君毅先生的早期哲学思想"说起》，《宜宾学院学报》，2010 年第 7 期。

何仁富：《试论贺麟与唐君毅的理想唯心论》，《浙江传媒学院学报》，2012 年第 2 期。

何仁富：《试论贺麟与唐君毅的理想唯心论》，《鹅湖月刊》，第 442 期，2012 年。

何睿：《贺麟：独创"新心学"的现代大儒》，《深圳特区报》，2012 年 9 月 21 日第 D01 版。

贺美英：《纪念我的父亲贺麟教授》，《清华校友通讯》，2002 年复 46 期。

洪汉鼎：《贺麟教授与我的哲学生命》，《清华西方哲学研究》，2015 年第 2 期。

洪汉鼎：《贺师与斯宾诺莎》，《客居忆往：哲学人生问答录》，北京：中国人民大学出版社，2016 年。

洪汉鼎：《我北大的那些老师们》，《中华读书报》，2017 年 1 月 18 日第九版。

洪汉鼎:《我的哲学生命跟贺麟先生联系在一起》,《教师博览(文摘版)》, 2017 年第 8 期。

侯且岸:《从抗日战争时期的学术个案看全民族的思想启蒙》,《教学与研究》,2005 年第 8 期。

胡丹、王奕:《成都金堂五凤镇贺麟故居修复及特色研究》,《四川建筑》,2010 年第 4 期。

胡光、刘楠:《贺麟文化哲学思想研究》,《金卡工程》,2010 年第 10 期。

胡军:《贺麟"新心学"的基督情怀》,《人文杂志》,2003 年第 4 期。

胡军:《贺麟:另一位西化论者》,《中国哲学史》,2004 年第 2 期。

胡军:《贺麟的文化体用观》,《中国哲学与易学:朱伯崑先生八十寿庆纪念文集》,北京:北京大学出版社,2004 年。

胡孜:《贺麟"新心学"思想理论基础探讨》,《安顺师范高等专科学校学报》,2004 年第 3 期。

黄克剑:《在"化西"祈向下贞认"西化"——贺麟先生"新心学"文化思想探要》,《中国文化月刊》,第 131 期,1990 年。

黄克武:《蒋介石与贺麟》,《"中央"研究院近代史研究所集刊》第 67 期,2010 年 3 月。

黄克武:《蒋介石与贺麟》,《书摘》,2016 年第 11 期。

黄克武:《贺麟的选择》,《法治周末报》,2012 年 11 月 1 日文化版。

黄枬森:《贺麟先生要集中反对的"教条主义"是什么?》,《思想战线》,1957 年第 5 期。

黄楠森、张恩慈:《略论中国哲学史讨论会中的修正主义倾向》,《北京大学学报》,1958 年第 2 期。

黄文树:《现代新儒家贺麟对基督教的理解与应用》,《鹅湖学志》,第 61 期,2018 年。

黄信二:《论贺麟新儒学之建构与反思》,《哲学与文化》,第 38 卷第 5 期,2011 年。

黄行发:《求真求是的学术道路——读贺麟的〈黑格尔哲学讲演集〉》,《学术月刊》,1986 年第 11 期。《报刊资料选汇(外国哲学与哲学史)》1986 年第 12 期摘编。

姜丕之:《谈谈贺麟先生对黑格尔辩证法的研究》,《晋阳学刊》,1987 年第 1

期。收入汝信、叶秀山主编：《姜丕之文集》（下册），北京：社会科学文献出版社，1997 年。

丕之（姜丕之）：《贺麟是怎样歪曲和玩弄辩证法的?》，《哲学研究》，1958 年第 8 期。

康宇：《现代新儒家视野中的儒家道德观》，《理论与现代化》，2006 年第 6 期。

柯玉雪：《试论"近代儒学与基督教的对话"——以贺麟为例》，《鹅湖月刊》，第 472 期，2014 年。

孔明安：《记贺麟学术思想讨论会》，《国内哲学动态》，1986 年第 12 期。

赖功欧：《返本开新：贺麟文化哲学辨析》，《江西社会科学》，2014 年第 9 期。

李北东：《战争刺激与现代中国哲学之成长——以冯友兰、贺麟两位哲人为中心的考察》，《中华文化论坛》，2014 年第 11 期。

李承贵：《中国传统哲学开出科学知识之尝试——以贺麟"时空即理"为例》，《学术研究》，2011 年第 5 期。

李承贵：《知识优先于道德——贺麟对"知行合一"的诠释及其启示》，《中共宁波市委党校学报》，2014 年第 1 期。

［韩］李承模：《贺麟"体用不二"的文化思想》，《国际儒学论丛》，2016 年第 1 期。

李德仁：《众说西南联大新儒家》，《孔学研究（第十二辑）——云南孔子学术研究会第十二次学术研讨会暨第三届会员代表大会论文集》，2006 年。

李工：《由贺麟教育思想说起》，《书屋》，2012 年第 8 期。

李基礼：《经济与道德的二律背反及其解决途径——贺麟的〈文化与人生〉论证逻辑》，《岭南学刊》，2012 年第 5 期。

李科政：《对贺麟〈儒家思想的新开展〉的思考》，《西江月》，2013 年第 34 期。

李立新：《贺麟思想与西方哲学引进研讨会综述》，《哲学动态》，1999 年第 11 期。

李羚：《金堂"人文蔚起"的代表——贺麟及五凤村落的社会学发现》，《中华文化论坛》，2014 年第 9 期。

李羚：《贺麟为什么会转向马克思主义》，《文史杂志》，2021 年第 5 期。

李维武：《关于"哲学无定论"问题的探讨与陈修斋先生的阐释》，《中国人民大学学报》，2011 年第 3 期。

李维武：《心理之间：本体的主体性与本体的理想性——以熊十力、冯友兰、贺麟为中心》,《社会科学战线》,2018 年第 2 期。

李翔海:《评现代新儒家的"中体西用"论》,《哲学研究》,1996 年第 1 期。

李翔海:《新儒家与儒学的现代转化》,《战略与管理》,1994 年第 5 期。

李晓璐:《蒋介石为何四次接见贺麟》,《党史纵横》,2015 年第 9 期。

李杨:《贺麟"五伦新观"三特征》,《文化学刊》,2020 年第 11 期。

李幼蒸:《我代贺麟为罗蒂书写序——记 80 年代学界的一则经历》,《忆往叙实》,重庆:重庆大学出版社,2009 年。

李媛媛:《近代思想家二三事——贺麟》,《北京宣武红旗业余大学学报》,2012 年第 3 期。

李匀:《新儒家贺麟文化品格探源》,《中华文化论坛》,2013 年第 4 期。

梁存秀(梁志学):《真诚、勤奋、执著的追求——贺麟先生的为人治学》,载中国老教授协会主编《大师风范(人文社会科学卷)》(上册),北京:高等教育出版社,2014 年。

梁志学:《真诚、勤奋、执著的追求——回忆吾师贺麟》,《清华西方哲学研究》,2015 年第 2 期。

廖恒:《"华化西学":青年贺麟的黑格尔译述》,《中国图书评论》,2015 年第 9 期。

廖建平:《贺麟对人生与自然关系的理论思考及启迪——兼评贺麟人生哲学的特色》,《文史博览》,2009 年第 10 期。

林慧川:《贺麟与战国策派:抗战中国文化重构的德国谱系》,《天府新论》,2020 年第 5 期。

林可济:《唯心主义评价问题的历史回顾与反思——从贺麟关于唯心主义的看法说起》,《学术评论》,2012 年第 3 期。

林可济:《贺麟〈近代唯心论简释〉出版往事新说》,《中华读书报》,2020 年 5 月 20 日第 14 期。

刘寒:《贺麟儒家思想的新开展述评》,《云梦学刊》,2018 年第 2 期。

刘会清:《贺麟逻辑主体思想浅析》,《商业文化(学术版)》,2009 年第 5 期。

刘金鹏:《论贺麟对儒家伦理思想的反思与重构》,《船山学刊》,2013 年第 4 期。

刘俊哲:《文化为体用之全,以中学化西学——贺麟的文化体用观》,《宜宾学院学报》,2011 年第 10 期。

刘俊哲：《论贺麟新心本体论体系的构建及其历史性转变》，《西南民族大学学报（人文社会科学版）》，2012 年第 8 期。

刘俊哲：《贺麟先生知行关系论的创见》，《北京大学学报（哲学社会科学版）》，2013 年第 1 期。

刘孔喜：《金岳霖、贺麟、艾思奇的哲学翻译观成因探究》，《湖北经济学院学报（人文社会科学版）》，2018 年第 7 期。

刘孔喜：《贺麟哲学翻译观的诠释性特征》，《西南石油大学学报（社会科学版）》，2018 年第 4 期。

刘述先：《对于当代新儒家的超越内省》，《中国文化》，1995 年第 2 期。

刘颖：《"宗教为道德之体，道德为宗教之用"——论贺麟的宗教思想》，《北方论丛》，2008 年第 5 期。

刘彦顺：《时间化的礼乐教化活动及中华美学精神的复兴——论贺麟的美学思想》，《中国社会科学院研究生院学报》，2016 年第 4 期。

刘宜庆：《贺麟：在历史的洪流中》，《同舟共进》，2017 年第 5 期。

刘宇统、彭华：《贺麟和王光祈音乐思想比较研究》，《大舞台》，2015 年第 8 期。

刘宇统、刘韧：《贺麟艺术思想的主要表征和精神内核》，《当代音乐》，2015 年第 9 期。

刘勇：《时空观重塑视野中的贺麟"新心学"》，《哲学分析》，2019 年第 6 期。

柳已青：《历史转折点上的北大教授》，《环境经济》，2011 年第 10 期。

龙飞：《文化自信视域下的贺麟文化观探析》，《云南社会主义学院学报》，2020 年第 2 期。

卢丙华：《论贺麟翻译的哲学思想观》，《重庆科技学院学报（社会科学版）》，2009 年第 7 期。

卢丙华：《论贺麟翻译的哲学思想观》，《安徽文学》，2009 年第 7 期。

卢丙华：《近现代川籍学者翻译思想及成果综述》，《前沿》，2010 年第 6 期。

罗彩：《近百年来五伦思想研究述评》，《河北师范大学学报（哲学社会科学版）》，2017 年第 2 期。

马翠英、李化树：《贺麟大学教育思想初探》，《牡丹江大学学报》，2012 年第 10 期。

马庆玲：《儒家思想的新开展——贺麟对中国文化发展方向的探索》，《哈尔滨市委党校学报》,2005 年第 6 期。

马晓英:《学术界纪念贺麟百年诞辰》,《光明日报》,2002 年 12 月 24 日。

马晓英:《弘先哲之志,启后世之学——"贺麟先生百年诞辰"纪念会侧记》,《哲学动态》,2003 年第 2 期。

马勇:《抗战与"儒家思想新开展":以贺麟为中心的讨论》,《北京科技大学学报(社会科学版)》,2015 年第 4 期。

马永康:《"学术救国"的利器——论解放前贺麟对黑格尔哲学的介绍》,《深圳职业技术学院学报》,2004 年第 1 期。

马永康:《"dialectic"译名讨论——以贺麟、张东荪为中心》,《世界哲学》,2002 年第 1 期。

梅柏青:《贺麟:金堂走出的文化巨擘》,《成都日报》,2012 年 10 月 8 日第 16 版。

梅柏青:《贺麟:四川金堂走出的文化巨擘》,《西部时报》,2012 年 11 月 13 日第 11 版。

南星:《西化、化西与儒学的现代化——贺麟与中国现代化问题》,《哲学研究》,2008 年第 8 期。

南金花、张素荣、任素梅:《以体用观为基础的文化危机意识——也论贺麟中西文化观》,《学理论》,2013 年第 24 期。

潘婷:《应时之需——对于贺麟"经济与道德"问题的思考》,《商品与质量》,2011 年第 S7 期。

彭国华:《首都学术界纪念贺麟诞辰百周年》,《人民日报》,2002 年 12 月 11 日第 4 版。

彭华:《贺麟年谱简编》,《思想家》第一辑,成都:巴蜀书社,2005 年。

彭华:《贺麟年谱新编》,《淮阴师范学院学报》,2006 年第 1 期。全文收入《现当代学人年谱与著述编年》,上海:上海三联书店,2007 年。

彭华:《贺麟的文化史观》,《湖南科技学院学报》,2006 年第 3 期。

彭华:《贺麟与唐君毅——人生经历、社会交往与学术思想》,《宜宾学院学报》,2006 年第 8 期。

彭华:《"同情的理解"略说——以陈寅恪、贺麟为考察中心》,初稿载《"中国传统学术的近代转型"国际学术研讨会论文集》,上海,2009 年 10 月。修订稿载《儒藏论坛》第五辑,成都:四川文艺出版社,2010 年 12 月;《中国传统学术的近代转型》，上海：上海人民出版社，2011 年 2 月；《孔孟学报》（台北），第九十期，2012 年 9 月。压缩稿载《善道》创刊号，四川成都，2010 年
　　7 月。

彭华：《王国维与巴蜀学人》，《淮阴师范学院学报》，2011 年第 3 期。

彭华：《贺麟先生学术年表》，附录于贺麟：《近代唯心论简释》，北京：商务印
　　书馆，2011 年 12 月；又附录于贺麟：《文化与人生》，北京：商务印书馆，
　　2015 年 10 月。

彭华：《贺麟代表作三种提要》，《善道》"贺麟诞辰 110 周年纪念特刊"（总第八
　　期），四川成都，2012 年 9 月。

彭华：《贺麟与蜀学——关于近代蜀学的梳理与思考》，初稿载《"蜀学与中国
　　哲学"学术研讨会论文集》，四川成都，2012 年 10 月；修订稿载蔡方鹿主编：
　　《蜀学与中国哲学》，成都：四川文艺出版社，2013 年 7 月。

彭华：《贺麟与蜀学——关于现代蜀学的梳理与思考》，《西华师范大学学
　　报》，2013 年第 4 期。

彭华：《贺麟译学大义述——兼与严复、王国维、陈康比较》，初稿载"湖湘文
　　化与巴蜀文化交流高层论坛"（第二届）论文集》，四川成都，2013 年 10 月；
　　徐希平主编：《长江流域区域文化的交融与发展：第二届巴蜀·湖湘文化
　　论坛论文集》，成都：四川大学出版社，2014 年 10 月。

彭华：《贺麟译学大义述——兼与严复、梁启超、王国维、陈康相参照》，《西华
　　师范大学学报》，2016 年第 1 期。

彭华：《贺麟"新心学"认识论述略——以"自然的知行合一观"为中心》，《西
　　华师范大学学报》，2019 年第 1 期。

祁和晖：《贺麟主张以"新儒学"捍卫中华民族文化自主权》，《巴蜀文献》第二
　　辑，成都：四川大学出版社，2015 年。

秦英君：《抗日战争与新儒学文化思潮》，《民国档案》，1995 年第 4 期。

秦英君：《贺麟思想述评》，《史学月刊》，1997 年第 1 期。

邱瑞五：《评贺麟先生论知难行易问题》，《新认识》，1942 年第 2 期。

任继愈：《贺麟先生》，《念旧企新——任继愈自述》，太原：山西人民出版社，
　　1997 年。

汝信：《贺麟与黑格尔哲学研究——怀念一代哲人自昭老师》，《清华西方哲
　　学研究》，2015 年第 2 期。

汝信：《贺麟与黑格尔哲学研究》，《中国社会科学文摘》，2016 年第 9 期。

沈友谷(胡绳)：《一个唯心论者的文化观——评贺麟先生著〈近代唯心论简释〉》，《新华日报》(重庆)，1942 年 9 月 21 日。后收入：(1) 胡绳：《理性与自由——文化思想批评论文集》，上海：华夏书店，1946 年 6 月。(2) 胡绳：《胡绳文集(1935—1948)》，重庆：重庆出版社，1990 年。

盛邦和：《儒学再兴与西学汲取——贺麟不赞成"本位文化思想"》，《中州学刊》，2003 年第 5 期。

施璇：《贺麟先生：弘扬西学与当代哲学建设》，载何醒编：《北大哲学系 1952年》，北京：商务印书馆，2012 年。

史广全：《贺麟法治观述论》，《重庆社会科学》，2007 年第 2 期。

史广全：《贺麟法治类型说浅析》，《船山学刊》，2007 年第 3 期。

史广全：《贺麟的法治观及其当代启示》，《孔子研究》，2007 年第 5 期。

单世联：《贺麟文化身份的再认识》，《广东社会科学》，2013 年第 5 期。

四川大学哲学系傅益珍整理：《贺麟、汪子嵩等学者在四川讲学》，《国内哲学动态》，1985 年第 8 期。

宋志明：《关于现代儒者人格的构想：贺麟新心学伦理思想述要》，《现代新儒学研究论集》第二册，1989 年。

宋志明：《贺麟对王夫之哲学的研究与借鉴》，《中国哲学史》，1996 年第 3 期。

宋志明、刘喜君：《贺麟对黑格尔哲学的会通》，《学习与探索》，1996 年第 5 期。

宋志明：《简论贺麟的基督教研究》，《哲学与文化》，第 25 卷第 12 期，1998 年。

宋志明：《贺麟对新儒者的定位》，《中国矿业大学学报(社会科学版)》，2005 年第 1 期。

宋志明：《贺麟对新儒者的定位》，载吴光主编：《当代儒学的发展方向：当代儒学国际学术研讨会论文集》，上海：汉语大词典出版社，2005 年。

宋志明：《论现代新儒家对西方哲学资源的开发和利用》，《中国人民大学学报》，2007 年第 3 期。

宋志明：《从阳明学到新心学的思想轨迹——论贺麟知行观的新开展》，《宜宾学院学报》，2011 年第 1 期。

宋祖良：《贺麟教授的〈现代西方哲学讲演集〉即将出版》，《国内哲学动态》，

1983 年第 12 期。

宋祖良：《读贺麟先生的新著〈现代西方哲学讲演集〉》,《读书》,1984 年第 3 期。

宋祖良：《在探索真理的道路上——记哲学家贺麟教授》,《北京支部生活》,1984 年第 7 期。

宋祖良：《贺麟先生与黑格尔哲学》,《国内哲学动态》,1986 年第 7 期。

宋祖良、范建荣：《贺麟学术思想讨论会在京举行》,《哲学研究》,1986 年第 11 期。

宋祖良：《贺麟传略——在探索真理的道路上》,《中国哲学年鉴(1994 年)》,1995 年。

苏亦工：《文化与法——也谈贺麟先生的文化体用观》,《中国高校社会科学》,2014 年第 3 期。

孙冰冰：《"自治"之道的多维度论释——读贺麟〈文化与人生〉》,《美与时代(下)》,2018 年第 4 期。

孙尚扬：《另类"护教学"：贺麟新心学架构中的基督教》,《湘潭大学学报》,2005 年第 5 期。

孙尚扬：《现代新儒家贺麟论基督教》,《探寻真善美：汤一介先生 80 华诞暨从教 55 周年纪念文集》,北京：北京大学出版社,2007 年。

孙尚扬：《文化激进主义者与新儒家对基督教道德的吸收——以陈独秀和贺麟为例》,《学术月刊》,2016 年第 3 期。

孙尚扬：《文化哲学与新文化的建设——访贺麟先生》,原载《中国文化与中国哲学 1988》,北京：生活·读书·新知三联书店,1990 年；又载景海峰主编：《国学集刊(第 4 辑)》,北京：商务印书馆,2018 年。

孙霄舫：《我所认识的贺麟教授及其思想》,《鹅湖月刊》,第 236 期,1995 年。

汤一介：《又一位中西兼通的学者去世了——悼念贺麟伯父》,《群言》,1992 年第 12 期。

汤一介：《悼念贺麟伯父》,《昔不至今》,上海：上海文艺出版社,1999 年。

唐爱国：《贺麟先生对黑格尔真理观的阐发》,《学海》,1992 年第 5 期。

唐爱国：《黑格尔的真理观与贺麟的见解》,《中国社会科学院研究生院学报》,1992 年第 2 期。

唐文明：《五伦观念的再检讨：再读贺麟〈五伦观念的新检讨〉》,《中国社会科学文摘》,2009 年第 1 期。

田力:《贺麟"自然的知行合一论"述评》,《天津党校学刊》,1996 年第 4 期。

田园:《论贺麟的儒家思想新开展与当代中国文化建构》,《重庆行政》,2009 年第 6 期。

田文军:《作为哲学家的哲学史家——贺麟与现代中国哲学史研究》,《江南大学学报(人文社会科学版)》,2013 年第 5 期。

宛小平:《论贺麟新心学的美学维度》,《哲学研究》,2011 年第 9 期。

汪子嵩:《贺麟先生的新儒家思想》,《学术月刊》,2000 年第 4 期。收入汪子嵩:《亚里士多德·理性·自由》,保定:河北大学出版社,2003 年。

王波:《大师院落的背影》,《中国青年报》,2011 年 7 月 20 日第 12 版。

王方名:《关于对待唯心主义问题》,《教学与研究》,1957 年第 3 期。

王进:《儒家伦理的"基石"及其价值——对贺麟〈五伦观念的新检讨〉的一个延展性思考》,《哲学研究》,2015 年第 8 期。

王俊杰、张彤磊:《贺麟学术思想研究述评》,《西北大学学报(哲学社会科学版)》,2003 年第 3 期。

王立新:《张学智教授的新著〈贺麟思想研究〉》,《湖南科技学院学报》,2017 年第 4 期。

王树人:《关于黑格尔哲学与现代外国哲学的访谈》,《清华西方哲学研究》,2015 年第 2 期。

王伟光:《开启新时代中国哲学繁荣发展的新征程——在中国青年哲学论坛(2017)暨首届贺麟青年哲学奖评审会议上的讲话》,《哲学研究》,2018 年第 1 期。

王秀江:《道德的形而上学批判——贺麟道德观的一种考察》,《广西社会科学》,2005 年第 6 期。

王义:《试析贺麟"儒家民主主义"论的思想渊源》,《云南师范大学思想政治理论课教育教学研究与理论探索》,2009 年。

王义:《贺麟哲学生命的成长》,《云南师范大学思想政治理论课教育教学研究与理论探索》,2010 年。

王义:《浅析新儒家对经济的态度——以贺麟为例》,《孔学研究(第十七辑)——云南孔子学术研究会第十七次学术研讨会暨第四届理事会换届大会论文集》,2010 年。

王珍玲：《重话"教育是培养如何做人的"——贺麟教育观感言》，《山东教育（中学刊）》，2006 年第 17 期。

王志捷：《论贺麟的宗教观》，《北京行政学院学报》，2005 年第 1 期。

王志捷：《传统与现代：梁漱溟、贺麟的理欲观比较》，《新视野》，2007 年第 3 期。

王志捷：《合理 合情 合时——贺麟道德现代转型之思想的考察》，《理论学刊》，2010 年第 11 期。

王志捷：《理性与信仰的融通——贺麟谋求儒家思想新开展的重要路径》，《国际儒学研究》第二十辑，2012 年。

王志捷：《贺麟对儒家礼教的检讨与修正》，《宜宾学院学报》，2013 年第 2 期。

王志捷：《体用兼赅：贺麟会通西学的理念与方法》，《孔子研究》，2020 年第 2 期。

魏义霞：《贺麟的体用观——中国现代哲学重建之路》，《齐鲁学刊》，2000 年第 1 期。

文炳：《从〈康德译名的商榷〉一文解读贺麟的早期哲学术语翻译思想》，《岱宗学刊》，2010 年第 1 期。

无题名：《读贺麟〈哈佛日记〉》，《文汇报》（香港），2002 年 10 月 30 日第九版。

无题名：《纪念周培源、贺麟、庄前鼎百年诞辰》，《清华校友通讯》，2002 年复 46 期。

无题名：《咨询方法与思想方法：有感于贺麟先生的〈读书方法与思想方法〉》，《科技智囊》，2006 年第 E3 期。

无题名：《当代新儒家贺麟》，《先锋》，2016 年第 1 期。

无题名：《"人尊世上麟"——追忆新心学一代宗师贺麟》，《纵横》，2017 年第 7 期。

吴傅启：《修正主义比教条主义更危险》，《哲学研究》，1957 年第 6 期。

吴根友：《陈寅恪、贺麟论"三纲"的现代意义及其反思》，《孔子研究》，2015 年第 2 期。

吴戬：《贺麟思想建构中的船山学渊源》，《衡阳师范学院学报》，2018 年第 2 期。

吴伟：《贺麟〈儒家思想的新开展〉与启示》，《祖国》，2016 年第 23 期。

吴仰湘：《贺麟对中西哲学的融贯创新及其学术建国论》，《湖南师范大学社会科学学报》,2000 第 4 期。

武东生:《贺麟早年人生哲学思想述评》,《学术界》,1993 年第 4 期。

萧焜焘:《贺麟先生对我国深入研究马克思哲学的杰出贡献》,《学海》,1992 年第 5 期。

谢泳:《晚年贺麟》,《书生私见——谢泳自选集》,上海:上海文艺出版社,1998 年。

谢泳:《晚年贺麟》,《逝去的年代:中国自由知识分子的命运》,北京:文化艺术出版社,1999 年。

谢幼伟:《何谓唯心论——兼评贺麟著〈近代唯心论简释〉》,《思想与时代》第 11 期,1943 年。后作为附录,收入第二版《近代唯心论简释》和《贺麟全集》本《近代唯心论简释》。

熊吕茂、何可可:《论贺麟的新"知行合一"观》,《湖南城市学院学报》,2008 年第 4 期。

熊自健:《贺麟思想转变探析——从唯心论到辩证唯物论》,《鹅湖月刊》,第 197 期,1991 年。

熊自健:《贺麟的现代新儒学》,《鹅湖月刊》,第 205 期,1992 年。

徐葆耕:《论贺麟的"质素"说》,《清华大学学报(哲学社会科学版)》,1997 年第 1 期。后收入氏著:(1)《释古与清华学派》,北京:清华大学出版社,1997 年。(2)《清华学术精神》,北京:清华大学出版社,2004 年。

徐梵澄:《〈近代唯心论简释〉述评》,《图书月刊》,第 2 卷第 8 期,1942 年。后作为附录,收入第二版《近代唯心论简释》和《贺麟全集》本《近代唯心论简释》。

徐建勇:《论贺麟的新儒者人格》,《孔子研究》,2011 年第 5 期。

许苏民:《从新理学、新心学到新人学》,《福建论坛(文史哲版)》,1999 年第 4 期。

许苏民:《从新理学、新心学到新人学》,《哲学动态》,1999 年第 11 期。

许苏民:《人性的最高表现与中国哲学家的伟大识度——论贺麟的中西哲学比较研究》,《江汉论坛》,2015 年第 3 期。

薛其林:《直觉方法与民国学术》,《湖南大学学报(社会科学版)》,2002 年第 6 期。

薛其林:《试论贺麟着眼文化创新的"和谐化合"说》,《湘潭大学学报(哲学社会科学版）》，2007 年第 5 期。

杨帆：《贺麟的"体用观"刍议》，《哈尔滨学院学报》，2007 年第 9 期。

杨飞：《贺麟的道德思想浅述》，《美与时代》，2005 年第 5 期。

杨海文：《贺麟与"梁任公称费希特语"问题》，《中华读书报》，2012 年 3 月 7 日第 15 版。

杨海文：《贺麟与"梁任公称费希特语"问题》，《现代哲学》，2013 年第 5 期。

杨慧清：《抗日战争时期儒学研究论略》，《史学月刊》，1995 年第 4 期。

杨杰：《贺麟"知行合一新论"的方法论反思及其当代价值》，《江汉学术》，2018 年第 1 期。

杨君游：《贺麟与新儒学》，《中国社会科学院研究生院学报》，1987 年第 5 期。

杨君游：《贺麟与中西文化的会通》，《清华大学学报（哲学社会科学版）》，2003 年第 4 期。

杨堃：《浅析贺麟的心本体论》，《时代报告（学术版）》，2013 年第 2X 期。

杨绍军：《贺麟先生在西南联大》，《学术探索》，2009 年第 6 期。

杨秀敏、牛云平：《贺麟西方文化观述评》，《河北学刊》，2016 年第 2 期。

杨祖陶、陈世夫：《黑格尔哲学体系问题——试论贺麟先生对黑格尔哲学体系构成的创见》，《北京大学学报（哲学社会科学版）》，1988 年第 4 期。

杨祖陶：《贺麟与黑格尔〈小逻辑〉》，《德国哲学》（2007 年卷），北京：中国社会科学出版社，2007 年。

叶笃义：《在哲学王国里驰骋——祝贺贺麟从事教学科研五十五周年》，《群言》，1986 年第 12 期。

叶隽：《〈留德学人与德国〉系列随笔——贺麟》，《德语学习》，2001 年第 3 期。

亦农（关锋）：《和贺麟先生辨"矛盾斗争的绝对性"》，《新建设》（学术性月刊），1957 年第 10 期。

易杰雄：《贺麟先生引进西方哲学的一个特点》，《北京大学学报》，2001 年第 4 期。

余洁平：《儒家道德形而上学的建立——论贺麟的道德观》，《安徽师范大学学报（人文社会科学版）》，2000 年第 2 期。

郁振华：《回首一九五七年中哲史讨论会》，《读书》，2012 年第 8 期。后改题为《1957 年中哲史座谈会上的冯友兰和贺麟》，收入赵修义、张翼星等编著：《守道 1957：1957 年中国哲学史座谈会实录与反思》，上海：上海人民出版社，2012年。

喻中：《新儒家的法治观念：贺麟对法治的想象与期待》，《学术月刊》，2010年第8期。

袁恒杨：《贺麟"真"文化思想的现代意义》，《中国纪检监察报》，2011年11月13日第4版。

袁陇珍：《艾思奇、贺麟、金岳霖的哲学翻译观解读》，《文化学刊》，2020年第9期。

乐爱国：《民国学人的理学救国论——以汤用彤、唐文治、贺麟为中心》，《广西社会科学》，2014年第10期。

乐爱国：《民国时期冯友兰、贺麟对于朱熹哲学的不同诠释》，《上饶师范学院学报》，2016年第2期。

曾加荣、方磊：《贺麟家世考》，《蜀学》第三辑，成都：巴蜀书社，2008年。

张邦铺：《论贺麟的法治观》，《蜀学》第六辑，2011年。

张春林：《直觉与理智的辩证统一——贺麟哲学思维方法简析》，《四川师范学院学报（哲学社会科学版）》，2003年第3期。

张方玉：《现代德性幸福的四个要义——论贺麟的新儒家幸福观》，《吉林大学社会科学学报》，2018年第2期。

张格东：《现代新儒学的代表贺麟的中西文化整合观》，《山花》，2009年第14期。

张桂权：《贺麟先生与我国的黑格尔研究》，载郭齐勇、蔡方鹿主编：《存古尊经 观澜明变》，成都：四川文艺出版社，2012年。

张嘉丽：《贺麟早期文化哲学思想初探》，《天津党校学刊》，1995年第2期。

张嘉丽：《贺麟早期文化哲学思想初探》，《道德与文明》，1995年第5期。

张建安：《学养与选择——汪子嵩与老师贺麟》，《江淮文史》，2020年第1期。

张建华：《论贺麟的知行合一》，《内江师范学院学报》，2012年第11期。

张茂泽：《贺麟与胡塞尔现象学》，《西北大学学报（哲学社会科学版）》，1997年第4期。

张茂泽：《贺麟"宗教精神"论》，《中华文化论坛》，2001年第3期。

张慎：《贺麟传略》，《清华西方哲学研究》，2015年第2期。

张世英：《批判贺麟的新黑格尔主义》，《哲学研究》，1958年第7期。

张世英：《批判贺麟的新黑格尔主义》，《新华半月刊》，1958年第24期。

张世英：《批判黑格尔的客观唯心主义——兼评贺麟先生"逻辑在先"的谬论》，《新建设》，1958 年第 8 期。

张世英：《批判黑格尔的"思维与存在同一"的学说——兼评贺麟先生"心外无物"的谬论》，《新建设》，1959 年第 2 期。

张世英：《荷出污泥而不染：贺麟先生引领我走上了哲学之路》，《书摘》，2009 年第 4 期。

张西平：《儒家思想开展的新途经：贺麟新儒学思想简评》，《南京社会科学》，1994 年第 9 期。

张西平：《"取精用宏　含英咀华"——贺麟中西文化观简述》，《开放时代》，1995 年第 4 期。

张祥龙：《贺麟传略》，《晋阳学刊》，1985 年第 6 期。

张祥龙：《贺麟的治学之道》，《哲学研究》，1992 年第 11 期。后收入胡军编：《观澜集》，北京：北京大学出版社，2004 年。

张祥龙：《"新儒家"学术潮流中的代表人物——贺麟》，《光明日报》，2000 年 2 月 1 日。

张祥龙：《研究贺麟学术和思想的定本》，《光明日报》，2009 年 10 月 21 日第 12 版。

张祥龙：《贺麟先生与他的清华国学院导师》，《中共中央党校学报》，2010 年第 4 期。

张祥龙：《〈贺麟全集〉出版说明》，《全国新书目》，2012 年第 10 期。

张祥龙：《理想主义信念中的儒家复兴和抗战建国——贺麟先生的〈文化与人生〉简评》，《云南大学学报（社会科学版）》，2014 年第 4 期。

张祥龙：《贺麟论知行合一与直觉法——一个打通中西哲理的范例》，《清华西方哲学研究》，2015 年第 2 期。

张祥平、张祥龙：《从唯心论"大师"到信奉唯物主义的革命者——记翻译家、哲人贺麟》，《人物》，1987 年第 6 期。

张祥平：《吾师贺麟——"西化"精明效短，中庸长效高明》，《人生六境——心智》，沈阳：辽宁人民出版社，1998 年。

张秀芹：《贺麟伦理思想探析》，《华北电力大学学报（社会科学版）》，2003 年第 1 期。

张学智：《论贺麟对斯宾诺莎思想的吸收与改造》，《文史哲》，1990 年第 1 期。

张学智：《略论贺麟的知行合一》，《北京大学学报（哲学社会科学版）》，1991年第 1 期。

张学智：《论贺麟的"西哲东哲，心同理同"》，《中国青年政治学院学报》，1991年第 3 期。

张学智：《贺麟的哲学翻译》，《广东社会科学》，1991 年第 4 期。

张学智：《贺麟的"新心学"》，《中国社会科学》，1992 年第 5 期。

张学智：《论贺麟的文化哲学》，《中国文化月刊》，第 147 期，1992 年。

张学智：《论贺麟的文化哲学》，《深圳大学学报（人文社会科学版）》，1992 年第 4 期。

张学智：《贺麟与费希特、谢林》，《哲学研究》，1992 年第 11 期。

张学智：《回忆贺麟先生》，《哲学杂志》，1993 年第 1 期。

张学智：《贺麟的新心学与黑格尔、康德》，《北京大学学报（哲学社会科学版）》，1993 年第 1 期。

张学智：《现代心学双峰贺麟和牟宗三本体方法的比较》，《中国文化月刊》，第 191 期，1995 年。

张学智：《贺麟新心学——中国哲学现代化的一次尝试》，《哲学杂志》，第 17 期，1996 年。

张学智：《贺麟王安石研究中的心学思想》，《江南大学学报（人文社会科学版）》，2015 年第 3 期。

张颐：《读克洛那、张君劢、瞿菊农、贺麟诸先生黑格尔逝世百年纪念论文》，《大公报·文学副刊》第 207 期，1931 年 12 月 23 日。

张园园：《儒学的生活化——贺麟儒学发展的三重途径及启示》，《南北桥》，2020 年第 20 期。

赵秉峰：《论贺麟对"心即理"的现代阐释》，《北方论丛》，2003 年第 1 期。

赵德志：《现代新儒学与西方哲学》，《中国社会科学》，1993 年第 4 期。

赵金元：《贺麟早期中西文化观评析》，《北方论丛》，1992 年第 6 期。

赵亮：《浅论贺麟的新心学》，《企业文化》，2013 年第 2 期。

赵艳婷：《贺麟的理性观研究》，《宜宾学院学报》，2011 年第 10 期。

赵艳婷：《贺麟论"正心"》，《宜宾学院学报》，2012 年第 3 期。

赵艳婷：《贺麟的"合人情"理念及其现代价值》，《中共山西省委党校学报》，2012 年第 4 期。

赵艳婷：《贺麟的时代观研究》，《中共石家庄市委党校学报》，2012 年第 6 期。

赵艳婷、黄义华：《论贺麟的新功利主义人情观》，《齐鲁文化研究》，2012 年。

赵艳婷、卢雁：《贺麟的民族文化观》，《宜宾学院学报》，2017 年第 3 期。

郑大华：《1949 年后留在大陆的现代新儒家与马克思主义之关系初探》，《当代中国史研究》，2008 年第 6 期。

郑大华：《论"抗战建国"话语下"学术建国"的讨论》，《浙江学刊》，2020 年第 3 期。

郑延国：《哲学家眼中的翻译——金岳霖、贺麟译观探微》，《解放军外国语学院学报》，2001 年第 4 期。

郑涌：《儒者贺麟》，《上海文汇报》，2010 年 9 月 12 日第 6 版。

之华：《"力行哲学"之诠释者》，《浙江月刊》，第 9 卷第 7 期，1977 年 7 月 6 日。

智效民：《"二唯"之间读贺麟》，《黄河》，1997 年第 5 期。

智效民：《贺麟早期政治思想述略》，《成都大学学报（社会科学版）》，1992 年第 3 期。

智效民：《不该忽略这一笔——介绍贺麟先生的一篇文章》，《博览群书》，1997 年第 10 期。

中国社会科学院哲学研究所：《沉痛悼念贺麟同志》，《哲学研究》，1992 年第 11 期。

钟肇鹏：《贺麟与中国哲学》，《求是斋丛稿》，成都：巴蜀书社，2001 年。

周炽成：《贺麟：抗战时期的伦理学家》，《广东社会科学》，1994 年第 1 期。

周良发：《现代新儒家文化民族主义研究——以贺麟为例》，《河北科技师范学院学报（社会科学版）》，2010 年第 4 期。

周良发：《贺麟文化民族主义初探》，《石家庄学院学报》，2011 年第 1 期。

周良发：《贺麟对康德哲学的认识和探索》，《河南工程学院学报（社会科学版）》，2015 年第 3 期。

周良发、韩剑尘：《现代新儒家视界中的梁漱溟》，《河南科技大学学报（社会科学版）》，2017 年第 4 期。

周隆器、李义让：《金凤之乡的哲学家贺麟》，载成都市政协文史学习委员会编：《成都文史资料选编·科教文卫卷》（下），成都：四川人民出版社，2007 年。

朱光磊：《一个唯心论者的中西哲学观》，《博览群书》，2010 年第 3 期。

朱清华：《贺麟："新心学"的创造者》，《外国哲学》第 24 辑，2012 年。

祝鹏、叶茂：《浅析贺麟文化哲学的体用观》，《汉字文化》，2021 年第 11 期。

诸有琼：《缅怀贺麟先生》，《老人天地》，1993 年第 12 期。

左玉河：《贺麟对"五伦"观念的新阐释与儒家思想的新开展》，《中国近代史上的激进与保守（第三届中国近代思想史国际学术研讨会论文集）》，北京：中国社会科学出版社，2011 年 8 月。

左玉河：《阐释与转化："忠孝"观念的现代解读》，《社会科学辑刊》，2017 年第 6 期。

三、学位论文

柴文华：《现代新儒家文化观研究》，张锡勤指导，黑龙江大学博士学位论文，2003 年。

陈海蕾：《贺麟美学思想研究》，蔡志栋指导，上海师范大学硕士学位论文，2015 年。

陈松：《"时空"与"超时空"视域下的贺麟人生哲学研究》，陈应琴指导，西南政法大学硕士学位论文，2013 年。

陈永杰：《早期现代新儒家直觉观考察：以梁漱溟、冯友兰、熊十力、贺麟为例》，高瑞泉指导，华东师范大学博士学位论文，2009 年。

丁永华：《贺麟"新心学"思想研究》，李广良指导，云南师范大学硕士学位论文，2006 年。

范先明：《贺麟翻译思想研究（1925—1945）》，曹明伦指导，四川大学博士学位论文，2015 年。

方旭红：《贺麟伦理思想研究》，徐嘉指导，东南大学硕士学位论文，2012 年。

高尚：《贺麟"新心学"研究》，程志华指导，河北大学硕士学位论文，2018 年。

郭玉山：《贺麟"新心学"及其当代价值研究》，段吉福指导，西南民族大学硕士学位论文，2019 年。

韩伟：《新心学的文化体用之辩——贺麟对"古今中西"论题的解答》，高瑞泉指导，华东师范大学硕士学位论文，2011 年。

何可可：《论贺麟的文化哲学思想》，熊吕茂指导，中南大学硕士学位论文，

2010 年。

李春燕：《贺麟的体用观研究》，程恭让指导，首都师范大学硕士学位论文，
　　2011 年。

李继民：《早期现代新儒家直觉思想探析——以梁漱溟、冯友兰、熊十力、贺
　　麟为例》，杨雪骋指导，南昌大学硕士学位论文，2006 年。

林合华：《20 世纪中国哲学中的形上直觉问题》，李维武指导，武汉大学博士
　　学位论文，2008 年。

刘楠：《贺麟文化哲学思想研究》，胡光指导，大连理工大学硕士学位论文，
　　2010 年。

刘日慧：《儒家思想与文化和人生的重建——贺麟前期文化哲学研究》，唐明
　　燕指导，大连理工大学硕士学位论文，2015 年。

刘颖：《现代新儒家(1949 年前)对宗教信仰的拒斥与容纳》，樊志辉指导，黑
　　龙江大学硕士学位论文，2006 年。

卢春梅：《贺麟的"心"本论思想研究》，刘俊哲指导，西南民族大学硕士学位
　　论文，2009 年。

马湘邻：《试析贺麟早期文化观的体用范畴》，高瑞泉指导，华东师范大学硕
　　士学位论文，1999 年。

马永康：《黑格尔哲学在近代中国：以严复、贺麟、张东荪为例》，陈少明指导，
　　中山大学硕士学位论文，2002 年。

宁新颖：《论抗战时期贺麟的文化思想》，陈勇指导，上海大学硕士学位论文，
　　2009 年。

任芳葳：《论建国初期土改运动对现代新儒家的影响——以冯友兰、梁漱溟、
　　贺麟为例》，郑大华指导，湖南师范大学硕士学位论文，2014 年。

邵友伟：《贺麟对儒学思想的现代建构》，王秋指导，黑龙江大学硕士学位论
　　文，2019 年。

施坤：《贺麟认识论研究》，易燕明指导，江西师范大学硕士学位论文，
　　2016 年。

宋利君：《贺麟"新心学"方法论研究》，何海涛指导，中南民族大学硕士学位
　　论文，2013 年。

唐新成：《抗战时期贺麟的民族复兴思想研究》，郑大华指导，湖南师范大学
　　硕士学位论文，2015 年。

田景星:《儒家思想的新开展——贺麟早期心学思想研究》,张新民指导,贵
　州师范大学硕士学位论文,2002 年。

王鹏:《贺麟学术救国思想研究》,何晓明指导,湖北大学硕士学位论文,
　2011 年。

王小其:《贺麟新心学述评》,许全兴指导,北京大学硕士学位论文,1991 年。

王月:《贺麟心论》,王秋指导,黑龙江大学硕士学位论文,2021 年。

王志捷:《贺麟文化观研究》,牟钟鉴指导,中央民族大学博士学位论文,
　2005 年。

吴青梅:《西南联大哲学学科发展及其历史影响研究》,封海清指导,云南师
　范大学硕士学位论文,2016 年。

徐福林:《贺麟的儒者人格观研究》,邹学荣指导,西南大学硕士学位论文,
　2010 年。

徐建勇:《现代新儒家与二十世纪前期中国现代性培育》,宋志明指导,中国
　人民大学博士学位论文,2011 年。

轩溯悦:《贺麟"新心学"研究》,程志华指导,河北大学硕士学位论文,
　2015 年。

严春燕:《贺麟的人生论与知行论研究》,刘俊哲指导,西南民族大学硕士学
　位论文,2013 年。

杨静:《贺麟政治哲学思想研究》,彭华指导,四川大学硕士学位论文,
　2021 年。

袁恒杨:《贺麟美学思想探究》,宛小平指导,安徽大学硕士学位论文,
　2008 年。

张帆帆:《贺麟新心论思想研究》,刘俊哲指导,西南民族大学硕士学位论文,
　2012 年。

张茂泽:《贺麟学术思想述论》,张岂之指导,西北大学博士学位论文,
　1996 年。

张三萍:《现代新儒学的马克思主义观研究》,陶德麟指导,武汉大学博士学
　位论文,2010 年。

张晓钰:《社科类著作〈文化与人生〉(节选)汉英翻译实践报告》,曹威指导,
　黑龙江大学硕士学位论文,2017 年。

赵笑阳:《贺麟价值哲学思想研究》,林孝暸指导,中国计量学院硕士学位论

文,2012 年。

赵艳婷:《贺麟新儒者人格说研究》,宋志明指导,中国人民大学博士学位论文,2010 年。

祝薇:《论早期现代新儒家的宗教观》,高瑞泉指导,华东师范大学博士学位论文,2006 年。

朱主:《现代性视域下贺麟宗教精神研究》,徐建勇指导,湘潭大学硕士学位论文,2018 年。

四、论文集

岑庆祺主编:《濠江哲学文集》,保定：河北大学出版社,2002 年。

宋祖良、范进编:《会通集：贺麟生平与学术》,北京：生活·读书·新知三联书店,1993 年。

中国社会科学院哲学研究所西方哲学史研究室编:《贺麟先生百年诞辰纪念文集》,北京：中国社会科学出版社,2009 年。（说明：版权页标明版次为2008 年 4 月,但实际出版日期是 2009 年 4 月。）

主要参考文献

一、贺麟作品

（一）个人著述

贺麟：《德国三大哲人处国难时之态度》，重庆：独立出版社，1940 年 3 月初版，1943 年再版。

贺麟：《德国三大哲人歌德、黑格尔、费希特的爱国主义》，北京：商务印书馆，1989 年 7 月。

贺麟：《近代唯心论简释》，重庆：独立出版社，1942 年 6 月初版，1944 年 7 月再版。"民国丛书"第三编第五册，上海：上海书店，1991 年 12 月。

贺麟：《近代唯心论简释》，上海：上海人民出版社，2009 年。

贺麟：《近代唯心论简释》，北京：商务印书馆，2011 年。

贺麟：《当代中国哲学》，南京：胜利出版公司，1947 年 1 月初版。"民国丛书"第三编第五册，上海：上海书店，1991 年 12 月。

贺麟：《五十年来的中国哲学》，沈阳：辽宁教育出版社，1989 年。

贺麟：《五十年来的中国哲学》，北京：商务印书馆，2002 年。

贺麟：《五十年来的中国哲学》，上海：上海人民出版社，2012 年。

贺麟：《文化与人生》，上海：商务印书馆，1947 年 11 月初版；北京：商务印书馆，1988 年；"民国丛书"第二编第四十三册，上海：上海书店，1990 年 12 月；上海文艺出版社，2001 年。

贺麟：《文化与人生》，上海：上海人民出版社，2011 年。

贺麟、张世英：《黑格尔关于辩证逻辑与形式逻辑的关系的理论》，上海：上海人民出版社，1956 年。

贺麟：《现代西方哲学讲演集》，上海：上海人民出版社，1984 年。

贺麟：《现代西方哲学讲演集》，上海：上海人民出版社，2012 年。

贺麟：《黑格尔哲学讲演集》，上海：上海人民出版社，1986 年。

贺麟：《黑格尔哲学讲演集》，上海：上海人民出版社，2011 年。

贺麟：《哲学与哲学史论文集》，北京：商务印书馆，1990 年。

贺麟等著：《儒家思想新论》，上海：上海书店，1992 年（影印本）。

宋志明编：《儒家思想的新开展：贺麟新儒学论著辑要》，北京：中国广播电
　视出版社，1995 年。

贺麟著，张学智编：《贺麟选集》，长春：吉林人民出版社，2005 年。

中国社会科学院科研局组织编选：《贺麟集》，北京：商务印书馆，2006 年。

高全喜编：《中国近代思想家文库·贺麟卷》，北京：中国人民大学出版社，
　2014 年。

贺麟：《严复的翻译》，《东方杂志》第 22 卷第 21 号，1925 年 11 月。收入罗新
　璋编：《翻译论集》，北京：商务印书馆，1984 年。

贺麟：《哈佛日记》(1929 年)，收入姜文闵编著：《哈佛大学》，长沙：湖南教育
　出版社，1988 年。

贺麟：《康德黑格尔哲学东渐记》，《中国哲学》第二辑，北京：生活·读书·新
　知三联书店，1980 年。

贺麟：《怀念梁启超和吴宓两位老师》，《清华校友通讯》复 14 期，1986 年
　10 月。

贺麟：《〈马克思恩格斯论哲学史〉序言》，《人文杂志》，1986 年第 4 期。

贺麟：《辩证法和哲学的理想性》，《社会科学战线》，1988 年第 1 期。

贺麟：《我学习〈精神现象学〉的经过》，《社会科学》(兰州)，1989 年第 1 期。

贺麟：《谈谈翻译》，《中国社会科学院研究生院学报》，1990 年第 3 期。

贺麟：《金老的道德文章》，载刘培育主编：《金岳霖的回忆与回忆金岳霖》(增
　补本)，成都：四川教育出版社，2000 年。

（二）翻译作品

［英］开尔德著，贺麟译：《黑格尔》，上海：商务印书馆，1936 年 3 月初版。

［美］鲁一士著，贺麟译述：《黑格尔学述》，上海：商务印书馆，1936 年 9 月初
　版，1943 年渝 1 版，1945 年渝再版。

［英］开尔德、［美］鲁一士著，贺麟编译：《黑格尔　黑格尔学述》，上海：上海

人民出版社,2012年。

［荷］斯宾诺莎著,贺麟译并序：《致知篇》,重庆：商务印书馆,1945年初版。

［荷］斯宾诺莎著,贺麟译：《知性改进论》,北京：商务印书馆,1960年。

［荷］斯宾诺莎著,贺麟译：《伦理学》,北京：商务印书馆,1958年9月。

［德］黑格尔著,贺麟译：《康德哲学论述》,北京：商务印书馆,1962年。

［德］黑格尔著,贺麟译：《小逻辑》,北京：商务印书馆,1959年9月新1版。

［德］黑格尔著,贺麟译：《小逻辑》,北京：商务印书馆,1980年第2版。

［德］黑格尔著,贺麟译：《小逻辑》,上海：上海人民出版社,2009年。

［德］黑格尔著,贺麟、王太庆译：《哲学史讲演录》(第一卷),北京：商务印书
　　馆,1959年新1版。

［德］黑格尔著,贺麟、王太庆译：《哲学史讲演录》(第二卷),北京：商务印书
　　馆,1960年新1版。

［德］黑格尔著,贺麟、王太庆译：《哲学史讲演录》(第三卷),北京：商务印书
　　馆,1959年新1版。

［德］黑格尔著,贺麟、王太庆译：《哲学史讲演录》(第四卷),北京：商务印书
　　馆,1978年。

［德］黑格尔著,贺麟、王玖兴译：《精神现象学》,北京：商务印书馆,1962年。

［德］黑格尔著,贺麟、王玖兴译：《精神现象学》(上),北京：商务印书馆,
　　1979年第二版。

［德］黑格尔著,贺麟、王玖兴译：《精神现象学》(下),北京：商务印书馆,
　　1979年。

［德］黑格尔著,贺麟译：《黑格尔早期神学著作》,北京：商务印书馆,1988年
　　12月。

［德］黑格尔著,贺麟等译：《黑格尔早期著作集》,北京：商务印书馆,1997年
　　12月。

［德］马克思著,贺麟译：《黑格尔辩证法和哲学一般的批判》,北京：人民出
　　版社,1955年。

［德］马克思著,贺麟译：《博士论文(德谟克里特的自然哲学与伊壁鸠鲁的自
　　然哲学的差别)》,北京：人民出版社,1961年。

［德］马克思著,贺麟译：《马克思博士论文：黑格尔辩证法和哲学一般的批
　　判》,上海：上海人民出版社,2012年。

二、研究论著

陈永杰：《现代新儒家直觉观考察：以梁漱溟、冯友兰、熊十力、贺麟为中心》，
　　上海：东方出版中心，2015 年。

代发君：《贺麟西方古典哲学译介研究》，郑州：河南人民出版社，2011 年。

杜小安：《贺麟》，昆明：云南教育出版社，2008 年。

宋志明：《贺麟新儒学思想研究》，天津：天津人民出版社，1998 年。

宋祖良、范进编：《会通集：贺麟生平与学术》，北京：生活·读书·新知三联
　　书店，1993 年。

王思隽、李肃东：《贺麟评传》，南昌：百花洲文艺出版社，1995 年。

王志捷：《贺麟文化理论研究》，北京：首都师范大学出版社，2007 年。

张茂泽：《贺麟学术思想述论》，西安：陕西人民出版社，2001 年。

张学智：《贺麟》，台北：东大图书公司，1992 年。

张学智：《贺麟思想研究》，北京：人民出版社，2016 年。

中国社会科学院哲学研究所西方哲学史研究室编：《贺麟先生百年诞辰纪念
　　文集》，北京：中国社会科学出版社，2009 年。

岑庆祺主编：《濠江哲学文集》，保定：河北大学出版社，2002 年。

三、相关著作

（一）古代典籍

［清］阮元校刻：《十三经注疏》，北京：中华书局，1980 年。

李学勤主编：《十三经注疏》（标点本），北京：北京大学出版社，1999 年。

［宋］程颢、程颐著，王孝鱼点校：《二程集》（全二册），北京：中华书局，2004
　　年第二版。

陈荣捷：《近思录详注集评》，上海：华东师范大学出版社，2007 年。

［宋］朱熹：《四书章句集注》，北京：中华书局，1983 年。

［宋］黎靖德编，王星贤点校：《朱子语类》（全八册），北京：中华书局，
　　1986 年。

［宋］陆九渊著，钟哲点校：《陆九渊集》，北京：中华书局，1980 年。

［宋］陆九渊、［明］王守仁：《象山语录·阳明传习录》，上海：上海古籍出版
　　社，2000 年。

［宋］王安石：《临川先生文集》，北京：中华书局，1959 年。

［明］王守仁著，吴光等编校：《王阳明全集》（全二册），上海：上海古籍出版社，1992 年。

［清］王夫之：《读通鉴论》（全十册），北京：中华书局，1975 年。

［清］王夫之：《宋论》，北京：中华书局，1964 年。

［清］王夫之：《船山思问录》，上海：上海古籍出版社，2000 年。

［清］黄宗羲原著，［清］全祖望补修，陈金生、梁运华点校：《宋元学案》（全四册），北京：中华书局，1986 年。

［清］黄宗羲著，沈芝盈点校：《明儒学案》（全二册），北京：中华书局，1985 年。

（二）今人著作

柴文华：《现代新儒家文化观研究》，北京：生活·读书·新知三联书店，2004 年。

陈福康：《中国译学理论史稿》（修订本），上海：上海教育出版社，2000 年。

程志华：《中国近现代儒学史》，北京：人民出版社，2010 年。

丁祖豪等：《20 世纪中国哲学的历程》，北京：中国社会科学出版社，2006 年。

段德智编：《哲学人生：陈修斋先生 90 周年诞辰纪念文集》，北京：人民出版社，2011 年。

方克立：《现代新儒学与中国现代化》，天津：天津人民出版社，1997 年。

方克立、李锦全主编：《现代新儒家学案》（上中下），北京：中国社会科学出版社，1995 年。

方克立、郑家栋主编：《现代新儒家人物与著作》，天津：南开大学出版社，1995 年。

方克立、王其水主编：《二十世纪中国哲学》第二卷《人物志》（上下册），北京：华夏出版社，1996 年。

方克立、王其水主编：《二十世纪中国哲学》第三卷《论著述评》（上下册），北京：华夏出版社，1996 年。

冯契：《中国古代哲学的逻辑发展》（上中下），上海：上海人民出版社，1983、1984、1985 年。

冯契：《中国近代哲学的革命进程》，上海：上海人民出版社，1989 年。

冯契主编：《中国近代哲学史》（上下册），北京：生活·读书·新知三联书店，
　　2014 年。

冯友兰：《三松堂自序》，北京：人民出版社，2008 年第二版。

冯友兰：《中国现代哲学史》，北京：生活·读书·新知三联书店，2009 年。

高瑞泉主编：《中国近代社会思潮》，上海：华东师范大学出版社，1996 年。

胡逢祥：《社会变革与文化传统——中国近代文化保守主义思潮研究》，上
　　海：上海人民出版社，2000 年。

胡军：《中国儒学史·现代卷》，北京：北京大学出版社，2011 年。

胡绳：《理性与自由》，上海：生活·读书·新知三联书店，1950 年。

胡绳：《胡绳文集(1979—1994)》，北京：中国社会科学出版社，1994 年。

胡绳主编：《中国共产党的七十年》，北京：中共党史出版社，1991 年。

胡伟希：《转识成智：清华学派与 20 世纪中国哲学》，上海：华东师范大学出
　　版社，2005 年。

黄见德：《西方哲学东渐史》（上、下），北京：人民出版社，2006 年。

黄克武：《近代中国的思潮与人物》，北京：九州出版社，2013 年。

李北东：《四川抗战哲学史》，北京：中国文联出版社，2015 年。

李军、曹跃明：《中国现代哲学新论》，济南：齐鲁书社，2007 年。

李山等：《现代新儒家传》，济南：山东人民出版社，2002 年。

李翔海：《现代新儒学论要》，天津：南开大学出版社，2010 年。

李向平：《救世与救心——中国近代佛教复兴思潮研究》，上海：上海人民出
　　版社，1991 年。

梁启超：《饮冰室合集》（全十二册），北京：中华书局，1989 年。

刘雪飞主编：《现代新儒学研究》，北京：中华书局，2003 年。

罗新璋、陈应年编：《翻译论集》（修订本），北京：商务印书馆，2009 年第 2 版。

罗义俊编著：《评新儒家》，上海：上海人民出版社，1989 年。

吕希晨：《中国现代资产阶级哲学思潮评述》，长春：吉林人民出版社，
　　1982 年。

毛泽东：《毛泽东选集》（五卷），北京：人民出版社，1991 年第二版。

牟钟鉴：《儒学价值的新探索》，济南：齐鲁书社，2001 年。

彭华：《印川集：蜀学散论》，北京：中国社会科学出版社，2020 年。

启良：《新儒学批判》，上海：上海三联书店，1995 年。

乔清举:《当代中国哲学史学史》(全二册),上海:上海古籍出版社,2014 年。

全增嘏主编:《西方哲学史》(上册),上海:上海人民出版社,1983 年。

全增嘏主编:《西方哲学史》(下册),上海:上海人民出版社,1985 年。

汝信、叶秀山主编:《姜丕之文集》(上下册),北京:社会科学文献出版社,1997 年。

阮青:《20 世纪百年学案:哲学卷》,西安:陕西人民教育出版社,2002 年。

宋志明:《现代新儒学研究》,北京:中国人民大学出版社,1991 年。

宋志明:《中国现代哲学通论》,北京:中国人民大学出版社,2008 年。

宋志明:《现代新儒学的走向》,北京:北京师范大学出版社,2009 年。

孙中山:《孙中山全集》(全十一卷),北京,中华书局,1981—1986 年。

王秉钦:《20 世纪中国翻译思想史》(第二版),天津:南开大学出版社,2009 年第二版。

韦政通:《伦理思想的突破》,北京:中国人民大学出版社,2005 年。

吴雁南:《阳明学与近代中国》,贵阳:贵州教育出版社,1996 年。

肖效钦、钟兴锦主编:《抗日战争文化史(1937—1945)》,北京:中共党史出版社,1992 年。

谢维扬、房鑫亮主编:《王国维全集》(全二十卷),杭州・广州:浙江教育出版社・广东教育出版社,2009 年。

谢幼伟:《现代哲学名著述评》,济南:山东人民出版社,1997 年。

许全兴、陈战难、宋一秀:《中国现代哲学史》,北京:北京大学出版社,1992 年。

杨河、邓安可:《康德黑格尔哲学在中国》,北京:首都师范大学出版社,2002 年。

杨向奎:《清儒学案新编》,济南:齐鲁书社,1985 年(第一卷),1988 年(第二卷),1994 年(第三—八卷)。

尹继佐、高瑞泉主编:《二十世纪中国社会科学・哲学卷》,上海:上海人民出版社,2005 年。

张世英:《哲学导论》(修订版),北京:北京大学出版社,2008 年第二版。

张文儒、郭建宁主编:《中国现代哲学》,北京:北京大学出版社,2001 年。

张昭军、孙燕京主编:《中国近代文化史》,北京:中华书局,2012 年。

赵德志:《现代新儒家与西方哲学》,沈阳:辽宁大学出版社,1994 年。

赵敦华：《现代西方哲学新编》，北京：北京大学出版社，2001年。

郑大华：《民国思想史论》，北京：社会科学文献出版社，2006年。

郑家栋：《现代新儒学概论》，南宁：广西人民出版社，1990年。

郑家栋：《当代新儒学史论》，南宁：广西教育出版社，1997年。

祝薇：《论早期现代新儒家的宗教观》，上海：上海古籍出版社，2011年。

（三）翻译作品

[德] 康德著，蓝公武译：《纯粹理性批判》，北京：商务印书馆，1960年。

[德] 康德著，邓晓芒译，杨祖陶校：《纯粹理性批判》，北京：人民出版社，
　2004年。

[德] 康德著，宗白华译：《判断力批判》，北京：商务印书馆，1964年。

[德] 康德著，邓晓芒译，杨祖陶校：《判断力批判》，北京：人民出版社，
　2002年。

[德] 康德著，韩水法译：《实践理性批判》，北京：商务印书馆，1999年。

[德] 康德著，张永奇译：《实践理性批判》，北京：中国社会科学出版社，
　2009年。

[德] 康德著，何兆武译：《历史理性批判文集》，北京：商务印书馆，1990年。

[德] 黑格尔著，梁志学等译：《自然哲学》，北京：商务印书馆，1980年。

[德] 黑格尔著，范扬、张企泰译：《法哲学原理》，北京：商务印书馆，1961年。

[德] 黑格尔著，王造时译：《历史哲学》，北京：生活·读书·新知三联书店，
　1956年。

[德] 黑格尔著，王造时译：《历史哲学》，上海：上海书店出版社，2001年。

[德] 文德尔班著，罗达仁译：《哲学史教程》（上），北京：商务印书馆，
　1987年。

[德] 文德尔班著，罗达仁译：《哲学史教程》（下），北京：商务印书馆，
　1993年。

[英] 罗素著，何兆武、李约瑟译：《西方哲学史》（上卷），北京：商务印书馆，
　1963年。

[英] 罗素著，马元德译：《西方哲学史》（下卷），北京：商务印书馆，1976年。

洪谦主编：《西方现代资产阶级哲学论著选辑》，北京：商务印书馆，1964年。

后　记

一

我对金堂贺自昭先生的接触与了解，可以追溯至 20 世纪 90 年代之初。1988 年，我考入华东师范大学历史学系，接受正规的高等教育。其时，学校针对高年级学生，尝试着实行辅修之制。1990 年，我也加入了辅修的行列，而所选择的辅修专业就是哲学。在辅修哲学的过程中，我对于贺麟其人其书其学，便有了一些初步的印象，但也仅此而已。真正进入贺麟其学的精神世界，已经是 21 世纪的初期了。

2001—2004 年，我第三度进入母校华东师范大学，在谢维扬先生指导下攻读历史学博士学位。（1996—1999 年在母校华东师范大学攻读硕士学位时，我的指导教师就是谢维扬先生。）我的专业是中国古代史，研究方向是古代思想与文化，博士学位论文的题目是《阴阳五行研究（先秦篇）》。正因如此，遂对古今中外的哲学著作、哲学史著作不时加以浏览和研读，其中便有贺麟的著作和译著，如《近代唯心论简释》《文化与人生》《当代中国哲学》（后改名为《五十年来的中国哲学》）以及《知性改进论》《小逻辑》《哲学史讲演录》等。

自 2004 年博士研究生毕业后，我曾经花费了数年的时光，相对集中地研读了贺麟的著作和译著，同时广泛参阅与贺麟有关的研究著作与各类文章。

　　海宁王静安先生曾经在《静庵文集·自序》(1905 年)中自述，"自癸卯(1903)之夏以至甲辰(1904)之冬，皆与叔本华之书为伴侣之时代也"。鄙人不揣冒昧，在此套用观堂此语。或可谓：吾亦尝有与贺麟之书"为伴侣之时代也"。

　　2012 年，我申报的"会通与建设：贺麟文化思想研究"，有幸成为教育部人文社会科学研究规划基金项目(批准号：12YJAZH099)。当年，该项目又欣然而获成都贺麟教育基金会的资助。

　　获得立项之后，笔者原本打算在三年之内完成课题，不意竟然一拖再拖，最终延期两年方始完成。这确实出乎我之意料！

　　2017 年 9 月中旬，我完成书稿《会通与建设：贺麟文化思想研究》，提请教育部人文社会科学研究项目成果鉴定。结果鉴定通过，并且顺利结项。

　　紧接其后，我对书稿进行了仔细而审慎的修订与增订。坦白说来，我对书稿的增补与润色，并不存在套语所谓"告一段落"之说。

　　对书稿的修订、增补与润色，前后历时数月之久。在自我感觉书稿较为成熟后，才准备将其付梓出版。

二

　　按照时下通行的惯例和个人写作的习惯，我将在"后记"的第二部分，对以下人员和机构表示感谢：(本书在称呼诸位师友时，均直书姓名，尚祈谅之。)

　　四川师范大学的蔡方鹿、张桂权，西南民族大学的刘俊哲，四川大学的杨世文、粟品孝等师友，在本书初稿完成后，都提出过一些宝贵的意见和良好的建议。尤其是张桂权教授，在审阅书稿之时，不仅提供了自己讲授西方哲学的相关资料，而且亲自动手修改了部分文字。在此,谨向诸位师友诚挚致谢。

本项课题的完成以及这本小书的出版,离不开成都贺麟教育基金会的资金资助与资料提供。在此,谨向成都贺麟教育基金会的贺杰(贺麟侄孙)、朱琳琳、卓方、但宇澄、蔺晖、邵婷等人致以诚挚谢意。同时,也要向贺麟教育基金会的志愿者、金堂人氏詹绪河表示感谢——每次听他讲述金堂的风土人情与贺氏家族的故事,都是一种愉悦的享受。

上海古籍出版社的杨立军编辑兢兢业业,为编辑本书花费了不少时间和精力。在此,谨向杨君表示感谢。

文末,我依然要重复以下三语:

感谢吾师谢维扬先生的辛勤培养、悉心指导、长期关怀!

感谢家人、亲人、同学以及众多师友长期以来的关心与支持!

本次推出的这本小书,欢迎广大读者指正!

彭华(印川)

2017 年 9 月 26 日,草拟

2017 年 10 月 4 日,续写

2018 年 1 月 5 日,补充

2021 年 5 月 25 日,改写

2021 年 10 月 18 日,修订

图书在版编目(CIP)数据

会通与建设：贺麟文化思想研究 / 彭华著. —上海：上海古籍出版社，2022.8

ISBN 978－7－5732－0385－4

Ⅰ.①会… Ⅱ.①彭… Ⅲ.①贺麟(1902－1992)－文化思想－研究 Ⅳ.①B261.5

中国版本图书馆 CIP 数据核字(2022)第 134685 号

会通与建设：贺麟文化思想研究

彭 华 著

上海古籍出版社出版发行

(上海市闵行区号景路 159 弄 1－5 号 A 座 5F 邮政编码 201101)

(1)网址：www.guji.com.cn

(2)E-mail：guji1@guji.com.cn

(3)易文网网址：www.ewen.co

常熟市文化印刷有限公司印刷

开本 890×1240 1/32 印张 8.875 插页 2 字数 223,000

2022 年 8 月第 1 版 2022 年 8 月第 1 次印刷

ISBN 978－7－5732－0385－4

B·1272 定价：48.00 元

如有质量问题,请与承印公司联系